2021 年广西研究生教育创新计划项目（厅级课题）项目编号（YCSW2021075）

2021年广西研究生教育创新计划项目（厅级课题）项目编号（YCBZ2021035）

2024年广西研究生教育创新计项目（校级课题）项目编号（XYCBZ2024007）

2025年广西研究生教育创新计划项目（厅级课题）项目编号（YCBZ2025083），阶段性成果。

思想政治教育研究文库

—

新时代大学生
思创融合教育研究

李开庆　李振华　著

光明日报出版社

图书在版编目（CIP）数据

新时代大学生思创融合教育研究 / 李开庆，李振华

著 . -- 北京：光明日报出版社，2025. 2. -- ISBN 978 -

7 - 5194 - 8520 - 7

I. G641；G647. 38

中国国家版本馆 CIP 数据核字第 2025NS6697 号

新时代大学生思创融合教育研究

XINSHIDAI DAXUESHENG SICHUANG RONGHE JIAOYU YANJIU

著　　者：李开庆　李振华

责任编辑：刘兴华　　　　　　　　责任校对：宋　悦　乔宇佳

封面设计：中联华文　　　　　　　责任印制：曹　净

出版发行：光明日报出版社

地　　址：北京市西城区永安路 106 号，100050

电　　话：010-63169890（咨询），010-63131930（邮购）

传　　真：010-63131930

网　　址：http://book. gmw. cn

E - mail：gmrbcbs@ gmw. cn

法律顾问：北京市兰台律师事务所龚柳方律师

印　　刷：三河市华东印刷有限公司

装　　订：三河市华东印刷有限公司

本书如有破损、缺页、装订错误，请与本社联系调换，电话：010-63131930

开　　本：170mm×240mm

字　　数：251 千字　　　　　　　印　　张：15

版　　次：2025 年 2 月第 1 版　　　印　　次：2025 年 2 月第 1 次印刷

书　　号：ISBN 978 - 7 - 5194 - 8520 - 7

定　　价：95. 00 元

目 录
CONTENTS

导　言

　　思创融合教育是提升高校思想政治教育育人效果的内在要求。2018 年 9 月 10 日，习近平总书记在全国教育大会上指出，"推进产学研协同创新"，"着重培养创新型、复合型、应用型人才"①。2021 年 10 月，国务院办公厅印发《关于进一步支持大学生创新创业的指导意见》（以下简称《意见》）。《意见》指出，大学生是大众创业万众创新的生力军，在高校支持大学生创新创业具有非常重要的意义。2021 年 11 月，教育部印发《关于做好 2022 届全国普通高等学校毕业生就业创业工作的通知》（教学〔2021〕5 号）。该文件指出，我们要全面深化和落实高校创新创业教育的改革发展，促进创新创业教育与思想政治教育深度融合，在此基础上，高校应着力培养学生的创新意识、实践能力和奋斗精神。思想政治教育保证大学生创新创业正确的思想方向，使大学生不走歪路、邪路，引领大学生创新创业正确的价值导向。创新创业作为思想政治教育的新载体，为践行社会主义核心价值观提供了新的平台。高校承担着大学生思创融合教育的重大使命，要充分发挥自身在创新创业人才培养中的作用，更好地培养创新创业品质人才。因此，必须促进思想政治教育与创新创业教育深度融合，即在大学生思想政治理论课的课程教学中融入创新创业教育的内容，在创新创业教育课程中也融入思想政治教育的理念；在日常思想政治教育中将创新意识和创造能力的培养融入其中；在日常思想政治教育管理中，将思想政治教育理念融入创新创业，侧重于日常管理育人。

　　育人能力提升是加强高校教师职业能力的内在要求。2018 年 5 月，习近平总书记在北京大学师生座谈会上的讲话中提出："思想政治教育工作贯穿于

---

① 大力推进教育体制改革创新［N］. 人民日报，2018-09-17（2）.

大学生教育、管理和服务的各个环节。"① 现阶段，高校承担培育时代新人的任务更加凸显：在思想品德方面，以社会主义核心价值观为引领，对学生进行创新创业价值观教育，使学生坚定理想信念；在素质能力提升方面，通过开展科学人文素养教育，全面提升学生素质；在创新思维培养方面，通过学习科学文化知识，提高学生实践能力，培养学生创新精神和创造能力。因此，为了完成这一任务，必须提升高校教师队伍的育人能力。习近平总书记把立德树人作为教育的中心环节。高校育人归根结底就是做好大学生思想政治工作，所以只有坚持正确的育人方向，彰显"四个服务"，才能引领大学生开拓创新，使学生成长为担任新时代中国特色社会主义事业的接班人，培养具有创新意识、创业能力的创新型人才，为社会提供智力支撑和人才保障。所以，加强高校教师职业能力建设，是落实立德树人任务，全面提升高校教师育人能力的内在要求。

一、新时代大学生思创融合教育的研究意义

本书研究的理论和实践意义主要表现为以下两方面。一方面，在理论意义上，从高校思政课教师和辅导员日常管理学生工作出发，可以进一步丰富高校思创融合的研究视角，拓展其研究视野；另一方面，在实践意义上，能够使大学生树立正确的创业价值观，对于提升高校育人水平、培养开创型人才具有重要意义。

（一）理论意义

在理论意义上，主要表现为两点。第一，丰富思创融合的理论研究。教育部提出要促进双创教育、专业教育、思想政治教育深度融合。新时代，思创融合作为当前研究的热点问题，在高校学生创业和就业层面上，思想政治教育起着重要的指导作用。因此，在思想政治教育中融入创新创业教育，有利于探索新的教学模式，丰富思想政治教育规律的理论体系。第二，拓展大学生创新创业教育的研究视角。我国创新创业教育起步晚，关于创新创业理论较为薄弱，当前我国创新创业教育理论成果大部分是借鉴西方国家而来的，缺乏本土化，在指导我国创业实践中缺乏一定的针对性。而我国思想政治教育理论和实践相对成熟，成果也较为丰富，能够为创新创业实践提供一定的

---

① 习近平. 在北京大学师生座谈会上的讲话 [N]. 人民日报，2018-05-03 (2).

指导，使创新创业教育理论体系与我国新时代大学生相符合。

（二）实践意义

在实践意义上，主要表现为以下几方面。首先，发挥高校辅导员培育大学生创新创业精神的作用。当前高校毕业生人数创历史新高，就业形势严峻，创新创业人才受到用人单位的青睐。作为学生工作的组织者和实施者，高校辅导员是创新创业教育的核心力量。高校辅导员在创新创业实践活动中，渗透创新创业精神，有助于加强大学生创新创业能力的培养，使其树立正确的创业价值观，能够正确认识、选择和判断身边的事物，解决创业过程中遇到的难题，培养大学生创新思维和创造能力，促进自身全面发展。其次，助推高校双创人才培养目标的实现。在"大众创业、万众创新"的背景下，"双创型"人才既需要良好的知识结构，也离不开教育理念的更新，思创融合有助于增强学生的理论知识，引导学生在创新创业过程中，形成正确的价值取向和行为准则，为创新创业提供强有力的目标导向。最后，提升高校教师课程育人的实践能力。促进高校教师树立思创融合理念，通过开展创新创业活动，加强高校教师队伍建设，明确自身发展方向，走职业化、专业化的发展之路，不断提升高校教师队伍的整体素质和能力，提升高校师资队伍的整体水平。

二、新时代大学生思创融合教育的研究现状

（一）国内研究现状

从国内来看，关于新时代大学生思创融合教育问题研究的成果目前较少，但近几年已引起国内学术界高度关注。为更好地开展本书相关问题的研究，现对查阅到的已有文献资料进行归纳分析，收集与本研究相关的问题，同时发现学术界关于大学生思创融合的课程教学和日常管理学生工作较薄弱的地方，为本书进一步研究思创融合路径提供可靠的方向和明确的思路。

关于创新创业教育概念的研究。在"创新创业教育"内涵界定上，教育部高等教育司认为狭义的创业教育指的是培养开创型人才，注重培养首创与冒险精神，掌握创业、社交和管理等技能。① 张旭冬等人认为自 2010 年以来，国家出台多项关于双创教育的政策，双创教育的内涵也发生了转变，由就业

---

① 中华人民共和国教育部高等教育司. 创业教育在中国：试点与实践 [M]. 北京：高等教育出版社，2006：25.

导向型转向以培养创新精神、创业精神为导向。① 从广义和狭义的角度，王占仁认为在给创新创业下定义之前，要先明确广义和狭义之分，因此对创新创业概念的理解应当从广义的角度来把握，首先要基于对创新和创业的广义理解之上，它是一个综合性的概念。② 夏雪花指出创新教育与创业教育密不可分，创新创业教育是二者有机整合的新概念。高校创新创业教育除对学生进行创新创业知识与能力的传授，还包括创新创业品质的培养。③ 从创新创业教育实践意义角度出发，恽安平认为创新创业教育是为了适应国家和社会发展的需要而开展的，以创新为基、创业为本，以此提升学生的创业意识和创造能力，并注重实践教学、对学生创造力的培养。④ 潘懋元、朱元平认为创新创业教育不是培养优秀的企业家，而是通过营造创新创业文化氛围，传授相关的理论知识的综合性教育。⑤ 严毛新提出高校创业教育要着眼于大学生创新思维的培养，注重创业精神的培育。⑥ 黄兆信、李炎炎认为创业教育既要传授创业的知识、技能，也要提升学生创业实践能力。⑦ 从学生培育和人才需求的角度出发，张澍军等人指出在知识经济背景下，创业教育注重创造力和创新意识的培养，这是国家转型阶段人才诉求转变的要求。⑧ 王占仁提出要面向全校、全体学生，结合专业教育，开展"广谱式"的创新创业学说。⑨ 毛建国认为学校开展创新创业教育有利于学生思想观念发生转变，由继承型转向创新型、就业型转向创业型。此外，需要加强多种学科的渗透，合理使用社会

---

① 张旭东，王宏蕾. 以知识型为导向的大学生创业教育 [J]. 黑龙江高教研究，2013，31（11）：77-80.

② 王占仁. 中国创新创业教育史 [M]. 北京：社会科学文化出版社，2016：2.

③ 夏雪花. 新时代高校创新创业教育与思想政治教育融合的途径探析 [J]. 思想理论教育导刊，2021（8）：136-140.

④ 恽安平. 基于资源要素的创新创业教育体系构建：以南京师范大学为例 [J]. 中国高校科技，2018（9）：88-89.

⑤ 潘懋元，朱乐平. 以创新文化养人 以创业实践育才 [J]. 中国高等教育，2017（8）：49-51.

⑥ 严毛新. 高校创业教育功能认知偏差与应对 [J]. 教育发展研究，2014，34（1）：63-68.

⑦ 黄兆信，李炎炎. 社会创业教育的理念与行动 [J]. 教育研究，2018，39（7）：67-71.

⑧ 张澍军，王占仁. 作为理念和模式的创新创业教育 [N]. 光明日报，2013-03-14（11）.

⑨ 王占仁. "广谱式"创新创业教育的体系架构与理论价值 [J]. 教育研究，2015，36（5）：56-63.

化的渠道，使人们更加了解创业，培育学生扛起大旗的勇气和能力。① 李辉从内涵式发展的视角出发，积极响应党和国家的号召，培育多重知识结构的创新创业型人才，实现国家创新战略。②

关于大学生创新创业教育研究。我国创新创业教育发展历程，主要分为三个阶段：第一个阶段（1997—2002）是高校自主探索阶段，主要是使人们认识到创业的重要性。1997 年，高校创业教育率先在清华大学开展，向全校开设创新与创业课程。③ 2002 年，教育部召开高校创业教育座谈会，会议指出高校要加强对大学生创新意识、创新创业能力的培养，提高人才培养质量。④ 此后，全国部分高校对创业教育进行了探索，通过科技创新活动、创业计划大赛等形式，以小规模、小范围的途径进行初步尝试。第二阶段（2002—2010）是试点阶段。2002 年，教育部把"C9 联盟"高校列为创业教育试点高校。2008 年，教育部立项建设 30 个创业教育实验区，创业教育试点逐步扩大。第三阶段（2010 年至今）是创业教育的推广阶段，在全国各大高校迅速开展。2010 年，教育部成立高等学校创新创业教育指导委员会，使高校创新创业的指导更加规范化，形成了"四位一体"的工作格局，至此，创新创业教育在全国高校推行。2014 年，李克强总理在中央经济工作会议上，强调各级单位要鼓励高校毕业生自主创业，坚持学校、政府和社会三者合力，加强双创教育的普及。此后，在此基础上，增加了"个人自主创业"，形成"政府、社会、学校和个人"齐齐发力促进创业的局面。可见，我国创新创业教育历经 20 多年的发展，取得了较大的进步。进入新时代以来，高校创新创业教育迎来了难得的发展机遇，掀起新一轮的发展热潮。

关于大学生思创融合的研究。在"思创融合"内涵界定上，学者从不同角度进行阐述。从党史元素的角度出发，尹兆华、刘丽敏等人以北京科技大学为例，在融入党史元素的基础上，激励广大青年学生从党的百年奋斗目标

---

① 毛建国．职业学校创新教育与创业教育的关系 [J]．教育发展研究，2001 (3)：23-26.
② 李辉．内涵发展视界下的大学生创新创业教育路向 [J]．高教探索，2013 (4)：133-136.
③ 中华人民共和国教育部高等教育司．创业教育在中国：试点与实践 [M]．北京：高等教育出版社，2006：19-20.
④ 创业教育试点工作座谈会纪要：教高司函〔2002〕101 号 [EB/OL]．中华人民共和国教育部，2002-04-30.

中汲取创业智慧,深刻理解新时代青年的社会责任,形成积极向上的创业价值观。① 冯平以包头师范学院为例,就如何加强思创融合教育,把爱国主义、优秀传统文化和区域经济文化等要素与思创教育相贯通,进而铸牢中华民族共同体意识。② 从图书情报与档案管理学科的课程思政建设模式角度出发,马捷、赵天缘等人对"双创"思政元素进行了深度挖掘,主要包括与时俱进、敢闯会创、劳动精神、创新求实和民族振兴等一系列"创新创业思政元素集"③。

关于高校开展思创融合途径的研究,主要通过教育理念融合、师资队伍建设、实践平台构建、文化环境建设四方面来进行论述。一是关于思创融合的理念方面。李兰晶认为思创融合可以完善大学生知识结构,将创新创业融入思想政治理论课中,帮助学生形成正确的"三观",为今后应对各种风险挑战做好准备。④ 翁灏认为思创融合可以通过意识形态渗透,帮助学生树立正确的创新、就业、创业观念。⑤ 二是关于思创融合师资队伍建设方面。大部分学者在不同程度上强调了师资队伍建设的重要性。金伟琼、陈永霖、吴蕾蕾指出目前担任创新创业教育的教师教学水平参差不齐,质量不高。但思想政治教育课教师教学经验丰富,在课程教学中,可以结合新时代大学生的特点,将思想政治教育元素融入创新创业教育,发挥创业精神的激励作用。因此,在思想政治教育教师队伍中挑选一部分老师,组建思创融合的师资队伍。⑥ 吴修娟认为可以通过健全思创融合师资队伍,从高校思政教育工作队伍中组建部分教师队伍,培育双创教育骨干。⑦ 三是关于思创融合实践平台构建方面。

---

① 尹兆华,刘丽敏,王丽红. 融入党史元素的"思创融合"课程化探索:以北京科技大学为例 [J]. 思想教育研究,2022 (6):145-148.

② 冯平. 地方高校思政教育与双创教育融合的实践探索:以包头师范学院为例 [J]. 阴山学刊,2022,35 (2):100-106.

③ 马捷,赵天缘,田园,等. 思创融合,协同育人:吉林大学图情档学科课程思政建设模式与实践探索 [J]. 图书情报工作,2022,66 (1):11-21.

④ 李兰晶. 对创新创业教育融入高校思想政治教育的思考 [J]. 学校党建与思想教育,2018 (10):79-81.

⑤ 翁灏. 思想政治教育融入大学生创新创业教育的路径 [J]. 思想政治教育研究,2020,36 (1):152-155.

⑥ 金伟琼,陈永霖,吴蕾蕾. 高校创新创业教育与思想政治教育的融合 [J]. 中国青年社会科学,2018,37 (6):68-72.

⑦ 吴修娟. 思想政治教育融入大学生创新创业教育研究:以上海部分高校为例 [D]. 上海:华东师范大学,2017.

大部分学者强调了构建思创融合实践平台的重要性，并且指出构建先进的实践平台以促进大学生思创融合的发展。黄云明认为思创融合离不开社会实践活动的支撑。① 四是关于思创融合文化环境建设方面。部分学者强调了文化环境对人的熏陶和影响作用，从校园文化环境和社会文化环境方面，阐述了文化环境建设对思创融合的重要性。梁齐伟指出环境载体的重要性，并认为环境对大学生精神面貌具有重要影响。② 因此，应将创新元素融入校园文化和社会文化环境之中，为思创融合营造良好的氛围。钟之静强调了高校可以组织创新创业大赛，以此发挥思想政治教育环境育人的文化功能，并通过讲座、沙龙、论坛等校园文化传播载体，把思创融合内容贯穿育人全过程。③

关于高校辅导员在日常管理学生中开展思创融合教育的研究。学术界在研究创新创业教育内涵、思创融合内涵和辅导员开展大学生思创融合教育的基础上，探讨了提升高校辅导员开展思创融合的具体路径，并形成了丰富的研究成果。叶纯亮认为辅导员双创角色和责任不明确，缺乏有效的师生关系建构，双创教育缺乏指向性和针对性。④ 他认为构建良好的师生关系，要重点关注特殊群体，与学生成为知心朋友，提供有实际作用的双创教育指导。要高度重视创业就业工作，一方面，要加强双创教学管理，例如，落实创新学分，将其纳入评奖评优中；另一方面，要强化双创实践训练，例如，搭建相应的实践平台，推动双创教育工作的顺利进行，提升大学生双创能力；又如，立足学生专业课程，根据每个专业的就业方向，进行一定范围内的市场调研，为毕业生提供精准的信息；再如，举办思创融合专题培训，提升辅导员开展思创融合的水平和能力。高炳亮从企业生命周期理论出发，在大学生创业的萌芽期、孕育期、婴儿期和学步期，辅导员分别充当着宣传者、引领者、帮扶者和追踪者的角色。⑤ 成俊敏认为辅导员要做好学生创新创业中的"引路

① 黄云明，王海. 创新创业教育与高校思想政治教育的协同发展探赜 [J]. 保定学院学报，2018，31 (5)：75-80.
② 梁齐伟，王滨. 思想政治教育与创新创业教育协同发展机制及路径 [J]. 广西社会科学，2019 (2)：174-178.
③ 钟之静. 新媒体背景下高校创新创业教育与思想政治教育融合路径构建 [J]. 中国多媒体与网络教学学报（中旬刊），2019 (2)：8-10，86.
④ 叶纯亮. 高校辅导员在大学生创新创业教育中的角色与责任研究 [J]. 吉林工程技术师范学院学报，2019，35 (2)：25-27.
⑤ 高炳亮. 辅导员在大学生自主创业过程中的角色与担当：基于企业生命周期理论的视角 [J]. 学校党建与思想教育，2015 (17)：87-88.

人"和创新创业路上的支持者，做好学生定位导航的职责。① 她提出辅导员要努力钻研业务知识，把握好思创融合之间的内在联系，切实完成"立德树人"的根本任务；开拓创新思路，掌握大学生创新创业大赛的相关知识，有效整合各种资源，高效完成日常学生管理工作；开展新冠疫情之下的"沉浸式教育"，让学生思考关于创新创业如何与当下实际情况相结合的问题。冯培结合习近平在全国教育大会上关于做学生的"四个引路人"的讲话，认为辅导员要强化人格修养、紧跟学识前沿、不断开拓变革、传承家国情怀，从而做好新时代角色定位。② 张吉玉认为辅导员是大学生创新创业精神培育者，包括情感、人格的培养，这是创业教育最根本的层面。此外，辅导员还是大学生创新创业知识的教育者、创新创业知识政策的传播者。③ 程娟珍等在调查研究的基础上得出结论：90 后、00 后大学生对创新创业意识认同度是比较高的，但在接受创新创业教育过程中还比较被动，缺乏引导；在创业行动上，当前大学生存在创新创业成功率低，缺乏系统的创业理论指导，资金和技术不足等难题。为解决这些难题，她指出辅导员在创新创业教育中，可以扮演好创业信息与政策宣导者、心理辅导和实践组织者的角色，助力辅导员职业化和终身化发展，进一步推动国家创新创业教育事业发展。④ 李祺在梳理文献的基础上，总结出当前思创融合开展存在的问题，即二者相互独立，呈现"两张皮"；融入途径较为单一，欠缺多元化的融合；理论知识与创新创业实践相脱离。她认为辅导员要通过学习管理策略，把握思政教育内涵，深刻领会创新创业教育的核心目标，在各种学习培训中，提高辅导员创新创业教育素质；要具备思创融合的意识，引导大学生进行理论学习和实践操作，培养大学生成为"双创"型人才。⑤ 代兴梅等人在文献资料整合的基础上，指出创新创业教育体系尚不完善，主要以专业类创新创业竞赛为主，参加的人数比例小，服务和保障体系没有达到一体化；创新创业教育队伍不强，缺乏专

① 成俊敏. "双创"背景下高校辅导员新定位 [J]. 晋中学院学报，2020, 37 (4)：5-7.
② 冯培. 高校辅导员新时代角色定位的再认知 [J]. 思想教育研究，2019 (5)：99-102.
③ 张吉玉. 辅导员在大学生创新创业教育中的角色定位 [J]. 山东农业工程学院学报，2017, 34 (4)：5-7.
④ 程娟珍，廖小文. 辅导员在创新创业教育中的角色作用探析 [J]. 武汉冶金管理干部学院学报，2019, 29 (2)：54-56.
⑤ 李祺. 高校辅导员视角下大学生思想政治教育与创新创业教育的融合研究 [J]. 就业与保障，2020 (21)：156-157.

业的师资队伍，兼职或临时外聘的较多，双创教育的内生动力不足；高校辅导员日常管理学生事务众多，不能很好地整合学校各方面的教育资源，导致其在创新创业教育中的作用不突出。据此，她认为创新创业教育融入辅导员日常育人的途径有融入思想引领全过程、学习督导全过程、活动组织全过程、就业指导全过程。①

关于新时代大学生思创融合教育的课程教学研究。华炜认为，首先，在教学设计方面，充分发挥思想政治教育的引领作用；其次，在大学生创业团队的组建过程中，可以运用思想政治教育提升大学生的创业素质；再次，在教育过程中，重视思想政治教育的作用；最后，运用思想政治教育来加以引导大学生对创业教育的正确认识。② 金伟琼、陈永霖等人认为，可以从教育过程、教师水平、教育机制、教育平台等四方面来加强二者的融合。③ 面对高职院校在教学理念、课程内容、教学方法、评价方式等方面存在滞后、僵化、空泛等问题，思政课教学与高职院校总体办学要求相脱节，亲和力针对性不足，说服力可信度不强。王胜利主张更新思政课教学理念、丰富完善思政课教学内容、改进思政课教育教学方法、全面提升师资队伍素质、改革思政课考试评价方式方法，从而增强高职院校思想政治理论课教学的亲和力和针对性，满足学生成长发展需求和期待。④ 艾军、邹金成等人认为，在课堂教学和基础设施两方面为二者的融合开拓路径。第一，完善大学生创业过程中所需的种种设备设施，重视解决大学生创业过程中的心理问题；第二，在第一课堂教学中，积极融入二者的内容，在课外实践等第二课堂中营造浓厚的创新氛围。⑤

关于广西部分高校思创融合方面的建设研究。广西师范大学开展以打造精品课程、师资队伍建设、打造中国—东盟双创教育特色学校方面的思创融

① 代兴梅，张艳，刘彦伯. 创新创业教育融入高校辅导员日常育人过程的途径研究 [J]. 高等农业教育，2018（3）：50-52.
② 华炜. 大学生创业教育与思想政治教育融合路径探索 [J]. 学校党建与思想教育，2021（2）：64-65.
③ 金伟琼，陈永霖，吴蕾蕾. 高校创新创业教育与思想政治教育的融合 [J]. 中国青年社会科学，2018，37（6）：68-72.
④ 王胜利. 试论创新创业教育为重要载体的高职院校思想政治理论课教学改革 [J]. 思想理论教育导刊，2017（03）：132-135.
⑤ 艾军，邹金成，罗二平，等. 论高校思想政治教育与大学生创新创业教育的有机融合 [J]. 思想理论教育导刊，2014（12）：92.

合新格局。一是打造精品课程。开设"1+X"门双创课程，从2016级本科生开始开设了《创新创业基础》必修课，2019年完成全校近8000名学生的授课，并结合新出版的校本教材《大学生创新创业基础》进行课程2.0版本迭代，同时开出23门创新创业类选修课，每年覆盖选课学生2万余人。同时打造社会实践第二课堂，开发双创在线课程，每年服务学生近3万人。二是注重师资队伍建设。2016年成立创新创业教研室，不定期开展创新创业教学法、专创融合等主题工作坊，至今已举办35期。通过开展讲课比赛、示范课、公开课等活动，提高青年教师的教学能力。聘请80多位投资人、企业家、优秀创业者担任创业导师，丰富了师资配置。与广西人文社会科学发展研究中心联合设立创新创业教学改革专项课题，提升师资科研水平能力。三是打造中国—东盟双创教育特色学校。与东盟国家的教育合作交流具有独特优势，拥有越南首家孔子学院、印度尼西亚首家孔子学院以及泰国1所孔子学院，是中国—东盟高校创新创业教育联盟高校，较早成立了广西师范大学中国—东盟创新创业学院。广西大学把社会主义核心价值观教育融入大学生创新创业教育的全过程，使大学生树立正确的世界观、价值观、成才观，深化对创新创业的正确认识，端正创新创业态度。一是深化课程改革。面向全校开设专业创新创业课程，形成了以通识必修、通识选修、专业课程、创业实践构成的创新创业教育课程体系。2015年学校统一开设了10门创新创业类课程，接受创新创业指导及培训的本科生近25000人。2015年以来，工商管理、能源与动力工程等13个本科专业获批广西创新创业教育改革示范专业。二是制定《广西大学创新实践学分实施办法》，将创新实践学分纳入毕业要求。三是精准扶贫，帮助贫困生优先实现就业。根据学校贫困生数据库，建立家庭就业台账，筛选并提供适合贫困家庭的就业信息，开发就业见习岗位等帮助贫困生分批次到学生创业企业就业。广西民族大学构建"课程—大赛—训练—孵化"四位一体创新创业课程体系，与思想政治教育相结合，强化大学生政治意识与实践训练教育相结合，提升大学生实际工作能力；与各高校交流合作，与民族团结教育相结合，协同培养创新创业型人才，将创新创业能力转化为民族素质与创新创业大赛相结合；建设专兼职相结合导师团队。桂林电子科技大学形成了"两融合，三坚持"创新创业人才培养模式。"一融合"——构建"素质—技能—实践"创新创业课程体系，实现创新创业教育与专业教育相融合。"二融合"——创建"互联网+"教学平台——广西漓江学堂·广西漓江课堂，实现信息技术与教育教学融合。2014年该校倡导成立广西高校课程联盟"广西漓江学堂"，以无线局域网技术为支撑，着力解决理论课教学方法单一的难题，提高学生参与度，建立课堂教学过程数据库，实施过程性评价。"三坚持"——坚持实践育人、坚持协同育人、坚持强化保障。

（二）国外研究现状

国外学者关于思创融合主要从政治社会化理论、突出教育的政治功能、注重渗透教育、凸显宗教地位等方面进行研究。美国和英国是创业教育发展较早同时也较完善的国家，研究起源比较早，同时注重将理论与实践相结合。近年来，国外累积了一定的研究成果，通过查阅分析有关国外思想政治教育与创业教育相结合的文献，主要包括以下几方面内容。

关于创新创业教育的理论研究和实践发展研究。在理论研究层面，"创新"和"创业"是两种不同的概念，必须进行明确区分概念。首先，对于"创新"概念，奥地利经济学家约瑟夫·熊彼特（Joseph Schumpeter）指出，创新教育的核心要点是建立一种生产函数，在经济活动中引入新的思想和方法，实现生产要素新的组合，激活各种积极因素，发挥最大效能的一种思维模式。① 美国的沃尔特·罗斯托（Walt Rostow）把"创新"定义为"技术创新"，并认为技术创新是一切创新的先导。进入21世纪以来，技术创新的概念得到进一步的延伸，包括商业、科技、金融等方面。对于"创业"概念的研究，高德纳（Gartner）认为创业包括创业家的个人特性和行为结果，霍华德·斯蒂文森（Howard Stevenson）认为创业就是善于抓住机遇，取得成功的信心和可能性。由此可见，创新与创业既紧密联系又有所区别。创新是在原有事物的基础上不断改造、再认识、再改造的过程。创业的本质是创新，创业需要在创新的基础上研发并应用新产品，为社会提供更多的优质产品，创造更大的经济效益。在实践研究层面，国外取得的经验主要有美国是最早实施创新创业教育的国家之一。20世纪40年代，美国在哈佛商学院开设《新创企业管理》一门课程，这是美国高校创业教育的开始。印度政府于1980年颁布《国家教育政策》，高校开始向创业型大学转变，尤其是针对大学毕业生就业需要的知识和技能提出了具体的要求，为学术界研究大学生创新创业价值观打开了大门。20世纪80年代，英国的创业教育兴起，政府在各个方面上给

---

① 熊彼特. 经济发展理论［M］. 何畏，易家洋，等译. 北京：商务印书馆，1990：4.

予政策支持和引导，并得到了长足的发展。此后，瑞典也开始关注创业教育，在团队合作中更多强调在"做中学"，教育理念取得了新突破。1998年，赵中建针对《21世纪的高等教育：展望与行动》的报告指出，高校要培养一批就业岗位的创造者，将培养创业技能和创业精神作为重要目标。①

关于思政课教师、高校辅导员与思创融合教育工作的研究。国外一般把思想政治教育叫作"公民教育"，关于思创融合课程教学的研究，主要从课堂教学、师资队伍建设等方面来阐述。莎娜·达利（Shona Dali）认为在教学中把创新元素融入课堂，有利于端正学生学习态度，改进教学理念，提高学生创新能力和实践能力。② 李美秀等指出，大学在创业教育专业化程度上已经达到了一个很高的水平，既开设了基础课程，又设有进阶式教育，从创业策划的制定到最终的施行，在不同阶段接受不同内容的教育。③ 学者艾勒·胡伯赫（Aylor Huberhe）认为可以从创业教学活动过程和结果开展相关的教师教学评比活动，在一定程度上激发教师的激情与积极性。唐纳德·F. 库拉特科（Donald. F. kuratko）认为将二者融合进行教育的关键是教师，高校教师要从创业理论、实践经验两方面提升自身综合素质，才能提高教育的效果。辛格（Singh）和麦基（Magee）指出，融合二者的教学内容推动创业教育课程的发展，从而产生教师资源短缺的现象发生，尤其是具有丰富教学经验的高校教师。在高校辅导员层面，作为学生日常事务的管理者，辅导员需要具备一定的能力和技能。日本学者认为进一步促进高等教育的发展，可以通过多种途径强化高校辅导员育人能力，如高度重视高校辅导员开展心理和专业咨询。④ 樊富珉等人对辅导员的素质要求进行了十三方面的描述，如身体、态度、知识、技能和应变能力等。⑤ 罗公利等人在《从国际比较中看我国高校辅导员的角色定位》一文中提到，美国辅导员协会将辅导员确定为三大角色，分别是心理辅导师、职业辅导师及社会化辅导师，当学生在创业就业方面遇到困

---

① 赵中建. 21世纪世界高等教育的展望及其行动框架：1998世界高等教育大会概述［J］.上海高教研究，1998（12）：4-11.

② 蒂蒙斯，斯皮内利. 创业学［M］. 周伟民，吕长春，译. 6版. 北京：人民邮电出版社，2005：23.

③ 李美秀，舒长兴. 国外创业教育的特色及启示［J］. 科技信息，2011（16）：14.

④ 李卫东. 高校辅导员文化育人途径探析［J］. 高校辅导员学刊，2020，12（2）：14-18.

⑤ 樊富珉，陈启芳，何镜炜. 香港高校学生辅导［M］. 北京：清华大学出版社，2001：116-117.

难时，专职辅导师就发挥自身的作用。①

国内外相关研究为本书提供了有益的价值和参考。从国外高校思创融合教育来看，他们没有设置辅导员岗位，学生日常工作主要由学生管理中心和事务局等机构负责管理，但配备有创业导师，指导学生创新创业，这些机构和人员在一定程度上起到辅导员的作用；在创新创业教育课程教学上，从教师、学生、教育环境等角度进行了探索。从国内高校思创融合来看，高校师资队伍建设已经达到一定的高度，尤其是 2015 年以来，一是党和政府高度重视思创融合，制定和颁布了许多相关文件；二是高校在不断完善创新创业课程体系，尤其是大学生思想政治教育日常管理方面，大力推进辅导员指导学生创新创业实践，逐步渗透创新创业价值观教育。然而，在研究过程中也存在一些不足：第一，有的研究没有开展实际调研，量化实证研究还比较薄弱，局限于理论上的思辨研究，缺乏一定的科学性。第二，有的研究缺乏对大学生创新创业的价值引领，没有形成正确的指导思想，育人的实效性有待提升。第三，对高校辅导员育人从安全教育、职业生涯规划等课程教学的角度论述较多，而从日常管理层面阐述的较少。第四，大部分从单一方面研究思创融合教育，而立足整体——高校思政课教师和辅导员两者的角度论述思创融合教育的较少。

三、研究主要内容、研究思路、研究方法以及创新之处

（一）主要内容

本书从课程教学和日常管理学生工作的视角出发，立足于新时代背景，按照严谨的调查问卷编制和严格的数据处理指标体系，分析新时代大学生思创融合教育的现状，遵循具体情况具体分析的原则，系统研究新时代大学生思创融合教育存在的问题，为高校培养创新创业人才提供创新路径。

全书框架结构及主要内容如下：

党的十八大以来，"大众创业、万众创新"已经成为推进经济发展方式转变的重要动力，培养创新创业人才显得日益重要。本书以"思创融合"研究高校思政课教师和辅导员"如何利用思想政治理论课和日常思想政治教育开

---

① 罗公利，聂广明，陈刚. 从国际比较中看我国高校辅导员的角色定位 [J]. 中国高等教育，2007（7）：61-63.

展大学生创新创业教育，将思想政治教育与创新创业教育有机结合起来"，以问题和实际调研结果为导向，坚持以辩证唯物主义和历史唯物主义为指导，运用文献研究法、比较研究法、问卷收集法，探寻思创融合教育的理论基础、凝练思创融合教育的主要内容，分析其现状特点、存在问题及原因，考察双向建构，提出相应的对策。

第一章对新时代大学生思创融合教育的相关概念进行论述，界定核心概念、厘清思想政治教育与创新创业教育之间关系等，为全书做下了理论铺垫。

第二章寻找新时代大学生思创融合教育的理论基础和理论借鉴，为本书提供理论指导。本章节从马克思关于人的全面发展理论和价值观理论、中国传统文化和革命文化中的创新创业思想、中国共产党主要领导人关于创新创业的重要论述等方面阐释理论基础。理论借鉴主要包括职业选择匹配理论、职业生涯发展理论、择业动机理论三方面。

第三章凝练新时代大学生思创融合教育的主要内容，要求凝练过程中遵照个人成长成才与社会发展需要相结合、遵循教育规律与彰显主流价值观相结合等原则，阐释凝练的理论依据、现实依据和实践依据，将胸怀家国的爱国主义精神、敢为人先的创新精神、艰苦创业的奋斗精神、爱岗敬业的劳动精神、遵纪守法的法律意识作为思创融合教育的主要内容。

第四章介绍国外大学生思创融合教育的特色及其经验，本章节试图通过以西方国家为代表的美国和英国和与我国同属于亚洲的以色列，来探讨思创融合教育的成功经验和做法，从而为我国大学生思创融合教育提供有益的借鉴。

第五章分析新时代大学生思创融合教育的现状，了解当前新时代大学生思创融合教育已取得的成绩，主要体现在国家重视高校思创融合教育工作、高校思创融合教育的形式多样化、高校思创融合教育的内容逐渐丰富、高校思创融合教育理念逐步形成。与此同时，分析新时代大学生思创融合教育中存在的不足：当前大学生思创融合教育的过程中对学生创业价值观的引领不强、大学生思创融合教育的师资队伍发展不均衡、大学生思创融合教育的内容相互游离、大学生思创融合教育的主体及其职责分散、大学生思创融合教育的实效性不足等难题。在此基础上深入分析存在不足的原因：部分高校对思创融合教育重视程度不够、部分高校对思创融合教育理念认识不足、对思创融合教育的内容掌握不透彻、开展思创融合教育的教师队伍能力不足、对思创融合教育的社会资源挖掘不够全面、对思创融合教育的机制不够完善、开展思创融合教育缺乏良好的发展环境等因素的综合影响。

第六章探寻新时代大学生思创融合教育的双向建构，分析新时代大学生思创融合教育的动力条件包括内在驱动力和外在驱动力，其特征主要表现为教育方向的政治性、教育内容的前沿性、教育方式的实践性、教育过程的持久性、教育对象的层次性、教育生态的立体性，其内生机制主要通过知、情、意、信、行五方面发挥作用。

第七章对新时代大学生思创融合教育提出一些策略。主要包括树立思创融合教育理念，实现教育理念的融合；提升思创融合教育的师资队伍水平，实现教师队伍的融合；丰富思创融合教育的教学内容，实现教育内容的融合；拓宽思创融合教育的日常管理实践平台，实现教育载体的融合；完善思创融合的教育机制，实现教育机制的融合；创造思创融合教育的良好育人环境，营造浓厚的融合氛围。

（二）研究思路

在研究思路上，本书综合基础问题与现实问题，以新时代大学生思创融合教育为研究对象，通过查阅国内国外的相关文献，在整合资料的基础上，凝练思创融合教育的主要内容，分析其现状特点、存在问题及原因，考察生成机制，提出新时代大学生思创融合教育的对策，遵循"善于发现新时代大学生思创融合教育中存在的问题—系统分析新时代大学生思创融合教育中存在的问题—为新时代大学生思创融合教育提出创新路径"的研究思路，强化问题意识。

（三）研究方法

在研究方法上，第一，文献研究法。文献研究法作为一种最基本的研究方法，在梳理本研究国内外文献综述、挖掘理论基础上起到重要作用。本书通过中国知网、维普、人民网、学习强国、独秀学术检索等平台，利用本校图书馆资源，收集与本研究相关的期刊文章、报纸、国内外专著等文献资料，对这些资料进行深入系统分析，为本书研究奠定理论依据。第二，问卷调查法。问卷调查法是本书的主要研究方法，在本研究新时代大学生思创融合教育的实证调研上起到重要作用。通过对广西部分高校思政课教师、辅导员和大学生进行问卷调查，获取一手资料，对收集到的数据资料进行分析，得出新时代大学生思创融合教育中存在的问题和存在问题的原因，从而提出相应的解决措施。第三，比较研究法。本书在调查研究的过程中，结合其他学者的理论对广西部分高校思政课教师、辅导员和学生进行实证调研，根据调研对象的性别、专业等个体因素，通过对高校思政课教师、辅导员和大学生的访谈，对高校开展大学生思创融合进行横向、纵向比较，有利于进一步把握新时代大学生思创融合教育中存在的问题，并找出其问题归因，最后形成"育人理念、课程教学内容、师资队伍、实践平台、考核评价机制"五位一体的创新路径，为新时代大学生思创融合教育提出相应对策。

（四）研究的重点和难点

在研究重点和难点上，研究重点是从高校课程教学和辅导员日常管理学生工作的整体角度出发，解决高校如何开展大学生思创融合的问题，提升新时代大学生思创融合教育的实效性。通过实证分析，重点分析思政课教师和高校辅导员在课程教学和日常管理学生工作中，开展大学生思创融合教育所取得的成绩和存在的问题，深入分析存在问题的原因，对大学生思创融合教育进行双向建构。本书的研究难点有两个：一是理论基础部分如何在继承前人优秀理论成果的基础上，实现理论创新。二是如何从高校思政课教师和辅导员主体出发，加强大学生思创融合教育，提出具有可操作性、可应用性的措施，从而加强高校学生思创融合教育，培育一批具有过硬品质的人才。

（五）研究的创新之处

第一，研究视角的创新。思创融合教育已经成为一个新的热点，这是针对当前高校毕业生严峻的就业形势提出的。在高校层面，开展大学生思创融合教育的主体分为三支队伍：创新创业学院教师、高校辅导员、思政课教师。本书从思政课教师和辅导员日常管理学生工作的角度出发，在思政课堂和辅导员日常管理中开展大学生思创融合教育做出了新探索，创新高校大学生思创融合教育的途径。

第二，研究内容的创新。通过查阅相关文献可知，目前国内研究成果主要集中在思政课教师队伍和创新创业教师队伍开展思创融合，而关于思政课教师和辅导员开展大学生思创融合教育的文章相对较少，尚未形成完整的理论体系。本书研究内容聚焦在思政课教师和辅导员如何开展大学生思创融合教育，采取问卷调查和访谈相结合的形式，其中调研对象包括高校思政课教师、辅导员和大学生，通过实证调研分析，得出高校思政课教师和辅导员开展大学生思创融合教育中取得的成绩以及存在的问题，并试图探索大学生思创融合教育的双向建构，最后提出大学生思创融合教育的对策。因此，本书在内容上呈现出新颖性。

第三，研究观点创新。本书秉持着实事求是的原则，在已有研究成果的基础上，从思政课教师和辅导员日常管理学生工作的角度提出了一些新观点：其一，从思政课教师的角度出发，通过课堂教学与创新创业教育融合、改革课程体制、加强师资队伍建设等几方面来进行论述；其二，结合提升辅导员职业能力的需要，从辅导员日常管理学生工作的角度出发，通过党课、班会、社团活动、科研竞赛等方式，强化辅导员开展大学生思创融合教育的能力；其三，归纳思政课教师和辅导员开展大学生思创融合教育存在的短板，注重多维度深入研究，深入分析新时代大学生思创融合教育的问题归因，并探索新时代大学生思创融合教育的双向建构，从而创新新时代大学生思创融合教育的路径，提升高校教师的育人能力。

第一章

新时代大学生思创融合教育的相关概述

思创融合教育作为一种教育理念和新的教育实践，创新创业教育与经济社会发展相适应，与时代发展同频共振，是新时代新征程高等教育破解这一根本问题的新模式。思想政治教育与创新创业教育在目标、内容、方法上高度统一，两者相辅相成。思想政治教育对创新创业教育进行价值引领，创新创业教育拓展了思想政治教育的方法，丰富了思想政治教育的研究对象、研究内容。当前，思想政治教育和创新创业教育的发展都遭遇瓶颈，两者任何一方的发展都会存在问题。例如，创新创业教育的思想观念滞后于实践，需要思想政治教育对其进行价值引领，思想政治教育的发展也需要与解决现实的创新创业问题相结合，才能更加"接地气"。对相关问题的讨论我们将在后面的章节展开，本章我们通过对涉及的相关概念进行论述，深入把握新时代大学生思创融合教育的内涵，增强本书的学理性，为后文的研究做好铺垫。这是我们整个课题研究的基点。

第一节　创新创业教育概念解析

研究创新创业教育的概念必然涉及创新创业教育的内涵和特征，对创新创业教育的内涵和特征进行深入分析，有助于更好地厘清脉络。

一、创新创业教育内涵

"创新创业"是一个复合词，从字面上看是由"创新"和"创业"两个词组成，但它又不是两者简单相加。理解创新创业的内涵，需要建立在理解创新和创业内涵的基础之上。

（一）创新与创新教育

一是创新。在《现代汉语词典》中将"创新"一词定义为破除陈旧的，在此基础上创造新的东西。① "创新"这一概念涉及经济学、社会学、管理学等多个领域，表现为三方面：一是更新，二是创造新的东西，三是改变。在日常生活中，我们一般把创新理解为技术创新和科技创新。创新理论的奠基人——奥地利经济学家熊彼特认为创新将新的生产要素和生产条件有机结合，引入整个生产体系之中。② 他认为创新可以是技术创新，但不一定必须与技术相关，是一种涵盖技术、模式、组织等方面的创新，这是一种更为广义的创新。管理学大师彼得·德鲁克（Peter Drucker）发展了熊彼特的创新理论，在他看来，创新是一种赋予资源、创造社会财富的行为。作为人类发挥主观能动性的高级表现形式，创新是人类对社会认识的不断深化，是国家和民族兴旺发达、繁荣富强的不竭动力。新时代，创新在科技领域发挥着越来越重要的作用，创新的内涵也在不断拓展、丰富。由此可见，人类社会发展就是一部运用创新思维发挥创造力、从而不断改造社会和自然的历史。

二是创新教育。创新是高校人才培养的重要任务。当前学界关于"创新教育"的定义还没有统一的标准，大部分学者认为创新教育是培养具备创新意识、创新技能的一种教育活动。部分学者认为创新教育是一种相对于传统教育而言的新型教育活动，也有部分学者定义"创新教育"是以培养创新精神和创造能力为目的的教育活动。

就本书研究的高校创新教育而言，创新教育是一系列的教育活动，在培养学生的创新思维、创新精神和创造能力的教育过程中，受教育者的精神、意识和实践能力得到完美结合的呈现，是人格品行和才智创造的结合体。

（二）创业与创业教育

其一，创业。《辞海》一书将"创业"解释为"创立基业"③，表现为开端的艰难、创新过程的价值和在前人基础上创造新的东西。就国外对"创业"的定义研究而言，自1934年熊彼特首次提出"创业"概念以来，目前为止还

---

① 中国社会科学院语言研究所词典编辑室. 现代汉语词典［M］. 5版. 北京：商务印书馆，2011：214.

② 高晓杰，曹胜利. 创新创业教育——培养新时代事业的开拓者——中国高等教育学会创新创业教育研讨会综述［J］. 中国高等教育研究，2007（7）：91-93.

③ 夏征农. 辞海［M］. 上海：上海辞书出版，2002：11.

没有统一的概念。学者们基于不同的研究视角，对"创业"概念进行了阐释。熊彼特认为创业即创新，是企业家打破旧传统、开辟新事业的过程。① 管理学大师德鲁克继承和发展了熊彼特的创新理论，将"创业"定义为能够创造出一些新的事情，并能创造价值的活动。杰弗里·蒂蒙斯（Jeffry Timmons）认为创业是一种行为方式、生活方式和人生哲学，能够为所有参与者创造价值。② 就国内对"创业"的定义研究而言，国内大多数学者是借鉴国外创业理论来阐释自己的观点，胡晓风在《创业教育论》一书中指出创业是在职业和事业中进行的创业性劳动，创造新价值。这里的"业"，指职业和事业。③ 彭钢在《创业教育学》中将创业教育定义为开发青少年创业基本素质，在普通教育的基础上，在职业教育领域实施开展。④ 葛建新在《创业学》一书中则表示创业既包括"创业"的含义，还包含"创新"的含义。⑤ 刘建钧认为创业是创建企业的活动，创新不一定是创业活动，但创业活动的过程必然涉及创新。⑥ 罗天虎认为创业是个体或群体创造财富而努力奋斗的过程。创业活动具备创新性、自主性和功利性等特征。⑦ 2010 年 5 月，教育部在《关于大力推进高等学校创新创业教育和大学生自主创业工作的意见》中首次正式提出"创新创业教育"概念，并强调大学生创新创业教育不仅顺应时代发展的要求，还能培养学生创新精神和实践能力，为社会输送合格的创新创业型人才。综合上述学者的观点，笔者认为创业是开发和实现其内在价值的过程，是需要主体持续性地、长期地付出时间和精力的过程。创新是创业的动力源泉，创业是具有创新精神的个体和有价值的机会结合，是开创新事业的过程。高校学生创业的最终指向，并不是全部培养成为企业家，而是使学生成为具备创新精神、创业意识和创业能力的中国特色社会主义事业所需要的建设者。

其二，创业教育。就国外而言，美国著名的创业教育研究机构考夫曼基

---

① 张秀娥，赵敏慧. 创新与创业理论研究回顾与展望［J］. 创新与创业管理，2016（2）：1-15.
② 蒂蒙斯，斯皮内利. 创业学［M］. 6 版. 周伟民，吕长春，译. 北京：人民邮电出版社，2005：23.
③ 胡晓风. 创业教育论［M］. 成都：四川教育出版社，1995：78.
④ 彭钢. 创业教育学［M］. 南京：江苏教育出版社，1995：71.
⑤ 葛建新. 创业学［M］. 北京：清华大学出版社，2004：13.
⑥ 刘建钧. 创业投资原理与方略［M］. 北京：中国经济出版社，2003：10.
⑦ 罗天虎. 创业学教程［M］. 西安：西北工业大学出版社，2004：6.

金会（Ewing Marion Kauffman Foundation，EMKF）将创业教育定义为提供人们以概念和技能，辨别他人忽略的机会，具备洞察力、自我评估能力和知识技能，在他人犹豫不决时果断地行动的过程。它包括机会辨识、资源整合以应对风险、创建企业等诸方面的教育。① 也有部分学者认为学校的创业教育应该与社会上的就业有所不同，而不是一种企业速成班教育，真正意义上的创业教育，是以造就具有革命性的创业作为其根本的价值取向。就国内而言，学者对"创业教育"内涵的理解主要有以下几种。彭钢将创业教育定义为"以开发和提高青少年的创业基本素质，是在普通教育和职业教育基础上进行的教育"。② 徐华平认为创业教育是创新就业教育的一种教育理念和教育模式，它是以培养学生的创业意识、创业精神和创业能力为价值取向的教育。③ 因此，创业教育作为我国现阶段高等教育的目标之一，对培养具有创新精神和创业能力的创新型人才具有重要的意义。

（三）创新创业教育

石国亮指出"创新创业教育是中国人的理论创造"，在借鉴西方发达国家创业教育经验基础上，提出高校要全面开展大学生创新创业教育，创新创业教育是在理念和内容上实现对创新教育和创业教育的超越，是一个完整概念范畴的生成。④ 张澍军等认为创新创业教育是指以培养受教育者的创新精神、创业意识与能力为基本价值取向的教育理念与教育模式。⑤

目前为止，学术界对"创新创业教育"概念还没有进行统一界定，但始终以培养个体的创新精神与创业能力为核心，在创新教育的基础上，将创新精神和创新意识贯穿整个教育过程，同时对大学生进行创业教育，以培养与当前社会发展相适应的开创型人才。创新创业教育不是"创新教育"与"创业教育"的简单相加，而是在两者的基础上实现理念和内容的超越。创新创业教育的核心目标不是培养学生成为企业家，而是将创新和创业相互融合、

---

① 中华人民共和国教育部高等教育司. 创业教育在中国：试点与实践［M］. 北京：高等教育出版社，2006：14.

② 彭钢. 创业教育学［M］. 南京：江苏教育出版社，1995：71.

③ 徐华平. 试论我国高校的创业教育［J］. 中国高教研究，2004（2）：74-75.

④ 石国亮. 创新创业与青年发展［J］. 青年发展论坛，2017，27（2）：3-10.

⑤ 张澍军，王占仁. 作为理念和模式的创新创业教育［N］. 光明日报，2013-03-14（11）.

相互促进，在创新创业教育过程中，培养学生的创新精神和创造能力。其主要内容包括：一是创新创业意识和精神的培育。意识是行为的先导，创新创业行为的产生是以创新创业意识为前提，因为创新创业意识并非天生就有，而是经验积累之中，经过科学分析并概括凝练后产生的思想。创业意识直接影响创业者的创业心理、创业观念和创业方法等。而创业精神作为一种支撑信念存在，能够推动大学生在行为上果断、自主地开展创新活动、践行创业行为，培养创业者的进取心、责任心和自信心。二是创新创业知识与能力的培养。创新创业活动的开展需要专业知识的铺垫，才能更好地规避风险，确保创业活动的有效进行。例如，创业者要掌握创业的法律知识以及市场推广营销知识。大学生创业者只有在掌握系统的创新和创业知识之后，才会形成新知识、新思路和新方法的能力，所以说这种能力的形成是需要日积月累的培养。三是创新创业实践的训练。创新创业实践作为创新创业教育内容中不可或缺的组成部分，它能够将大学生所学到的理论知识运用到实践活动中，使学生在实践活动中去检验所学知识，深化学生对理论知识的理解，并进行加深巩固，发现其存在的问题。创新创业实践活动不仅能使学生深化从书本上学到的理论知识，还能在实践中积累一定的经验，强化自己的创新创业意识，增强把握市场商机的敏锐力，为大学生创业成功打下良好的基础。

笔者认为创新创业教育主要包括创新创业课程和创新创业实践活动，这是高校开展创新创业教育的重要载体。创新创业教育是指高校通过创新创业课程和创新创业活动渗透创新创业教育理念，激发学生的创新意识和创造潜能，培养大学生的创新思维和创造能力，将其贯穿于大学生成长的全过程，在创新创业中凝聚起促进自身全面发展的强大动力，为社会培养一批全面发展的创新型人才，使大学生成为与时俱进的开创型人才，不断适应我国当前社会经济发展。

二、创新创业教育特征

创新创业教育具有主体性、实践性和创新性特征，只有把握三大特征，才能更好地开展大学生创新创业教育。

（一）创新创业教育的主体性

主体性是创新创业教育的根本属性。创新创业教育在于挖掘受教育者潜能，将学生培养成为具有创新精神和创业能力的主体，遵循以学生为本的教育原则。大学生主体性主要表现为主体的独立性、能动性和创造性。一方面，大学生存在较大的个体差异，他们的成长环境和个性特点有所不同，因其家庭背景、成长经历、需求动机和意志信念等方面的差异，使得创新创业主体的特点也不尽相同，表现出个性化、多元化特征。创新创业主体的不同，大学生对创业目标的确定也就不同，做出的创业行为选择也就不同，进而在创业实践活动中表现出个体性和差异化。教育者要主动关心学生、服务学生和引导学生，针对不同学生特点来搭建成长平台，尊重学生和信任学生，让学生的才能得以充分发挥，将"以学生为中心"贯穿创新创业教育理论和实践教学的各个阶段，增强大学生对创新创业的理论认同、情感认同，激发个人潜能，提升育人实效性。另一方面，教育者要充分调动学生主体参与性，发挥学生学习知识的主体作用。创新创业教育过程就是要唤醒大学生主体性，激发其潜在的创业意识，让他们在自我意识的觉醒中拓展认知，并在实践中体验，在探索创业实践经验中充分发挥自身的创造力。此外，当代大学生成长于信息多元化、文化多样性的时代，在接受思想政治教育上表现出强烈的波动性，他们往往从个人发展的需要出发，以个人需求为中心，在创业行为上一般以个人得失为基准。因此，要充分调动学生的行为自觉，引导其深刻感悟自己在创造社会历史和改造物质世界中的主人翁地位，充分认识到自身在实现中华民族伟大复兴进程中肩负的社会责任和历史使命，将个人理想与祖国命运相结合，为中国特色社会主义现代化建设助力。

（二）创新创业教育的实践性

与传统教育有所差异，创新创业教育绝非单纯的理论教育，而是更注重实践教学，更加注重学生动手能力、行为能力的培养，注重在实践活动中塑造学生的创新精神和创业能力。创新创业教育所要达到的目标主要通过创业实践来实现验证，知行统一。在教学上主要表现为教师的"教"源于生产一线，学生的"学"也要直接运用于实践，在实践中检验学习的效果。在创业实践的过程中，要鼓励大学生积极参加创业实践活动，在某些"大学生创业"大赛中，引导大学生寻找选题，积极开展创业的基础研究工作。这不仅能够让学生运用创业知识解决创业实践活动中遇到的各种问题，还可以通过实践巩固所学到的理论知识，加强大学生各方面的创业技能训练，不断深化自身对创新创业的认识，锻炼大学生的创新思维和培养大学生的创业精神品质。大学生创新创业实践活动采取全沉浸的方式，将理论知识转化为实践指导，充分发挥大学生的主观能动性，培养大学生创新精神和创业品质。

（三）创新创业教育的创新性

创新创业教育要适应时代的变化，在内容和方式上实现创新发展。坚持创新性原则是对马克思主义发展观的继承与发展，为高校创新创业教育的高质量发展注入了新动能、开辟了新思路。创新是创业的本质和灵魂，创业就是要敢想敢做，秉承"敢为人先，爱拼会赢"的开拓创新精神，努力开创新事业。创新创业教育是应对多元文化价值取向的需要，是大学生个人成长的需要。它必然是开放的、鲜活的、多样的。创新创业教育承担着传播创业文化、规范创业行为的使命，引导着受教育者形成某一特定的创业价值共识。既要将前人多年积淀下来的创新创业精神植入每一位学生心中，让创新创业文化灵魂得以延续，又要将创业理想融入国家民族大业之中，激发全民族创业活力。这种价值共识会在受教育者心中内化，成为一种创业价值自觉，指导和规范着个体未来的创业行为。同时，既要注重培养学生创新精神和创造思维，又要培养其创造能力，适应当前国家战略发展需要的高素质人才。创新是创业教育赖以生存的特质因素。进入新发展阶段，创新创业教育坚持在发展中回应时代关切、解决时代之问，始终站在培养社会主义事业接班人的高度，以创新为关键词，因时而进，促进创新创业教育的高质量发展。

第二节　思想政治教育概念解析

深刻把握思想政治教育概念，必须掌握思想政治教育内涵与特征，为更好地开展大学生思想政治教育奠定良好的基础。

一、思想政治教育的内涵

"思想政治教育"作为我国一个特有名词，自中国共产党诞生之后便一直存在。从 19 世纪 80 年代开始，思想政治教育学作为一门独立的学科设置，其理论体系逐渐成熟。随着时代的发展进步，思想政治教育的内涵得以不断丰富和深化。目前，学界比较认可的观点是思想政治教育是指社会或社会群体用一定的思想观念、政治观念、道德规范，对其成员施加有目的、有计划、有组织的影响，使他们形成符合一定社会或一定阶级所需要的思想品德的社会实践活动。① 这是一项培养和发展人的实践活动，为社会和个体所需要的发展的人。

高校思想政治教育经过多年的发展，从理论和实践上形成了比较成熟的模式。在高等教育中，思想政治教育往往与智育、体育、美育、劳动教育等联系在一起，共同组成了学校的教育体系。结合学界关于思想政治教育的定义，我们可以认为高校思想政治教育坚持以马克思列宁主义为根本指导思想，以马克思主义世界观、人生观、价值观教育为主要内容，提高人们认识世界和改造世界的能力，具有很强的政治性、思想性和实践性，渗透在高校教育教学和日常管理的各个环节之中，指导着大学生的思想观念和日常行为，是研究大学生的思想和发展规律的一门科学。具体而言，高校思想政治教育的主要内容包括以下四方面。一是思想教育。思想教育作为一种对受教育者的各方面思想观点产生影响的教育，通俗来讲，它是指形成一定世界观、人生观的教育。② 具体到高校思想政治教育之中，主要是在马克思主义理论的指导下，创造性地运用中国特色社会主义理论体系武装头脑，不断提升大学生认识世界和改造世界的能力，塑造大学生体现出新时代内涵的世界观、符合时代要求的人生观和彰显新时代意蕴的价值观，从而培养全面自由发展的人。二是政治教育。政治教育主要是让受教育者树立政治方向、政治观点、政治态度、政治立场等，以培养包括大学生在内的社会成员政治信仰的教育。③ 就高校思想政治教育而言，就是要对大学生进行爱国主义教育和集体主义教育，加强对中华民族的理想信念教育，并在政治学习中、历史感悟中和国际比较中不断强化理想信念教育。三是道德教育。我国倡导的道德教育主要是培养人民的共产主义道德品质，推动社会秩序和社会风气的改善。它既从现实经济政治关系的实际需要和可能出发，又着眼于人民道德境界的不断升华。④ 对高校思想政治教育而言，就是要不断加强大学生的道德修养、锤炼品质，引导大学生"明大德、守公德、严私德"，最终将正确的道德认知、积极的道德实践和自觉的道德养成相结合。四是心理教育。心理教育主要是提高受教育

---

① 陈万柏，张耀灿．思想政治教育学原理［M］．3 版．北京：高等教育出版社，2015：4.

② 顾明远．教育大辞典［M］．上海：上海教育出版社，1998：106.

③ 教育部思想政治工作司组．思想政治教育原理与方法［M］．北京：高等教育出版社，2010：98.

④ 冯文全．道德教育原理［M］．北京：北京师范大学出版社，2013：76.

者的心理素质，促进受教育者的心理适应能力，维护受教育者心理健康的一种教育。具体到高校思想政治教育而言，大学生面临的心理问题更多集中于学业、求职、人际关系、恋爱等方面，因而思想政治教育能够帮助大学生克服心理上的各种障碍，在调动个人情绪、培养心理素质、磨炼意志品格等方面，具有积极的作用。

进入21世纪，中共中央国务院颁布《关于进一步加强和改进大学生思想政治教育的意见》以来，高校思想政治教育得到了长远的发展，但由于大学生所处的年龄阶段、生活环境和成长经历的特殊性，导致他们的思想方法、行为方式与其他群体存在较大的差别，也决定了大学生思想政治教育需要形成与之相适应的教育规律、理论与方法，成为其他学科所不能代替的一门独立的学科体系。它是以方向原则、激励原则、主体原则、示范原则等为依据，采取理论教育、实践教育、榜样教育等教育方法，利用课堂、实践平台、网络新媒体等载体，使大学生真正认同思想政治教育的价值理念和道德规范，使思想政治教育的内容内化于心、外化于行。不同的历史时期，尽管教育的内容和目标有所不同，但最终目的都是促进人的全面发展，这不仅是科学社会主义的价值理念，也是坚持走中国特色社会主义道路的根本价值所在。新时代，高校要以增强大学生综合能力为核心目标，不断融入社会和个体所要求的新内容，创新教学模式，为培养更多的社会主义现代化建设者而努力。

思想政治教育包括课程思想政治教育、思想政治教育理论课和日常思想政治教育管理，这三者都是高校开展思想政治教育的重要载体。本书主要研究思想政治教育理论课和日常思想政治教育管理。通过思政课教师开展课程教学和辅导员开展日常管理学生工作，可以潜移默化地对大学生进行价值观的引领，使大学生树立正确的创新创业价值观；同时也是衡量高等教育是否成功的重要标准之一。

二、思想政治教育特征

深入把握思想政治教育的特征，才能更好地开展思创融合教育。思想政治教育的主要特征包括教育内容的政治性、教育方式的实践性、教育形式的渗透性等方面。

（一）思想政治教育内容的政治性

思想政治教育是由其鲜明的政治性决定的，它的起源、内容和目的都表现出政治性的特质。马克思指出："统治阶级的思想在每个时代都是占统治地位的思想。这就是说，一个阶级是社会上占统治地位的物质力量，也是社会上占统治地位的精神力量。"① 思想政治教育是一种社会实践活动，是统治阶级主导意识形态的方式、实现其政治目的的手段，是为政治服务的。在不同时期，其教育内容是不同的，但无论是何种教育内容，都必然带有一定的政治性。办好社会主义教育是国家和社会赋予高校的重要使命，我国高校的目标是凝聚人才、培育人才和输出人才，要求教育者必须在办学方向上站稳立场，巩固马克思主义在意识形态领域的指导地位，将思想政治教育贯穿于各类教育教学之中，牢牢掌握高校人才培养的方向性。高校培养人才要注重提高人的综合素质，包括科学文化素质和劳动技能素质，这两者都是生产力发展的必要条件，而思创融合教育重在提高受教育者的思想道德素质、科学文化知识和生产劳动能力，让学生在个人成长发展的同时，投身于物质和精神财富的创造活动之中，为推动物质文明建设贡献力量。与此同时，新征程上，我国教育始终以提高人们的思想道德素质，促进自身的全面发展为根本目的，为实现社会主义现代化强国而奋斗。当前，在经济利益多元化的今天，人们的思想观念日趋多元化，必须更加坚定其政治性，使人们树立正确的政治信仰。要善于发挥协调各种复杂利益，深化思想政治教育的发展方向、动力源泉和实践进路，引导广大青年学子将美好生活的追求汇聚成强大的精神力量，主动将个人理想融入党和国家的事业之中，谱写全面建成社会主义现代化强国的新篇章。在实际问题的研究和解决中善用创新性原则，推动思想政治教育进入新境界，激发新时代思想政治教育发展的磅礴力量。

（二）思想政治教育方式的实践性

思想政治教育是社会实践活动的一种特殊形式。人的思想源于实践，作为一种实践活动，思想政治教育是以人自身为实践对象，能够很好地改造自然和社会，但也要通过对人的培养来实现。首先，思想政治教育的出发点和落脚点都是实践。其出发点是现实中具体的人，其落脚点是以正确的思想，以提高思想政治素质为目的。社会实践的需要是人们正确思想得以形成的直接动力，如知行统一、认识世界和改造世界等充分体现了教育方式的实践性。

---

① 中共中央马克思恩格斯列宁斯大林著作编译局. 马克思恩格斯选集：第 1 卷［M］. 北京：人民出版社，1995：98.

其次，思想政治教育的效果要在实践中检验。只有将思想政治教育的理论与实践紧密联系，才能对教育对象产生实际的效果。如果理论脱离实际，便无从发挥，价值引领也就成为空洞的说教。

（三）思想政治教育形式的渗透性

思想政治教育的渗透性是参与主体一种隐性的教育途径，运用马克思主义理论，采取多种教育方式，让受教育者乐于参与教育，形成教育合力。渗透性主要表现为以下三方面。一是广泛性，呈现出全方位，内容丰富多彩，作用对象广泛，载体模式多种多样；二是潜意识，受教育者在完全没有意识到被教育的前提下，创设特定的环境氛围，包括"软件和硬件"方面的渗透，对其进行思想塑造和心理影响，使受教育者受到熏陶；三是持久性，是指受教育者在有利的环境和良好的教育氛围中经过长期的熏陶作用，让其发生思想和心理认知改变，由外至内的多次反复，逐步实现渗透。

第三节　思创融合教育的内涵和逻辑关联

高校创新创业教育与思想政治教育（以下简称"思创融合教育"）作为中国特色社会主义教育体系的重要组成部分，必须厘清思创融合教育的内涵，揭示二者的内在逻辑，使其更好地承担培养时代新人的职责与使命。思想政治教育规范了创新创业教育的价值指向，创新创业教育丰富和拓展了思想政治教育的学科内涵和外延，二者具有内在的契合性。探索和挖掘思创融合教育的内涵和内在逻辑，有助于形成互为载体、相互协同的教育新模式，在融合互促之中推动理论与实践的纵深发展。

一、思创融合教育的内涵

"融合"是本书研究的重要内容，这一词也成为学术界难以界定的概念。从词义看来，"融"字从"鬲"，"鬲"是古代一种烹饪工具，本意指"炊气上升"的意思。"合"字从"亼"象三合之形，级三面闭合，"口"字本义是关闭、合拢，在《现代汉语词典》中"融合"是指"几种不同的事物合成一体"①。事实上，"融合"一词已经广泛应用于人类物质领域，如"产业融合""信息融合""文化融合"等等，在教育上是"不同学科融合"。

目前，国内外学者对"思创融合教育"的基本内涵还没有进行统一的界定。尹兆华等人认为思创融合，即"思想政治教育+创新创业教育"，但融合并不是二者的简单相加，而是结合学生专业特色，引导学生在了解国情民情的基础上，在创新创业中艰苦奋斗，锤炼学生创业品质。② 冯平将中华民族共同体意识融入思创教育。③ 马捷等学者对"双创"思政精神挖掘"创新创业思政元素集"，包括敢闯会创、与时俱进、求实创新等思政元素。④

因此，本书研究的"思创融合教育"是指思想政治教育与创新创业教育的结合体，但二者不是简单相加，而是立足于"大众创业、万众创新"的时代背景，在思想政治理论课和日常管理学生工作中，将创新意识和实践能力的培养融入其中，在创新创业教育过程中将思想政治教育理念融入其中，培养学生正确的创新创业价值观。本书所指的"思创融合"不是指将所有内容都进行融合，而是在课程教学和日常管理工作中将爱国主义精神、奋斗精神、工匠精神和法律意识等思政元素与创新创业教育进行相互融合。"思创融合"主要包括两方面，一是在日常管理学生工作中融合，将创新意识和创造实践能力的培养融入日常思想政治教育管理中，将思想政治教育理念融入创新创业实践活动中；二是在思想政治理论课教学中融合，在创新创业课程教学中融入品德的形成的相关教学内容，在思想政治理论课中融入创业实践、创新意识、创造能力等内容。思创融合是一种"人性建构"的过程，融合的最终目的是促进学生的健康成长，满足学生物质和精神发展的需要。当然，思创融合理念是一种"适性创新"过程，二者的主要内容和教育的方式方法也会随着时代发展需要而进行调整和改变。

---

① 中国社会科学院语言研究所词典编辑室．现代汉语词典［M］．北京：商务印书馆，1983：204.

② 尹兆华，刘丽敏，王丽红．融入党史元素的"思创融合"课程化探索：以北京科技大学为例［J］．思想教育研究，2022，35（6）：145-148.

③ 冯平．地方高校思政教育与双创教育融合的实践探索：以包头师范学院为例［J］．阴山学刊，2022，35（2）：100-106.

④ 马捷，赵天缘，田园，等．思创融合，协同育人：吉林大学图情档学科课程思政建设模式与实践探索［J］．图书情报工作，2022，66（1）：11-21.

二、思创融合教育的逻辑关联

(一) 价值目标的统一性

思想政治教育和创新创业教育作为人才培养的关键环节，其最终价值目标指向都是促进个人的自由全面发展。就高校层面而言，中共中央、国务院在《关于进一步加强和改进大学生思想政治教育的意见》中曾指出思想政治教育就是以理想信念教育为核心、以爱国主义教育为重点、以思想道德建设为基础、以大学生的全面发展为目标的教育活动。因而高校思想政治教育的价值目标在于引导大学生形成符合社会要求的价值取向和行为准则；引导大学生端正"三观"，用系统的方法分析和解决问题，形成符合社会准则的道德规范，让大学生将人生价值和社会价值相结合，使其成长为满足时代发展需要的高素质人才。归根结底，思想政治教育是一种培养人的素质教育。

创新创业教育的价值目标在于培养大学生的创新精神、奋斗精神和创造能力，提升大学生的综合素养，促进大学生就业创业，积极服务于中华民族伟大复兴的战略需要；引导大学生认清国内外创新创业的外部环境，树立科学的择业观、创业观，掌握创业基本知识和技能，在创新创业综合素质的提高上谋求更高层次的发展，提高大学生社会适应能力，促进大学生更加自信地干事业；引领大学生根据自身实际，鼓励其脚踏实地、迎难而上，不断提升大学生整体素质和思想境界。同时，还包括培养创新创业所必不可少的人的勇于探索、拼搏奋斗、自强不息的精神品质，旨在将学生培养成符合中国特色社会主义要求的高素质、现代化、创新型的高素质人才。由此可见，高校思想政治教育与创新创业教育在大学生核心能力建构上相互促进、互为补充。思想政治教育为创新创业教育提供正确的思想保证，创新创业教育为思想政治教育的创新发展提供了实践载体，并且在当前新质生产力的深刻变革之中，创新创业教育这种追求更高层次的人才培养模式，显得弥足珍贵，属于一种更高水平的素质教育范畴。两者的价值目标共同指向大学生综合素质的全面提升，培养一批又红又专、德才兼备的开创型人才，这是新时代高校育人的重大战略性工程。

(二) 教育内容相融性

思想政治教育和创新创业教育的教学内容具有高度的交叉融合性。一方面，教育的目标在一定程度上影响并决定教育内容，思想政治教育的目标决定了思想政治教育的内容结构，具体而言，其主要包括思想教育、政治教育、道德教育和心理教育四大内容体系；世界观、人生观和价值观为主的"三观"教育；爱国主义、集体主义、社会主义的"三主义"教育；社会公德、职业道德、家庭美德的"三德"教育。① 高校思想政治教育落实立德树人根本任务，培养更多立大志、明大德、担大任的时代新人，其主要内容包括爱国主义教育、理想信念教育、行为实践教育，等等。思想政治教育的内容随着时代发展而不断丰富，不断满足人民对美好生活的需要。另一方面，创新创业教育作为一种伴随着创业浪潮兴起的人才培养模式，包括意识培养、能力提升和实践模拟三大内容体系。换言之，就是讲授创业知识、培养创新创业意识、锻炼创新创业能力，从而帮助大学生更好地融入社会，担负起时代使命的重任。思想政治教育与创新创业教育具有不同特质的内容元素，但内容高度契合、紧密相关，通过相互渗透、优势互补，有利于培养学生的首创精神、创业意识、担当精神，在全社会形成尊重科学、尊重创造、尊重劳动的良好风尚。一是将中华民族精神和中华优秀传统文化贯穿创新创业教育全过程，如中华优秀传统文化中"晋商文化""徽商文化"等商贾文化中蕴含诚实守信、回乡报国、团结协作等思想对大学生创新创业有着积极意义。二是将创新创业教育元素融入思想政治教育内容，如在思想政治教育理论课中进行教学创新，通过解读社会热点和时事政治，弘扬大局意识和奉献精神，普及创业法律法规，增强学生的社会责任感和历史使命感，为学生未来创业奠定思想基础。因此，从内容上来看，创新创业教育激发大学生创业行动、锤炼大学生创业精神、提升大学生创新创业素质等，这些都需要以马克思主义理论为指导，以共同理想为激励，以精神动力为凝聚，以道德教育进行渗透。在国家的教育方针政策的统领下，通过以上教育内容的实施，帮助大学生掌握并运用好各项创业理论知识和专业技能，培养其养成良好的道德教育，将其真正培养成为党和国家所需人才，让思想政治教育与创新创业教育协同发展，使其内容的相通性更加突出。

（三）教育方法的相通性

思想政治教育在长期的发展实践中，形成了相对完善和系统的理论方法

---

① 教育部社会科学研究与思想政治工作司. 思想政治教育学原理［M］. 北京：高等教育出版社，2004：193.

体系，有了较为完善的"方法库"。思想政治教育的基本方法包括理论教育、批评与自我批评、实践教育；其一般教育方法包括思想疏导、典型教育、比较教育；其特殊教育方法包括预防教育、心理咨询等。此外，具体形式有灌输法、宣传激励法以及榜样示范法，长期的实践检验也表明这些方法是行之有效的，在新的历史条件下，仍然具有现实意义，要求我们必须坚持与发展。以上这些方法，并不是单纯的理论灌输，而是实践和认识不断循环反复的过程，这就需要实践来具体和细化，例如，通过志愿服务、团日活动、主题党日、三下乡等实践活动让抽象的理论更加落实落地，潜移默化、润物无声，培养"五育并举"的合格建设者和可靠接班人。随着社会的发展，思想政治教育在理论与实践上还存在张力，需要在实践中不断摸索、不断改进。然而，在能力培养上，创新创业教育侧重于综合素质能力的提升，倡导学生善于发挥创新精神，注重创业知识和技能在实践中的有效运用。在教学方法上，创新创业教育不仅进行理论知识层面的传授，充分利用各类实践平台对学生进行实践实训，突出学生在"互联网+"大学生创新创业大赛、创新创业计划训练项目等各种实践体验中，树立科学的创新创业观念、培育健康的创新创业品格、形成友好的创新创业行为，同时创新创业实践又回应理论教学，引导学生将实践经验上升为理论认知，实现理论和实践相辅相成、互为补充。思想政治教育和创新创业教育在方法上虽然有所不同，但两者都是从现实的人出发，关注人的生存发展，遵循教育规律，不断探索理论教育与实践教育有机结合的方法，从而提升教育的实效性。可见，思想政治教育和创新创业教育在方法上都本着以人为本的原则，关注人的实际需求和个人利益，尊重个体差异，促进学生德、智、体、美、劳的全面发展。新征程上，思创融合教育的方法除理论灌输外，二者都在不断寻求创新的教育理念和手段，强调理论与实践的有机结合，注重实效性，积极把握主动权，在高等教育中占有一席之地。①

---

① 赵春华. 创业教育：高校思想政治教育的时代内容和载体 [J]. 教育探索，2008（4）：136-137.

第四节 新时代大学生思创融合教育

本节研究的是新时代大学生思创融合教育，前提就是要厘清"新时代""新时代大学生思创融合教育的价值意蕴""新时代大学生思创融合教育的内涵界定""新时代大学生思创融合教育的功能属性"，才能更好地开展大学生思创融合教育。

一、新时代

党的十九大报告指出："中国特色社会主义进入新时代，意味着近代以来久经磨难的中华民族迎来了站起来、富起来到强起来的伟大飞跃，迎来了实现中华民族伟大复兴的光明前景；意味着科学社会主义在二十一世纪的中国焕发出强大生机活力，在世界上高高举起了中国特色社会主义伟大旗帜；意味着中国特色社会主义道路、理论、制度、文化不断发展，拓展了发展中国家走向现代化的途径，给世界那些既希望加快发展又希望保持自身独立性的国家和民族提供了全新选择，为解决人类问题贡献了中国智慧和中国方案。"[1] 所以说，新时代之新，在于我国进入了新的发展阶段，中华民族迎来了从站起来、富起来到强起来的伟大飞跃；新时代之新，在于我们面临着新的社会主要矛盾，即人民日益增长的美好生活需要和不平衡不充分的发展之间的矛盾；新时代之新，在于我们迈向了新的奋斗目标，即将决胜全面建成小康社会，开启全面建设社会主义现代化国家新征程。"新时代"绝不是简单加上一个"新"字而已，当今的新时代是对以前时代的传承发展，但又和以前时代有着本质的区别，是对以前时代的升华，是一个有着一片大好前程的时代。新时代就是要在实现各项现代化目标基础上建设社会主义现代化强国，进而实现中华民族伟大复兴。从国内维度来看，这个"新时代"承前启后，是中国共产党带领中华儿女历经千辛万苦进行新民主主义革命，新中国成立后进行社会主义革命和建设，实行改革开放和进行社会主义现代化建设，在

---

[1] 习近平. 决胜全面建成小康社会 夺取新时代中国特色社会主义伟大胜利 [N]. 人民日报，2017-10-28 (1).

新的历史条件下夺取新时代中国特色社会主义伟大胜利，实现了"从站起来、富起来到强起来的伟大飞跃"的时代；是"决胜全面建成小康社会进而全面建设社会主义现代化强国的时代，是全国各族人民团结奋斗、不断创造美好生活、逐步实现全体人民共同富裕"的时代。从国际维度来看，这个"新时代"是"我国日益走近世界舞台中央，不断为人类作出更大贡献的时代"。①

改革开放以来，在党中央的正确领导下，全国人民埋头苦干，走出了一条具有中国特色的发展之路。党的十八大以来，我国积极倡导"一带一路"建设，为促进世界经济繁荣、和平与发展提供了全新的平台，为寻求人类共同价值贡献了中国智慧和中国方案。与此同时，这些主张得到了国际社会的积极响应。新时代的中国，逐渐成为世界经济社会发展的领跑者，在国际社会中的影响力得到显著提升。

二、新时代大学生思创融合教育的价值意蕴

新时代大学生思创融合教育既体现了思想政治教育的价值，又彰显了创新创业教育的意义。新时代所需的创新创业人才要"可堪大用、能担重任"，既要具备强烈的创新创业意识和高超的创新创业能力，还应当具有深厚的家国情怀、高度的社会责任感和使命感，以及高尚的职业道德。因此，二者融合有助于思想政治教育为创新创业教育提供价值指引、培养大学生正确的创业价值取向、锻造大学生良好的创新创业精神品质、缓解高校毕业生的就业压力，从而帮助大学生做好职业生涯规划，更好地讲好"大思政课"，引领创新创业教育高质量发展。

（一）彰显思想政治教育的价值引领，助推立德树人形成合力

"立德树人、为人民服务、理论与实践相结合"为高校创新创业教育"培养什么样的人、为谁培养人、如何培养人"做出了回答，是创新创业教育要处理好、解决好的根本性问题。高校教育的任务是实现学生的自由全面发展，使其成为符合社会主义建设和发展的人才。党的二十大报告指出："落实立德树人根本任务，培养德、智、体、美、劳全面发展的社会主义建设者和接班

---

① 习近平. 决胜全面建成小康社会 夺取新时代中国特色社会主义伟大胜利［N］. 人民日报，2017-10-28（1）.

人。"① 一是创新创业教育体现着立德树人的培养目标，这是高校思想政治教育的根本导向。高校思想政治教育将创新创业教育贯穿于课堂教学和实践环节，用社会主义核心价值观引导学生在日常生活中的方方面面，使学生懂得将专业知识应用于实践，转化为社会生产力，推动社会进步。二是创新创业教育体现着为人民服务的价值导向。在创新创业教育过程中，注重提升学生服务社会和报效祖国的责任担当，把个人创业梦与国家富强相结合，为中国共产党治国理政服务，坚持与国家利益、人民福祉同心同向，为"十四五"规划美好蓝图贡献自己的聪明才智。三是创新创业教育充分体现着专业理论知识与创业实践相结合的培养模式。这是由思想政治教育的本质决定的。高校开展创新创业教育可以让学生在学习理论知识的同时，提升创业实践能力。高校应将思想政治教育贯穿创新创业教育的教学与实践环节，让学生认识到创新创业能够将所学知识应用于生产实践，转化为生产力，造福社会，推动行业技术的进步。此外，促进大学生劳动素质发展是大学生创新创业教育的重要目标，在进行创新创业教育过程中要注重大学生意志品质的发展。因此，将思想政治教育融入创新创业教育中显得尤为重要，更好地落实立德树人根本任务。由此可见，两者融合充分凸显了思想政治教育的价值引领。

（二）培养大学生正确的创业价值取向，规范大学生创新创业行为

当前，高校面临严峻的创业困境，主要表现为以下三方面。一是创新创业教育理念的功利化导向较为严重，过多强调创业的利益化，出现盲目跟风、不切实际、过于急躁等现象；过于看重创业技巧，把创业技巧的教育作为创新创业教育的主要部分。这种教育方式导致学生过于注重物质利益，仅仅把赚取更多的金钱作为他们的追求，严重违背了"双创"教育的本质。从长远意义来看，这种偏物质化、功利化的教育理念灌输，无论是对个人、高校、社会还是国家，都造成了巨大的负面影响。因此，高校必须坚持正确的思想导向，注重发挥正能量，克服被动、消极的创业想法，有针对性、目的性地去转变和消灭它，引导大学生正确对待创新创业过程中的利益，使大学生形成正确的价值观念，进而使大学生提升自我价值，让大学生在创业的道路上，克服重重困难，走得更远，更好地服务社会、贡献社会。例如，高校在各种竞赛活动中将"讲好中国故事""创意传承中华文化""当代企业家品质"等

---

① 中国共产党第二十次全国代表大会在京开幕［N］. 人民日报，2022-10-17（1）.

作为指定命题，鼓励参赛学生结合学校特色和专业特点创作一系列参赛作品，在潜移默化中达到育人的目的。二是西方新自由主义、享乐主义、个人主义等思潮对当代大学生造成巨大影响。当大学生遭受多元文化的冲击，他们在创新创业过程中就容易偏离正确的创业方向。"三观"教育是思想政治教育的重要内容，能够推动大学生树立正确的创业观，使学生形成正确的价值取向。三是高校学生大部分没有法律法规的学习经历，缺乏创业相关法律法规知识储备。在创新创业过程中容易无意识地触犯法律底线，导致其误入歧途。为避免此类情况的发生，应向大学生普及创新创业法律，如《中华人民共和国民法典》《中华人民共和国公司法》《中华人民共和国劳动法》等，引导大学生成为一名知法守法懂法的创业者，并学会用法律武器维护自己的合法权益。

（三）有利于锻造良好的精神品质，培养具备创业精神的开创型人才

一是激发大学生创新创业的责任与感恩意识，引导学生坚定理想信念，树立主体意识，在创新创业活动中认识到自身肩负的社会责任，独立自主地解决创业过程中遇到的问题。通过思政理论课教学培养学生心系祖国和社会、自觉传承中华优秀传统文化，不断增强学生的责任感和使命感。培养学生感恩之心，学会尊重他人，对他人的帮助怀有感激之情。二是着力于大学生工匠精神的传承。在企业中，以工匠精神涵养企业品牌，促进管理人员和员工职业能力的提升。在大学生创新创业过程中，要大力弘扬工匠精神，培养其良好的职业态度和专业精神，并引导大学生将工匠精神作为自己行动的指南，使其不断追求卓越，不断创造自身价值。尤其是在创业初期，工匠精神能够起到引领作用，规范大学生的创业行为，引导企业坚持科学的发展方向，构建稳健和谐的创业环境，营造出勇于创新的氛围以及追求卓越的创业文化。通过开展学以致用的创业实践活动，让学生在创业进程中养成精益求精的品质，在企业中达成工匠精神的共识，形成创新创业的企业文化。围绕锻造大学生的工匠精神，在思想政治教育内容选择上，要更加突出大学生创新创业能力和实践能力，与创新创业内容高度吻合。三是致力于大学生创新创业实践能力的培养。高校要秉承全面育人教育理念，锤炼大学生创新创业实践能力，把思想政治教育融入教学实践环节，发挥教育的实践育人功能，提升大学生实践能力，让学生掌握用科学思维方法来分析问题和解决问题，注重大学生职业精神和团队意识的培养。大学生创新能力与所掌握的知识品质密切相关，大学生道德素养的形成与个性品质紧密相连。如果大学生具备良好的

思想道德素养、艰苦奋斗和甘于奉献的精神，就能以饱满的热情投入创新创业实践中，培养更多具备创业精神品质的开创型人才。

（四）有利于缓解高校毕业生的就业压力，帮助大学生做好职业生涯规划

自 2010 年以来，高校毕业生数量持续增长，导致求职毕业生人数和岗位数严重失衡。2020 年以来，在世界未有之大变局的时代背景下，我国的就业形势和就业压力依然严峻，必须把思想政治教育与"双创"教育有机结合，培养大学生创新创业精神，塑造大学生积极乐观、艰苦奋斗和开拓进取的品格，不断提高创新能力，将其培养成为一名有创业理想、创业道德以及创新意识的新时代劳动者、创业者。唯有如此，才能解决大学生"毕业大军"的就业问题，突破就业资源的限制，实现高校毕业生的自我价值和社会价值。反之，缺乏思想政治教育的理论灌输，只是单纯创业技巧的传授，这种教育方式是片面的，对大学生而言，二者深度融合才能达到理想的效果。要引导大学生结合自身实际情况和社会发展需要而制定科学规划，这是高校思想政治教育的重要内容。大学生创新创业不仅要具备坚定的创业意志，还要提高自身抵抗风险和判断是非的能力。大学生只有转变就业创业观念，根据自身实际情况，在充分认识自身优缺点的前提下做出长期系统的规划，争做岗位的创造者，为社会提供更多的就业岗位，才能从根本上缓解就业压力。同时，大学生在进行职业规划时，要充分认识到"自己的优势在哪里？职业理想是什么？如何实现自己人生理想？"为此，高校要引导学生对自身进行准确定位，引导其脚踏实地，帮助其制订创业行动计划，并对行动的时间做出安排。要注重充分利用思政教育资源，提升大学生职业生涯教育的亲和力；要积极挖掘具有较强创业潜质的学生，鼓励他们参加各类创新创业实践活动，促使其进行合理的职业规划；同时，要为大学生创业营造良好的社会环境。思想政治教育是促进创业就业的先导性工作，良好的社会环境为高校毕业生创业提供了前提条件。思想政治教育与创新创业教育融合有利于思想政治教育发挥其沟通、宣传、协调等功能，结合大数据时代发展的优势，通过抖音短视频、微信视频号、快手短视频等宣传手段，提高人们对创业的认知、对创新人才培养的重视，在整个社会范围内，营造大学生创业的良好氛围，鼓励广大高校毕业生投身于创业，培养学生心系祖国、关心社会的情怀，不断增强他们对社会的责任感，进而形成实现自我价值的良好风气。可见，思想政治

教育通过发挥教育、宣传功能，有效整合社会资源，争取广泛的社会支持，为大学生创业奠定扎实的基础，这是二者融合的价值所在。

三、新时代大学生思创融合教育的功能属性

新时代大学生思创融合教育的功能属性包括前沿性、导向性、规范性与发展性，开展大学生思创融合教育，教育者必须准确把握这些功能属性。

（一）新时代思创融合教育的前沿性

思创融合教育内容既包括创新创业价值教育的内容，也涵盖了创新创业的现实问题。一是通过创新创业实现所需要的知识体系，为形成正确的创新创业价值观提供一定的知识基础，成为价值判断的有力依据。思想政治教育具有庞大的内容体系，主要包括马克思列宁主义、毛泽东思想和中国特色社会主义理论体系教育，社会主义核心价值观体系，党的基本理论、基本路线和基本方略教育，中国革命、建设和改革开放历史进程教育，中华民族优良传统和中国革命传统教育，公民道德和民主法治教育，基本国情和形势政策教育，生态文明教育等，这些内容能够与时俱进，不断更新其内容，为大学生创新创业教育提供丰富的思想和理论资源。二是通过对大学生进行创新创业价值引导，帮助大学生进行自主探索，让大学生形成正确的价值取向。为什么说思创融合教育既包括价值教育，又兼顾现实问题的追问呢？因为人类的头脑只表明了人们"知道什么、懂得什么"，而价值系统则表明了人们"了解什么、想要什么"。大学生拥有思想政治教育与创新创业教育融合的相关知识，能够为其树立科学的价值观提供一定的知识基础和选择范围，并成为价值判断的有力依据。创新创业价值观就是在已有知识的基础上，引导他们根据自己的尺度进行价值判断，并做出价值选择，采取相应的创业行动。但"知道什么"并不等于"就要什么"，就好比大学生知道了"什么是创新创业""如何实现创新创业"等现实问题。然而，他们不一定能够认识到创新创业的价值，并不能完全主动选择接受创新创业教育，只是处于一种被动状态，也就难以开展创新创业实践。如此一来，思创融合教育中包含的理想、信念、道德等价值观念就起不到积极的作用。社会主义核心价值观包括爱岗敬业、诚实守信、服务群众、奉献社会等职业道德的内容。要将公民道德教育融入创新创业教育中，引导大学生以职业道德模范为榜样，树立积极进取的创新创业品质，并在创新创业的实践中外化为实际行动。此外，在创新创业过程

中，还要善于融入思想政治教育的内容，让思想政治教育为大学生创新创业教育保持正确的价值导向，引导大学生用社会主义核心价值坚定马克思主义的正确方向，时刻关注国家的政治前途命运和发展趋势，将爱国情怀转化为创新创业的实际行动，将自己的创业理想同国家的前途命运联系在一起，敢于创新，勇于创业，使大学生在实现中国梦的实践中放飞自己的青春梦想。

（二）新时代大学生思创融合教育的导向性

思想政治教育对整个活动起着导向作用，引导着大学生对创新创业的认识，为大学生提供创新创业的价值目标。要高度重视思想政治教育对创新创业教育的导向功能，尤其是要重视其目标导向、价值导向与实践导向功能的发展研究。其一，目标导向是思想政治教育导向功能的重要体现和具体内容。思想政治教育的目标导向与价值导向有着密切的关系，要发挥其对大学生创新创业教育的作用，教师要立足于大学生创新创业教育的目标，引导学生辨别"创新创业有什么价值""创新创业价值体现在哪些方面"，让学生做出自己的思想和行为选择，从而确定创业行动的正确方向。我国的社会发展目标与教育方针为思创融合提供了目标导向。要把社会发展目标转化为教育对象，认同并愿意为此目标而行动，引导大学生在创新创业过程中强化社会主义意识，坚持正确的政治方向，激发人们内心价值的认同和强烈的社会主义意识，让大学生能够切实认识并感受到只有将个人发展目标与社会发展目标统一起来，才能更好地实现大学生的人生价值，从而形成强大的向心力和凝聚力，朝着社会发展的目标前进。其二，价值导向是大学生在创新创业过程中追求价值活动的内在依据。它涉及大学生的理想信念和价值选择，反映了人们关于生活意义和生命价值的追求和看法。当然，它与大学生对美好生活的需要和自身利益密切相关，主要侧重于大学生精神生活需要的满足。在创新创业教育过程中，要始终充满着价值引领意识，凸显人文关怀，在以学生为本的价值理念中引导大学生正确的创新创业教育的思想和行为，使大学生更好地理解、认同和接受思创融合教育的价值导向。其三，发挥思创融合教育的实践导向。"在马克思主义哲学中，实践是指人能动地改造物质世界的对象性活动。"[①] 创新创业过程就是一种实践活动，是一种物质生产活动。传统的思想政治教育实践导向，往往注重党和国家的一系列政策方针、决策的落实，努

---

① 陈先达．马克思主义哲学原理［M］．北京：中国人民大学出版社，2009：88.

力保证党的宏伟目标的顺利实现。而思创融合教育要求我们既要重视实践导向的传统功能，又要把实践导向的重点指向日常生活世界，通过潜移默化的方式实现对大学生精神品质的塑造。因此，创新创业教育不仅引导着大学生创新创业的价值取向，也引领着大学生创新创业行为，成为推动大学生创新创业持续发展的原动力。

（三）新时代大学生思创融合教育的规范性

思想政治教育的价值导向约束着大学生创新创业行为，指引着大学生该"如何行动"。通过开展大学生思创融合教育，在校园内宣传创新创业文化，让学生创新创业行为在法律法规范围内进行，为其提供规则、标准和模式。同时，思创融合教育能够帮助大学生在内心形成评价体系，以判断创新创业行为的正当性，从而约束和调节大学生的创新创业行为。首先，思创融合教育的规范性能够促进学生的事物认知与思维构建转变。在高校人才培养过程中，坚持"育人先育德"为前提，思想政治教育工作者要转变传统观念，使高校大学生树立明确的社会目标。换言之，高校需要对大学生的社会责任意识进行培养，进一步改革和创新思政教育观念，坚定不移地推动高校思政教育工作者的观念转变，使其满足现代化发展的要求，形成满足现代教育发展要求，在创新创业过程中树立正确的世界观、人生观、价值观，以确保大学生在创新创业过程中能够以崭新的面貌面向未来。其次，促进其与信息化社会的发展要求接轨，明确高校想要培养什么样的人、怎样对人进行培养、为谁培养这一根本问题。21世纪以来，信息时代使高校在人才培养中越来越注重人才的个性化教育，传统的思想政治教育模式虽然侧重于模式化，侧重于学生的整体性发展，但是难以凸显学生的个性化特征，这也使其难以满足信息时代下人才培养的要求。因此，思创融合教育的规范性，有助于学生构建正确的社会意识，使其与信息时代人才培养的发展要求相接轨。最后，思创融合教育的规范性有利于增强大学生应对社会风险的意识和提高大学生应对挫折的能力。当前，各大高校扩大招生规模以来，高校生源质量存在参差不齐的现象，不少学生在学习能力和思想认知上存在不同的差异，这就要求高校在开展大学生思创融合教育时，应当遵循因人而异的原则。如果只是单纯的理论灌输，那么难以取得良好的教育效果。同时，互联网时代大学生容易受不良思想文化的影响，动摇大学生的理想信念，在创新创业过程中容易因为遭受挫折而选择放弃。所以说，只有不断增强高校思创融合教育的规范性，才能提高大学生的抗挫能力。

（四）新时代大学生思创融合教育的发展性

思创融合教育的内容不是故步自封的，而是具有动态性与变化性。在一定程度上，思创融合教育能够引导大学生理解大学生对创新创业是否有价值、有何价值、价值有多大的认知观念。这种价值存在个体的差异性，也存在个体的流动性；因每个人的价值观有所差异，当进行创新创业教育时，每个大学生也会产生不同的价值观。价值观也不是一成不变的，总会随着实践的变化而发生这样或那样的变化。同时，受地域经济发展水平的影响，不同区域的大学生在创新创业上表现出来的认知也不同，例如，长三角、珠三角等地区的大学生创新创业的热情较高、价值认同度高，呈现出的创业活力和创新创业文化氛围对于大学生创业者有着积极的正面影响，可见构建良好的创业环境对提升大学生创新创业有着重要的作用。西北地区、西南地区等大学生创新创业的热情较低，价值认同度低，呈现出区域的差异性。在国际上，由于受到不同文化思想潮流的影响，中国与国外大学生同样存在认知上的差别。因此，要从以下几方面打造良好的创业环境。其一，当前面对宏观经济的波动和变化，各高校创新创业工作开展的重点应该在于营造适合大学生创新创业的外部环境，通过各大高校的资源引进外部资本、在创新创业教育过程中增强创业政策的解读、依靠校友网络促进创业资源的对接等多种举措，以充分发挥发达地区的创业资源，给大学生创新创业提供更好的支持。其二，加强大学生创新创业价值观教育。大学生创新创业价值观教育作为高校创新创业教育的重要组成部分，正确的创业意识和创业精神的培养就是让大学生端正创业态度、明确创业目的，这也正是创新创业价值观教育的核心。思创融合可以更好地让大学生更加深入地了解当前社会经济发展的趋势，更好地让学生发现科技、文化、制度进步背后的创业机会，探寻与自己专业能力相匹配的创业项目和资源，从而激发创新创业的兴趣与热情。比如，与工科专业相融合培养大学生的社会责任意识和诚信意识，将社会责任与个人发展进行有机融合；与经济管理专业相融合培养大学生的企业家精神，领悟其坚韧不拔、吃苦耐劳、追求卓越的区域创新创业的文化。其三，构建和引导正确的创新创业文化。经济发达地区一直有着浓厚的创业文化和传统，这些地区的高校要充分利用这一地域文化优势宣传和引导创新创业实践。大学生创新创业既是一个自我发展和自我实现的过程，又是一个承担和创造社会责任的过程。因此，高校思创融合教育必须贯穿到校园文化活动中，通过学生社团活动、创新创业大赛、主题教育等培养大学生的创新思维和创业精神，塑造一批创业典范，让大学生在更好地了解创业的真谛、理解创业精神、明确创业的底线和责任的同时，又能激发创业的热情和动力，从而提升创业意愿。

四、新时代大学生思创融合教育的内涵界定

新时代，大学生为什么要开展思创融合教育，开展什么样的思创融合教育最有意义。笔者认为，新时代大学生思创融合教育是高校基于人才培养目标，通过思想政治教育理论课和日常管理学生工作，对大学生进行爱国主义精神、创新精神、奋斗精神、工匠精神和法律意识的培育。

新时代大学生思创融合教育是社会主义核心价值观在创新创业上的体现，社会主义核心价值观主导着大学生创新创业发展方向，从本质上规定着大学生创新创业的一元价值导向。新时代大学生思创融合教育是建立在自身需求和国家、社会需要的基础上，是在创新创业过程中实现"小我"与"大我"的统一，为实现中华民族伟大复兴贡献自己的青春力量。

在开展大学生思创融合教育的主体方面，本书主要是指高校思想政治理论课教师和高校辅导员。他们作为高校开展思创融合教育的两支队伍，在思想政治理论课和日常思想政治教育管理中发挥着重要的作用。一方面，思政课教师承担着立德树人的重要任务，具有相对深厚的马克思主义理论功底，是开展思创融合教育的得力助手；另一方面，高校辅导员是与学生联系最密切的教师群体，是开展学生工作的骨干力量，辅导员需要为大学生提供职业规划与就业指导，将创新创业教育融入辅导员日常管理学生工作的全过程。现阶段，高校辅导员承担培育时代新人的任务更加凸显：在思想品德方面，以社会主义核心价值观为引领，对学生进行创新创业价值观教育，使学生坚定理想信念；在素质能力提升方面，通过开展科学人文素养教育，全面提升学生素质；在创新思维培养方面，通过学习科学文化知识，提高学生实践动手能力，培养学生创新精神和创造能力。因此，辅导员开展思创融合教育具有独特的优势。

在主要内容方面，本书为了更加准确地表达和传递新时代大学生思创融合教育的精神实质，贯彻落实习近平总书记关于大学生创新创业教育和思想政治教育融合的指示，在教育部高等教育司提出创新创业教育与立德树人相

结合的目标下，本书对新时代大学生思创融合的主要内容进行了提炼，即"胸怀家国的爱国主义精神、敢为人先的创新精神、艰苦创业的奋斗精神、爱岗敬业的劳动精神、遵纪守法的法律意识"，这五方面构成了思创融合教育内容的立体导图。

在借鉴国外大学生思创融合教育的特色方面，对美国、英国、以色列为代表的三个国家进行大学生思创融合教育的经验借鉴。美国将道德教育作为思创融合教育的重要组成部分、拓展创业的实践平台、开展相应的课程设置的三方面加强大学生思创融合教育，我国要借鉴美国培养大学生创业精神品质、拓宽思创融合教育的实践平台、完善思创融合教育的课程体系三方面的经验。英国大学生思创融合教育的特色主要体现在以政府和高校为主导的创业精神培育，高校具有明确的创新创业教育政策，以及一体化的创业教育课程体系。我国要汲取其丰富的内容，开展具有层次性和系统化的创业教育课程，鼓励全民参与创业精神培育，建立健全支持创业教育的政策和机构体系。以色列是享誉全球的"创业国度"，属于最能集中体现创新创业精神的国家，他们制定完备的政策法规，以良好的文化基因为思创融合教育创造良好的环境，建校愿景赋予大学创新创业教育的使命。以色列思创融合教育的特点主要体现在精准供给的创新创业课程体系、以大学为中心的创新创业教育实践网络、积极践行实用主义价值观念。我国要借鉴以色列思创融合教育的经验，培育以爱国主义为核心的创业精神，培养"学以致用"的创新创业应用型人才，构建完善的创新创业教育体制。通过对以上三个国家进行大学生思创融合教育的经验对比，为我国新时代大学生思创融合教育提供借鉴。

在调查分析方面，首先，对部分高校进行大学生思创融合教育实证分析的基础上，得出其取得的成绩有国家重视高校思创融合教育工作、高校思创融合教育的形式多样化、高校思创融合教育的内容逐渐丰富、高校思创融合教育理念逐步形成。其次，当前大学生思创融合教育也存在一些问题，例如，当前大学生思创融合教育的过程中对学生创业价值观的引领不强、大学生思创融合教育的师资队伍发展不均衡、大学生思创融合教育的内容相互游离、大学生思创融合教育的主体及其职责分散、大学生思创融合教育的实效性不足等问题。最后，围绕存在的问题来分析当前思创融合教育存在的问题，即大学生思创融合教育存在问题的成因主要归结于部分高校对思创融合教育重视程度不够、部分高校对思创融合教育理念认识不足、对思创融合教育的内容掌握不透彻、开展思创融合教育的教师队伍能力不足、对思创融合教育的社会资源挖掘不够全面、对思创融合教育的机制不够完善、开展思创融合教育缺乏良好的发展环境等因素的综合影响。

围绕存在的问题进行分析，在双向建构层面得出新时代大学生思创融合教育是多种因素共同作用的结果。首要的是大学生具有明确的目标，让大学生认识到创新创业促进自身发展的意义，使其内心产生强大的内驱力去满足实现自身价值的需要，从而在创新创业实践过程中经过"知情意信行"的心理要素的相互作用，对创新创业认知进行结构化，培养一批双创型人才。"任何价值观念都是一定社会发展的产物。"① 国家和政府关于创新创业政策和法规的导向、社会对创新创业文化的宣传、学校对创新创业教育的引导，利用各种显性或隐性的方法和途径，向大学生灌输与社会发展同向的创新创业价值导向，使学生潜移默化地接受创新创业在思想上的洗礼。

根据存在的问题以及双向建构的原则，从教育理念的融合、教师队伍的融合、教育内容的融合、教育机制的融合、创造良好的发展环境五方面出发，要求高校教师树立思创融合教育理念，不断丰富思创融合教育的内容来提升思创融合教育课程教学的实效性；高校领导层要不断提升思创融合教育的师资队伍水平，并不断完善思创融合的教育机制，在全校营造良好的融合氛围，真正实现思创融合教育在大学生群体中入脑入心入行。

---

① 袁贵仁. 价值观的理论与实践：价值观若干问题的思考 [M]. 北京：北京师范大学出版社，2013：132.

第二章

新时代大学生思创融合教育的理论依据

大学生是进行创新创业最有活力的群体，在大众创业、万众创新的时代背景下，高校积极开展思创融合教育对培养大学生的创业精神和创新意识发挥着重要作用。科学的理论对实践有正确的指导意义，开展好新时代大学生思创融合教育，必须以科学的理论为指导。本章将从马克思主义关于人的全面发展理论、马克思主义价值观理论、中华优秀传统文化、革命文化中的创新创业思想、中国共产党主要领导人关于创新创业的重要论述、高校思想政治教育生活化理论以及国家有关高校辅导员日常管理育人的文件精神七方面阐释新时代大学生思创融合教育的理论基础，同时结合职业选择理论、职业生涯发展理论、择业动机理论等相关理论，丰富和完善大学生思创融合教育的理论内容。

第一节 新时代大学生思创融合教育研究的理论基础

大学生思创融合教育是我国高校教育的一次重大创新，既是教育理念创新，也是教育实践创新。实践没有止境，理论创新也没有止境。每一种教育理念的产生和发展都离不开实践的推动，同时也具有丰富的理论基础。

一、马克思主义关于人的全面发展理论

马克思指出："人以一种全面的方式，也就是说，作为一个完整的人，占

有自己的全面的本质。"① 在马克思看来，一方面，人是社会化的产物，是社会的人，既需要适应社会也可以改造社会；另一方面，社会是人的社会，社会的发展与人的全面发展密切相关。马克思认为："人的本质不是单个人所固有的抽象物，在其现实性上，它是一切社会关系的总和。"② 人的本质是以社会性为根本特色的存在物，人的内在全面发展只有在社会关系中才能得以实现。而人的社会关系的丰富和发展是实现人的全面发展的外部条件和基本前提。人既是"自然人"，也是"社会人"。人的生存和发展离不开人类社会特定的社会关系。生产力和生产关系是人类社会的基本矛盾之一，生产力从根本上决定了人的发展状态，而社会关系在生产关系中又处于主导地位。在马克思看来，"社会关系实际上决定着一个人能够发展到什么程度"③，丰富的社会关系是人全面发展的有力助推剂。人在这种社会关系中其"实践性"和"主动性"能够得到更好的发挥，并能促进个体知识和素养的提升，进而摆脱困境，由片面、不充分的发展转向全面而丰富的发展。人的需要的满足程度是人的全面发展状态的计量器。需要是个体的本能，决定了人的行为方式，如果从人类社会发展的视角来看，可以看出人类社会的发展史本身就是人的需要逐步实现的历史进程。人的"自然性"和"社会性"决定了人的需要的多样性。"自然性"表现出生理、安全方面的低层次需要，"社会性"则更多呈现出爱、尊重和自我实现的高层次需要，从生存需要到生活需要、享受需要和发展需要的实现过程反映出人的发展的全过程。与此同时，生产力不断发展的特性决定了人的需要的发展性。人的知识、素质、能力的全面发展是人的全面发展的重要内容。个体只有实现知识、素质、能力的全面发展，才能创造出更多的物质和精神财富，进而为社会全面发展奠定坚实的基础。作为存在于社会关系中的人，只有在社会发展的进程中，才能实现个体的全面发展。同时，人的个性发展可以看成实现人的全面发展的价值旨归。马克思对人的个性全面发展的阐释不是孤立和偶然的，而是辩证统一的关系。人的

---

① 中共中央马克思恩格斯列宁斯大林著作编译局. 马克思恩格斯文集：第 1 卷 [M]. 北京：人民出版社，2009：189.

② 中共中央马克思恩格斯列宁斯大林著作编译局. 马克思恩格斯文集：第 1 卷 [M]. 北京：人民出版社，2009：505.

③ 中共中央马克思恩格斯列宁斯大林著作编译局. 马克思恩格斯全集：第 3 卷 [M]. 北京：人民出版社，1960：295.

个性的全面发展包含两个层面，一是全面发展人的独特性，二是全面发展人的主体性。人的独特性主要体现在个体与个体之间的差异性，个体差异决定了现实需要的不同，从而产生发展的不同，呈现出形象、人格、能力三方面特定的不同个体特征的发展中的人。人的主体性更多地体现在个体在实践活动中表现出来的人的主观能动性，这是人类与动物相区别的显著特征，重点突出人具有认识世界、改造世界的能力，真正地实现人的主体性全面发展的价值旨归。人的全面发展在社会发展中处于核心地位，但马克思主义所指人的全面发展不是让社会中的每一个人都成为"完人"，而是社会应该提供这样的条件，使人的全面发展成为可能。人的全面发展实质是人的本质的丰富性的实现。首先，人的需要的全面发展，包括"自然性"的需要和"社会性"的需要，这是人的物质层面和精神层面得到全面发展。其次，人的劳动的全面发展，这种劳动是自由自在的，能够使人的体力和智力得以全面发挥。再次，人的素质和能力的全面发展，在这个阶段，人会根据自己的兴趣需求实现自身的全面发展，在这个过程中，人的潜在能力转化为现实能力。最后，人的社会关系的自由全面发展，个人只有积极参加各层次、各领域的社会交往，才能全面占有社会关系，为个人的全面发展提供前提条件。

从人的全面发展来看，实现大学生的全面发展，必须将教育与生产劳动相结合，这也是实现人的自由全面发展的唯一手段。思想政治教育是培养与社会发展要求相适应的人的活动，核心目标是人的全面发展。我国的教育理论充分体现了人的全面发展的思想：第一，体力劳动与脑力劳动的结合；第二，人所拥有的才能和品质得以充分自由的发展。在中国特色社会主义新时代，国家和社会需要更高素质的创新型人才。高校思创融合教育要在满足大学生可持续发展的基础上，实现个体差异的全面发展，与社会生产需要相结合，与社会发展要求相适应，从而实现个人价值和社会价值相统一。思创融合教育不仅弥补了单纯开展思想政治教育的不足，而且是培养高素质创新型人才的重要教育方式。大学生思创融合教育在开展创新创业理论知识教育的同时，融入思政元素与创新创业实践训练，注重在创新创业实践中培育大学生勇于开拓创新的精神，将大学生培养成为符合社会发展要求的创新型人才，实现学生的全面发展。在大学生日常教育管理工作中，思创融合是实现学生全面发展的重要手段，高校辅导员和思政课教师要善于把握学生的现实需要，精准把握学生面临的现实问题；将学生的全面发展作为一切工作开展的落脚点，始终牢记关照学生、服务学生，根据大学生的成长规律和个性特点，以思创融合加强对大学生创新创业教育的实践指导，在实践中发现问题，纠正错误，总结经验，助力于实现培养创新型人才的育人目标。

根据马克思主义关于人的全面发展理论，还要将高校思政课教师、辅导员发展需求和学生成长成才的需求相结合，通过加强思创融合教育队伍建设，实现思政课教师、辅导员的全面发展和学生的全面发展，进而将他们的全面发展作为社会不断发展的推动力。新时代大学生思创融合教育，正是在马克思主义关于人的全面发展理论的基础上，培养大学生树立正确的创新创业价值观，提升大学生的创新精神和创造能力，培养符合时代发展需要的高素质创新型人才。

二、马克思主义价值观理论

培养什么样的人是高校思想政治教育的核心内容之一，对这个问题的回答，反映出鲜明的价值取向。价值观是在人的一定的思维感官之上做出的认知和选择，价值是一种社会关系，是不能脱离人与自然、人与社会、人与人的一种关系，这种社会关系可以满足人生存和发展的需要。价值不是孤立存在的，而是在现实社会的劳动实践中产生的，主要表现为人与社会的关系。这种人与社会的关系，主要分为个人价值和社会价值。重新审视当前马克思主义价值观教育，必须明确马克思主义价值观教育的必要性和重要性，推动形成马克思主义价值观教育新格局。高校开展大学生思创融合教育，有助于大学生实现个人价值和社会价值。在社会关系中，价值是人的本质的实现，是人的本质的追求和选择。马克思主义价值观很好地解决了个人价值和社会价值的辩证关系，二者是统一不可分割的。马克思主义价值观具有丰富的理论内涵，从本质上来说，价值观是人通过社会实践活动，实现其生存和发展的意义，从中得到自身的认可；从历史范畴来说，价值观蕴含着个人最高的价值追求，侧重人的自觉自愿的活动，通过实践活动实现对自然、他人和自身之间的关系论证，从根本上体现了价值产生的前提。其核心内容集中体现在人的自由全面发展，具有鲜明的实践性特征。同时，马克思主义价值观具有与时俱进的特点，是科学的方法论，在实践中不断得到创新和发展。

马克思主义价值观是破解劳动价值观危机的"指明灯"。马克思指出："人们为了能够'创造历史'，必须能够生活。但为了生活，首先就需要吃喝住穿以及其他一些东西，因此第一个历史活动就是生产满足这些需要的资料，即生产物质生活本身。"① 人的生存需要一定的物质基础，高校大学生在职业选择的时候，必定追求一定的物质利益。大学生思创融合教育可以在创新创业教育中更好地发挥思想政治教育的个体性和社会性功能，这不仅能引导大学生选择崇高的精神追求，引导大学生树立正确的政治方向和创业价值观，还能规范其在创业、择业过程中的行为，勇于面对就业、创业过程中的困难和挑战，合理规划未来，全面提升自身素养。大学生容易受到各种网络文化的影响，在躺平心理、拜金主义、享乐主义的影响下，一部分大学生在选择职业的时候容易功利化，看重个人利益而忽视社会利益，以金钱和个人得失作为工作的衡量标准，单纯地追求高待遇的工作，不愿意从事专业技术要求高、创造性强的行业。同时，当代大学生在家庭中往往缺乏劳动实践机会，导致动手能力差，在学校里重视理论知识的学习而忽视劳动能力的提升，呈现"高分低能"的现象。大学生思创融合教育以马克思主义价值观为指引，帮助大学生认识创新创业的价值和意义，明确自身在进行创造性劳动过程中的主体地位，激发其创新创业的积极性，抵制各种消极思想的干扰，进行创新创业实践。首先，开展马克思主义价值观教育，有助于新时代大学生正确认识创新创业的内涵及意义。在这一过程中，使大学生熟练掌握创新创业的基本理论，深入理解人类劳动实践的创造性本质，体验创新创业过程中展现的劳动之美，陶冶自身的审美情操。其次，开展思创融合教育的过程实际上也是价值观教育的过程，有助于明确以学生为主体的教育理念。马克思主义将人的自由全面发展作为根本的价值追求，将人看作全部历史活动和实践活动的本原。以马克思主义价值观为指导思想开展创新创业教育，既能帮助大学生明确自身主体地位，重视自身的全面发展，还能在创新创业过程中真正地体验到劳动的本质和价值。最后，开展马克思主义价值观教育，有助于激发新时代大学生进行创造性劳动的兴趣，在创新创业过程中实现人生的意义和价值，获得精神上的愉悦体验。

党的十八大以来，中国特色社会主义进入新时代，国际国内形势发生了深刻变化，我们国家比历史上任何一个时期更加需要人才，而且对人才的要

---

① 中共中央马克思恩格斯列宁斯大林著作编译局. 马克思恩格斯文集：第 1 卷 [M]. 北京：人民出版社，2009：531.

求更高，推动新时代发展所需要的人才不仅要具备深厚的文化素养和良好的道德修养，还要具备坚定的创新精神和较强的创业能力。高校要坚持以学生为中心，促进学生的全面发展，打造创新型、高素质的人才队伍，这不仅是马克思主义的内在要求，也是实现经济发展方式转变的现实需要。开展马克思主义价值观教育，引导新时代大学生投身于中华民族伟大复兴伟业，是建设高素质人才队伍的"强抓手"。高校不仅可以培养具备各行各业职业技能要求的专业人才，还可以通过开展思创融合教育培养具备高素质的创新型人才。思想政治教育是以促进人的全面发展为目标，引导学生树立马克思主义的价值观，为社会全面发展进步服务，推动社会主义精神文明建设。此外，我国高校的根本任务是为中国特色社会主义事业发展培养德、智、体、美、劳全面发展的社会主义建设者和接班人，因此，必须对大学生进行马克思主义价值观教育，提升大学生的综合素质，厚植其社会责任感和历史使命感。开展马克思主义价值观教育还可以充分发挥创新创业过程中劳动的全方位育人功能，引导其树立正确的创新创业价值取向，在创业过程中帮助他们提高技能水平，形成尊重劳动、崇尚劳动、热爱劳动的正确观念，激发他们的创新活力，努力成长为创新创业理论功底扎实、技术能力过硬、具备马克思主义价值观的高素质人才，引导他们更加坚定对马克思主义的信仰，夯实其对中国特色社会主义的信念，以及对我国实现中华民族伟大复兴的信心，激励他们不断自信自强，自觉承担起强国建设和民族复兴伟业的社会责任，为实现中国梦贡献自身的力量。

三、中华优秀传统文化中的创新创业思想

中华优秀传统文化博大精深，蕴含着许多穿越时代的思想理念和道德规范，具有永不褪色的价值，对新时代开展大学生创新创业教育仍然具有重要启示。

（一）关于自强不息、修身齐家的思想

《周易·系辞下》中写道"穷则变，变则通，通则久"，《周易·象传》中写道"天行健，君子以自强不息"，这些语句中蕴含的中华优秀传统文化思想激励人们刚强不屈、有所作为。在这种精神的激励下，中华民族即使在遭受重大挫折时，都能保持奋发向上的精神状态。《周易·象传》中写道"地势坤，君子以厚德载物"，激励人们加强自身道德修养，促使自己形成高尚人

格。中华传统文化历来注重修身，《礼记·大学》提倡"修身、齐家、治国、平天下"，"修身"是基础，只有从"身"开始，才能实现"家、国、天下"的理想。"修身"要"德""才"兼修，重在修"德"。无论是就业还是创业，这一过程难免会遭遇许多困难，与各种风险相伴，只有保持自强不息的奋斗精神，才有可能在挫折中突破困难、成功就业和创业。自古以来，商业界十分注重创业要坚持，如《国语·晋语》中所写的"废义而利不立"，《增广贤文》中所写的"君子爱财，取之有道"，强调创业活动中个人的道德修养，这些都与当今社会提倡的诚实守信、公平正义等价值理念相一致。同时，"讲品行、重德行、讲信用"等品德也是我们为人处世所需要的。因此，在创新创业教育中，必须以社会主义核心价值观为导向，培养大学生坚韧的创新意识和创造能力，营造良好的创新创业氛围。

（二）关于推陈出新、与时俱进的创新思想

创新是一个民族兴旺发达的重要动力。在儒家传统文化中，《诗经·大雅·文王》中写道"周虽旧邦，其命维新"，《礼记·大学》中写道"苟日新、日日新、又日新"等，都表达了中国人对革新、创新的重视。只有通过不断的积极进取，才能不断创新和成长。中华民族历来十分注重开拓创新，遵循事物发展规律，以此适应社会历史发展的规律。这些都展现了中华优秀传统文化中的创新创业精神，激励着中华民族不断开拓创新。今天，创新作为引领发展的第一动力，成为大学生群体适应信息化时代的首要品质，成为大学生群体的一种生活方式和人生态度。

（三）关于经世致用、振兴中华的思想

经世致用、振兴中华就是认为学问可以用来解决现实问题、处理国事，为治国安民提供切实可行的方法途径，是爱国的具体表现，孕育了中华民族精忠报国的爱国情怀，展现了中华儿女的精神风骨。文天祥"人生自古谁无死，留取丹心照汗青"，范仲淹"先天下之忧而忧，后天下之乐而乐"，林则徐"苟利国家生死以，岂因祸福避趋之"，这些无不彰显了将国家利益放在第一位，为民族舍生取义的鞠躬尽瘁、死而后已。高校对大学生进行思创融合教育正是经世致用思想在现实生活的具体体现，有助于增强学生创新精神，提升学生的创新创业能力，使学生成为社会发展需要的创新型人才。同时，在思政理论课和大学生日常教育管理工作中，在潜移默化中使学生接受创新创业思想，从而将大学生内在的创新思维和创造精神转化为外在的行为，内化为稳定持久的理想信念和价值追求。

四、革命文化中的创新创业思想

革命文化是指 1921 年中国共产党成立以来，中国共产党人团结带领全国人民反对帝国主义、封建主义和官僚资本主义的革命斗争中形成的文化。革命文化融入了我们党带领全国人民争取民族独立、人民解放、国家富强和人民幸福的不懈奋斗过程，对中国共产党取得革命的最终胜利发挥了精神引领作用，是中华民族响亮的战斗号角、强大的战斗力量和独特的精神标识。不同的革命时期，革命文化具有不同的表现形态。2021 年建党 100 周年，习近平总书记指出："一百年前，中国共产党的先驱们创建了中国共产党，形成了坚持真理、坚守理想，践行初心、担当使命，不怕牺牲、英勇斗争，对党忠诚、不负人民的伟大建党精神，这是中国共产党的精神之源。"① 这是中国共产党人鲜明的精神品格，有着强烈的时代引领力，是中国共产党团结统一、兴旺发达的政治基因。这类革命文化在不同时期有不同的表现形态，主要表现为建党精神、井冈山精神、长征精神、延安精神、西柏坡精神等，这些都蕴含了中国共产党人革命精神的共性，集中体现了革命文化的共同精神特征。同时，中国共产党人精神谱系的内容与创业精神的内容高度契合。2021 年 10月，中宣部总结了包括建党精神、长征精神、延安精神等一系列伟大精神在内的中国共产党人精神谱系。这些革命精神正是我们中华民族和中国人民在长期的艰苦奋斗中高度凝练出来的，对新时代开展大学生思创融合教育具有重要的价值，主要表现在以下几方面。

一是首创精神。在军阀割据的时代，早期中国共产党人怀着开天辟地的气魄，克服一切困难阻挠，勇于创新，建立无产阶级性质的马克思主义政党，将马克思列宁主义与中国革命实际相结合，带领中国人民推翻帝国主义、封建主义和官僚资本主义三座大山的压迫，引领中国革命不断走向胜利，开创了"以农村包围城市、武装夺取政权"的中国革命新道路。以创新为核心的首创精神是思创融合教育的目标之一，有利于培养符合社会发展需要的创新

---

① 习近平. 在庆祝中国共产党成立 100 周年大会上的讲话 [M]. 北京：人民出版社，2021：8.

型人才。二是坚定理想信念,艰苦奋斗精神。中国革命的胜利在很大程度上取决于中国共产党人所保持的坚定理想信念,不怕牺牲,以革命理想高于天的气概夺取了革命的胜利。创新创业的过程不会是一帆风顺,必然会遇到许多困难挑战,也存在诸多不确定性因素,具有很高的风险。同样地,在大学生创业过程中也有诸多的问题,创业道路困难重重,只有树立坚定的理想信念和砥砺前行的奋斗精神,才能克服这些困难并获得成功。三是爱国主义精神。在革命时期,有许多革命先烈为了民族独立和人民解放,毅然放弃优渥的生活环境,选择走上革命道路。这种不怕牺牲、甘于奉献的爱国精神已经深深熔铸在中华儿女的骨肉之中,激励着人们为民族独立和国家富强而努力奋斗。在不同年代,爱国也有不同的表达方式。新时代,大学生爱国的具体体现在将"个人梦"融入"中国梦"中,作为创新创业的生力军,自觉树立正确的创新创业观,在校园模拟创业的实践过程中,要不断增强创新意识,增强创业能力,为实现中国梦贡献自己的青春力量。

五、中国共产党主要领导人关于创新创业的重要论述

中国共产党主要领导人十分重视培养青年的创新创业意识。我党高度重视科技创新,动员广大人民进行了艰苦卓绝的探索,在道路的选择上坚持独立自主,注重自主创新,使得中华民族经过"站起来"和"富起来"的发展,终于实现了"强起来"的夙愿。党和国家主要领导人关于创新创业的重要论述,也激励着大学生踊跃参与创新创业。

（一）高度重视科学技术与创新

毛泽东十分重视人才培养的创新。在新民主主义革命时期,毛泽东指出:"运动在发展中,又有新的东西在前头,新东西是层出不穷的。"[①] 在革命过程中,他善于任用真才实学的战士,他指出:"马克思列宁主义并没有结束真理,而是在实践中不断地开辟认识真理的道路。"[②] 在社会主义建设时期,他提出了德才兼备的人才培养标准,指出青年是党和国家的希望、民族的未来。关于教育方针的制定,他指出:"我们的教育方针,应该使受教育者在德育、

---

① 毛泽东．毛泽东选集：第二卷［M］．北京：人民出版社，1991：534.
② 毛泽东．毛泽东选集：第一卷［M］．北京：人民出版社，1991：296.

智育、体育三方面都得到发展，成为有社会主义觉悟的有文化的劳动者。"① 他曾指出："应当重视培养学生的创造精神，不要使他们像温室的花朵一样。"② 可见，他既注重青年德智体全面发展，也重视培养青年学生的创新与创造精神。

邓小平注重创新实践，其人才培养的创新思想意义深远。在人才培养方面，邓小平同志强调青年应注重智力和体力的培育，提出"四有"新人。青年一代是有闯劲、充满朝气活力的一代，青年要有"闯的精神"才能干出好事业，有一番成就。在用人之道上，尊重知识、尊重人才，这也就成为后来国家选拔人才的重要思想基础。在科技创新方面，他指出"科学技术是第一生产力"，社会要发展，必须依靠教育和科技。而教育必须坚持"三个全面"，培养能够参与本国事务和国际交流的人才。这一系列论述，为我国培养创新型人才指明了方向。

在邓小平科技思想基础上，面对跨世纪的时代要求，江泽民全面创新了党的人才思想，提出实施"科教兴国"战略，以创新为本，在发展科技和教育事业的同时，既要注重科学文化知识的学习，也要大力培养创新人才，并将教育摆在突出的位置，以教育的方式培养民众的创新意识。在党的十四大报告中，他首次提出"创新"，并指出"创新是一个民族的灵魂"。他还强调："历史上的科学发现和技术突破，无一不是创新的结果。"③ 1999 年，在全国技术创新大会上，江泽民指明科技创新在生产力发展中的作用，并将创新摆在经济建设的首要位置。

胡锦涛提出"人才强国、以人为本"战略，坚持以德为先的人才培养理念，他认为青年"最具创造力"，"是创新的希望所在"。④ 他强调人才资源、市场配置，形成一系列的人才成长观、科学的人才评价观，通过党和政府加强对人才的优化配置，激发青年的创新思维、创造能力，鼓励青年在理论、科技、文化等方面创新，不断贡献自己的力量。2006 年 6 月，他系统阐述创

---

① 中共中央文献研究室，毛泽东. 毛泽东文集：第七卷［M］. 北京：人民出版社，1999：226.

② 共青团中央，中共中央文献研究室. 毛泽东、邓小平、江泽民论青少年和青少年工作：增订本［M］. 北京：中央文献出版社，2003：117.

③ 江泽民. 江泽民文选：第三卷［M］. 北京：人民出版社，2006：36.

④ 胡锦涛. 在共青团十四届四中全会上的讲话［N］. 人民日报，2000-12-21（1）.

新型国家建设，如何进行系统的顶层设计，坚持走创新发展之路。党的十七大报告提出，要"提高自主创新能力，建设创新型国家"①。2010年，在"两院院士大会"上，他再次阐述自主创新的重要性和地位，坚定不移走自主创新道路，把创新放在突出的战略地位。

党的十八大以来，习近平高度重视对青年人才的培养，他认为"青年兴则国家兴，青年强则国家强"②。党中央将培养青年学生的创新意识和创新能力提到了国家层面，这为高校加强学生思创融合教育工作指明了方向，在实践层面提出了许多要求。一方面，大学生综合能力的提升必须立足于新时代，要着眼于新时代的教育对象发生的变化、教育任务的调整和教育主要矛盾的转变等。另一方面，积极打造一支"政治要强、情怀要深、思维要新、视野要广、自律要严、人格要正"的开展思创融合教育的师资队伍。"政治要强"统率着教师立德树人的方向，对应着教师的价值观层面，体现教师的政治素养；"情怀要深"是教师立德树人的内在要求，对应着教师的情感层面，是促使教师乐于从教的内在动力；"思维要新"影响着立德树人的实效性，对应着教师的创新思维取向；"视野要广"体现个体的知识层面，是教师进行大学生思创融合教育的基本要求；"自律要严"体现个体的道德层面，是教师本身工作的本质要求；"人格要正"是高校教师感染学生的重要保证，是教师职业道德的根本要求。大学生是当代青年的优秀群体，是实现中国梦的中坚力量，是国家和民族的希望。习近平指出："我们要走创新发展之路，必须高度重视创新人才聚集。"③ 国家实施创新驱动发展战略为高校人才培养指明了方向，高校要紧跟这一发展战略，在思政课程教学和日常教育管理环节培养创新型人才。当前，我国高等教育规模庞大，高校必须坚定走创新发展之路，发挥人才培养的主力军作用，为国家和社会培养创新创业人才。在高校教师队伍中，思政课教师和辅导员作为大学生较为亲近的引导者，在课堂教学和日常管理学生工作中，应注重调动学生的创新创业激情，引导学生向老一辈科学家学习，打造创新创业实践平台，鼓励学生积极参与创新创业，培育一批优秀的创新创业人才，为建设创新型国家提供人才保障。

---

① 胡锦涛.高举中国特色社会主义伟大旗帜 为夺取全面建设小康社会新胜利而奋斗[M].北京：人民出版社，2007：3.

② 习近平.习近平谈治国理政：第三卷[M].北京：外文出版社，2020：54.

③ 习近平考察纪实：再次强调空谈误国实干兴邦[N].人民日报，2012-12-13（1）.

(二) 坚持独立自主与自主创新

党的历届领导人始终秉持自力更生、自主创新的理念。新中国成立初期，毛泽东在纵观世界形势的基础上，提出要 "自力更生为主，争取外援为辅，破除迷信，独立自主地干工业、干农业、干技术革命"①。改革开放后，邓小平在多次讲话中指出，除学习国外科学技术，还要发展我们的创造能力，在今后发展中必须长期坚持独立自主的方针。随着改革的不断深入，我国在国际科技合作中取得了一些进步，但核心技术仍然没有取得突破。江泽民提出 "科教兴国" 战略，要提高我国自主创新的能力。胡锦涛反复强调 "自主创新"。新时代，习近平指出实现中国梦的基点在于自力更生，强调高质量发展要靠创新，我们国家再往前发展也要靠自主创新。

(三) 发扬艰苦奋斗与知难而进的精神

毛泽东十分重视青年人才艰苦奋斗精神的培养。延安时期，他要求学校开展艰苦奋斗教育，鼓励 "白手起家"，他指出："学校要大力进行思想教育，进行遵守纪律、艰苦创业的教育。"② 邓小平主张要有艰苦奋斗的创业精神，提倡 "闯" 的精神和 "冒" 的精神，鼓励人们大胆地去闯去试。③ 江泽民立足 21 世纪的时代背景，在党的八届全国人大一次会议上，提出 "64 字创业精神"，其中核心内容是 "艰苦奋斗，知难而进"。胡锦涛强调中国要实现现代化建设的目标，还需要长期艰苦奋斗。他激励广大青年要敢于创新，中国要实现发展必须不断创新，而创新的希望就在青年。习近平在多种场合用通俗的语言弘扬奋斗精神，如 "青春在于奋斗" "撸起袖子加油干" 等成为广大人民日常生活的口头禅。习近平勉励青年学子在艰苦奋斗中磨炼意志、锤炼品质，鼓励青年在创新创业中展示才华、服务社会。

由此可知，中国共产党人高度重视创新，坚持党管人才，号召高校广泛参与创新型人才的培养，切实从教育抓起，培养富有创新精神的人才队伍，为当下高校进行大学生思创融合教育提供了强有力的指引。党的十八大以来，中共中央高度重视创新型人才培养，党和国家领导人关于人才培养方面的创

---

① 中华人民共和国外交部，中共中央文献研究室．毛泽东外交文选 [M]．北京：中央文献出版社，1994：318.

② 中共中央文献研究室，毛泽东．毛泽东文集：第七卷 [M]．北京：人民出版社，1999：246.

③ 邓小平．邓小平文选：第三卷 [M]．北京：人民出版社，1993：375.

新思想在今天仍焕发出巨大光芒，对我国教育事业的发展影响深远。

六、高校思想政治教育生活化理论

2004 年，学者李焕明在《思想政治教育生活化》一文中，首次提出"思想政治教育生活化"观点，他认为这是对马克思主义本质和"生活观"的回归，对人的生活世界的主体参与，使其作为价值主体积极渗透到生活世界中。所以，生活化就是要使思想政治教育返回到现实生活，找回本来面目，以生活为落脚点来考虑思想政治教育中的所有问题。这里的生活起点和过程是动态的，在实际生活中作为"终点"的生活是被改造了的、前进了的生活，是新的教育的起点。这表明思想政治教育真正成为人的素质教育的重要组成部分，要求思想政治教育者树立正确的"主体意识"，将其贯彻到思想政治教育的实践中，努力激发受教育者的主体性。李焕明主张在日常生活上，学校应当贯彻思想政治教育的目标和内容，宣传社会主流价值观。在他看来，学校是一种社会组织，教育是一种社会过程，因此，学校教育应当反映社会生活。思想政治教育的方法是组织学生参与社会生活实践，使学生从中得到应有的思想熏陶。学校各项活动要贯穿思想政治教育的内容，创造具有真实性和引导性的教育，使其无孔不入，充分发挥潜移默化的功效。当遇到教育对象的思想问题时，要以生活观念开阔思路。

高校要将创新创业教育融入日常思想政治教育管理中，立足大学生在校园的生活实际，关注其生活状态，在大学生生活中进行思想政治教育，这一过程就是大学生思想政治教育生活化，它契合了大学生的思想接受规律，可以在不经意间渗透创新创业观念，助推理论阐释的通俗化，提升思创融合教育的效果。首先，高校思想政治教育生活化契合了大学生对创新创业思想的接受规律。高校思想政治教育应"注意把握精神生命生长的重要阶段、价值观念生成的关键时期"[①]。高校思想政治教育生活化契合了大学生的思想规律，与大学生的创业认知规律、双向互动规律和定向接受规律相契合。一是创业认知规律。所谓的创业认知规律是指创业认知过程一般是由感性逐渐上升为理性，首先从感觉、直觉逐渐认识到事物的表象，形成对事物的理性认

---

① 樊泓池，王贵新．社会主义核心价值观大众化的四维进路 [J]．思想政治教育研究，2017，33（5）：11．

识。高校思想政治教育生活化即用直观具体的现实生活内容对抽象的思想政治教育由表及里地进行阐释,逐渐深化大学生对创新创业教育的理性认知。二是高校思想政治教育生活化与双向互动规律相契合。双向互动规律是指不同主体通过个体性相互交流、共享和沟通。大学生的共同生活是高校思想政治教育生活化的基础,是大学生的共享认知共同体,充分调动大学生的参与度和积极性,使大学生能够自觉融入创新创业教育。三是思想政治教育生活化与大学生的定向接受规律相契合。定向接受规律是指个体容易接受与自己经验和感知比较接近的事物,对与自己经验和感知偏差较大的事物产生排斥心理。可以说,大学生思想政治教育生活化经验感知源于其日常生活,适应了大学生的特点和需求,善于抓住大学生日常关注的问题。① 因此,高校思创融合教育的内容针对大学生的生活经验展开,提高大学生对创新创业教育活动的参与热情,深化他们对思想政治教育内容的接受和认同。

其次,高校思想政治教育生活化可以有效缓解大学生对思想政治教育和创新创业教育的抵触情绪,以及消解思创融合教育理论内容枯燥、乏味的不利因素。这主要体现在以下几方面:一是高校思想政治教育生活化可以"打假"。此处的"假"是指思想政治教育与大学生生活实际严重脱节,没有将理论指导实际。而"打假"就是要将思创融合与大学生日常生活紧密相连,用真实的案例传递创新创业教育内容,引导大学生关注创业的最新动态,促进大学生对思想政治教育的认同,有针对性地解决大学生的各种疑惑,促使大学生在创新创业过程中真正信服思创融合教育。二是高校思想政治教育生活化具有"填空"的效果。"填空"就是把抽象的理论具体化,具体联系大学生的生活实际,利用大量的生活素材和案例来解读抽象,进而架构起抽象的思创融合理论与大学生日常生活实际的桥梁,使大学生能够自觉运用思创融合教育的理论指导生活。三是高校思想政治教育生活化助推理论阐释通俗化。创新创业对某些大学生来说可能显得"虚无""空洞",必须以贴近大学生生活且更加通俗易懂的方式进行理论阐释,让思创融合教育更加具有亲和力,使大学生思创融合教育达到事半功倍的效果。思创融合教育就是要将大学生的远大目标与实际生活相结合,让大学生在日常学习和生活中感受到创新创业

---

① 徐辉,刘建军. 十八大以来思想政治工作的成绩与经验 [J]. 思想政治教育研究,2017,33(5):80.

教育紧贴生活。在校园日常生活中，要将大学生思想政治教育的"宏观"内容与大学生关注点的"小"生活相结合，注重大学生现实生活，关注其成长发展，使大学生在生活中切身感受到思想政治教育的作用，明确思想政治教育与创新创业教育对自己成长成才的重要作用。新时代，思想政治教育生活化已经成为高校日常思想政治教育管理的重要内容。它是以日常生活为基础，以日常实践为途径，目的在于塑造个体良好的道德品质。思想政治教育生活化能够引导学生关注生活，激发学生的创新精神，坚持"在生活中育人"的原则，解决人的思想困惑，使学生在未来的就业创业当中，始终能够坚持正确的方向，为社会创造更多的物质财富，实现自己的人生价值。高校思创融合教育是在大众创业、万众创新时代背景下，培养吃苦耐劳、开拓进取、具备创造精神和创业能力的创新型人才。

七、国家有关高校辅导员日常管理育人的文件精神

国家高度重视高校辅导员育人能力提升工作。2017 年 9 月，教育部印发的《普通高等学校辅导员队伍建设规定》中指出，辅导员需"具有较高的政治素质和坚定的理想信念，坚决贯彻执行党的基本路线和各项方针政策，有较强的政治敏锐性和政治辨别力"①。该文件指出了高校辅导员应当具备的九大职能，其中一项职能就是职业规划与创新创业指导。辅导员要为学生提供科学的职业生涯规划和就业指导以及相关服务，帮助学生树立正确的就业观念，引导学生到基层、到西部、到祖国最需要的地方建功立业。这一规定有利于高校辅导员在思想方面引领育人，加强辅导员自身政治素养建设，为辅导员开展大学生思创融合教育提供思想保障。

地方政府和教育部门也非常重视高校辅导员育人能力的提升。2018 年云南省发布中共云南省委高校工委等七部门《关于进一步加强和改进新形势下高校辅导员队伍建设的实施意见》，该意见指出："高校要把辅导员队伍作为学校党政后备干部培养和选拔的重要来源，根据工作需要向校内管理岗位选派或向地方组织部门推荐，创造条件支持辅导员担任新农村指导员或到党政

---

① 普通高等学校辅导员队伍建设规定：教科〔2017〕43 号〔EB/OL〕. 中华人民共和国教育部，2017-09-29.

机关、企事业单位、扶贫工作点等挂职锻炼、跟班学习等。"① 该意见的出台，对云南高校辅导员建设起到了积极的推动作用，为培养品质过硬的学校党政后备干部打下了良好的基础。中共河北省委教育工委河北省教育厅关于印发《在全省高校辅导员队伍建设工作会议上的讲话的通知》明确指出："要明确辅导员的素质要求，要成为一名合格的辅导员必须按照'政治强、业务精、纪律严、作风正'的要求不断提高政治素质。"② 当前，部分高校辅导员走出校园，进入地方党政机关，重点培养成长为地方领导干部。地方的党政机关在一定程度上也为思创融合视域下高校辅导员育人提供了强有力制度保障。

第二节　新时代大学生思创融合教育研究的理论借鉴

在国外高校，研究思创融合教育的理论借鉴主要有职业选择匹配理论、职业生涯发展理论、择业动机理论、社会学习理论等，为我国新时代大学生思创融合教育提供理论借鉴。

一、职业选择匹配理论

职业选择是劳动者按照自己的兴趣爱好、期望值和能力的大小来挑选职业，使自身需求与自身素质相符合的过程。这是职业发展过程中一个非常重要的环节，主要包括人职匹配理论、职业锚理论、霍兰德职业兴趣理论等。

一是人职匹配理论。1909 年，美国波士顿大学的弗兰克·帕森斯（Frank Parsons）教授提出人职匹配理论，又称"特质因素理论"，核心观点是"人与职业相匹配是职业选择的焦点"。每个人都有自己独特的人格模式，每种人格模式都有其相适应的职业类型。所谓"特质"是指个人的人格特征，包括能力倾向、兴趣、价值观和人格等，可通过心理测量工具来测量。"因素"指

---

① 中共云南省委高校工委等七部门关于进一步加强和改进新形势下高校辅导员队伍建设的实施意见：云高工发〔2018〕4 号 [EB/OL]. 云南省教育厅，2018-02-26.

② 中共河北省委教育工委河北省教育厅关于印发车俊部长、靳宝栓厅长在全省高校辅导员队伍建设工作会议上的讲话的通知：冀教工委〔2007〕17 号 [EB/OL]. 河北省教育厅，2007-12-13.

在工作上所必须具备的条件或资格，通过对工作的分析而了解。帕森斯教授认为个体在进行职业选择时，根据个人的个性特点与职业特征相匹配的过程，匹配度越高，职业成功的概率就越大。高校对学生进行职业指导，就是要善于发现学生的职业人格，找到与人格特征和能力特点因素相对应的职业。人职匹配分为因素匹配和特性匹配，以大量的心理测验和广泛的职业信息为基础，根据职业的要素选择和择业者的特性选择适合的职位。这种匹配方式以理论研究为基础，具备一定的科学性；但也存在一些缺陷，其主要表现为在心理测验的基础上，很少考虑社会因素对职业选择的影响。新时代，高校要想让学生明确自己的职场定位，首要任务就是让其全面了解自己，明晰自身的优缺点，全面认识自身能力。学生通过运用人职匹配理论进行自我测评，有利于增强学生对自身的认识，有利于增强对自身外在条件方面的认识，经过对这两种因素的分析，可以对自己的职业选择和发展做出一个较为准确合理的评价和定位。此外，毕业生可以通过性格特点的测试程序或者是择业心理的测评软件对自己进行职业素质测试，通过测试来了解自身存在的缺点和不足，对自己有充分的认识，同时结合自己的外在条件。例如，经济上的收入，家庭的人脉关系，职业要求等因素，做到对职业生涯规划心中有数，以职业生涯为指导确定自身的职业方向，并且找到进入职场的起点。

二是职业锚理论。职业锚是指职业系留点、职业价值取向点，是指个体职业选择无论如何都不会放弃的价值取向点，其核心集中表现为职业的动机和需要、才干和能力、态度和价值观。职业锚主要表现为以下八种类型。第一种是自主/独立型：能够合理安排自己的工作和生活时间，追求自由和独立，最大限度地施展个人能力的工作环境。第二种是创业/创造型：具有强烈的自我提升意识和团队精神，勇于创新实践，敢于克服困难，敢于挑战，初期在别人公司工作，会学习和评估将来的机会，愿意冒险和克服障碍，等到时机成熟时，将会独立创建公司。第三种是挑战性：追求新奇、创新、难度较强的目标，挑战各种不可能的工作机会，迎难而上、实现突破，获得成就感。第四种是技术/职能型：追求技术和职能方面的突破、提高，实现应用机会；乐于接受专业领域的挑战，不喜欢从事一般的管理工作，走技术成才的路线，不愿意放弃技术成就。第五种是生活型：追求工作和家庭生活的平衡，认为工作只是生活的一部分，喜欢稳定和相对宽松的工作环境，不愿意加班加点、过度劳累的工作付出，倾向于和谐的生活状态。第六种是服务型：乐于帮助他人克服困难、改善他人的生存状态，关注弱势群体，积极参与各种志愿服务活动，期望在奉献中得到价值认可和发展机会。第七种是管理型：追求管理技能的提升，认可自我管理能力，喜欢独立管理一个部门，能够整合跨部门资源和成果，承担部门的管理职责，一心一意地希望得到管理岗位的晋升发展。第八种是安全/稳定型：追求和保障工作的安全和稳定，坚持对工作的忠诚，尽心尽力完成自己的工作任务，实现工作、财务、生活、生命的安全和稳定。基于职业锚教育理论的学生职业发展规划，以职业锚理论为指导，重视学生在职业认识和自我认识能力上的培养，在大学生创新创业教育中推行个人职业能力测试，为广大学子提供了解个人职业锚的机会和平台，促使学生将职业认知与自我认知结合起来，从而在职业规划中做到"知己知彼"。此外，高校对学生进行职业规划教育过程的监控，要让学生有针对性地发现自己的职业锚，制定出符合自身特点和优势的职业选择，确立可行的职业发展目标。同时，要指导学生所做的职业规划与当今社会的职业需求相符合，及时跟进行业环境变化，给学生提供深入了解社会创业环境的机会，避免出现学生毕业后职业发展过于滞后，导致与社会发展脱轨等问题。在实施全程监控的过程中，及时发现学生职业发展规划方面的困境，从具体问题入手，采取有针对性的就业指导教育，帮助学生更好地走出职业发展规划困境，强化职业锚理念的应用价值。由此可见，职业锚理论结合个人能力、个体的需求、行为动机等各方面的因素，充分体现了现代科学教育理论在职业发展中的应用，对于高校开展职业生涯规划教育具有重要的应用价值。

三是霍兰德职业兴趣理论。1959 年，美国职业指导专家约翰·霍兰德（John Holland）把职业兴趣测试和个体特征有机结合起来，提出了具有广泛影响力的职业兴趣理论。他认为人的人格类型、兴趣与职业密切相关，兴趣是人们进行职业活动的动力，能够提高人们工作的积极性，促使人们愉快地从事这一职业。个体通过职业兴趣测验可知，相同职业的群体，具有相似的人格特质和相似的个人成长经历，能够塑造出职业特有的人际环境。该理论的核心理念是人的内在本质必须在职业生涯的领域中得到扩展，如果个体能在适当的生涯舞台充分地展现自我、实现自我，那么既能安身，更能立命。但一个人的兴趣与选择的职业不匹配，不是代表个体做不了这个职业，而是做不到满意和享受的状态。该理论将个人特质和适合这种特质的工作联系起来，为学界教育工作者提供了一个重要的生涯辅导理念。生涯辅导强调生涯探索，即个人能力、兴趣爱好、工作世界的探索。霍兰德拉近了自我与工作世界的距离，促使我们能迅速地在一个特定的职业群里进行探索活动。然而，霍兰德职业类型理论也存在一些不足，他把个体对职业的兴趣作为稳定的人格特质来看，忽视了外在环境对个体特性形成的重要作用；在职业测试中，职业群过于庞大，可以选择的范围过大，降低了职业测定和指导的地位，对测试的结果起到反作用。因此，这一理论只能作为职业咨询和测评的初步依据。

二、职业生涯发展理论

职业生涯在不同的阶段，职业发展特征也不同，在进行职业生涯发展教育的时候，应该有针对性地进行职业生涯辅导和教育。

萨柏的职业生涯发展阶段理论。美国唐纳德·萨柏（Donald Super）是一位有代表性的职业管理学家，他是一位集差异心理学、发展心理学和人格发展理论之大成者。萨柏通过长期系统的研究，系统地提出了职业生涯发展的观点，将个体职业生涯发展分为成长、探索、确立、维持和衰退五个阶段。这五个阶段各有不同的任务：成长阶段是（0~14岁），主要是认同并建立起自我概念，学会用各种不同的方式，表达自己的需要，对职业有好奇心，并有意识地逐渐培养职业能力；探索阶段（15~24岁），主要是通过学校学习进行自我考察、角色鉴定和职业探索，使职业偏好逐渐具体化和特定化，实现职业偏好；确立阶段（25~44岁），经过探索阶段的尝试，不合适者会谋求变迁或者做其他探索，这一阶段是大多数职业生涯周期中的核心部分；维持阶段（45~64岁），主要是开发新的技能，维护已获得的成就和社会地位，维持家庭和工作之间的和睦关系，并开始寻找合适的接替人选；衰退阶段（65岁以上），由于生理和心理机能日渐衰退，个体逐步退出专业和结束职业，注重发展新的角色，寻求不同方式，从而替代和满足需求。萨柏以年龄为依据对职业生涯阶段进行了划分，但在实际生活中，职业生涯是一个持续发展的过程，各个阶段的时间并没有严格的界限，因此，这一理论只能作为职业生涯指导的初步依据。

萨柏的职业生涯发展理论，应对的是职业生涯的整体发展过程。萨柏创立了一套自我概念发展理论，把职业生涯分为探索和建立两个阶段，对个体职业生涯发展情况的评价，要从整个生命发展周期来看：一是重视个体的发展在职业发展中的作用。萨柏指出职业性发展的过程，从根本上说是一种完成自我概念的过程。在这个阶段人们不断地切换自己的角色，在个人与社会当中不断地进行调和，寻求达到职业平衡，也就是在寻找职业发展中自己适合的角色。一个人工作的满意程度，也取决于个体的兴趣、价值观、性格等因素。职业的发展包括了发展人们的职业性格和职业才能，在这个过程中，职业目标不是一成不变的，而是不断改变、不断选择、不断适应、不断接受的过程。在职业发展的阶段，实现个人工作的满意度，最终实现自我价值，这也是职业生涯最核心的目标。萨柏集差异心理学、发展心理学、职业社会学、人格发展理论和角色理论之精髓，通过长期的研究，提出生涯发展论之后又不停地完善和修正。他将人的生命周期与职业生涯相结合，严格划分阶段，并指明每个阶段的主要任务，直至扩展到终身发展的领域和范围。同时强调对个体职业生涯的管理和规划，让接受生涯教育的人提前认识到在职业发展中可能出现的问题，并帮助其正确面对和解决，最终找到自身适合的职业领域，并实现自我价值。二是看到环境和遗传在个体的生涯发展中的作用。萨柏认为在学校教育中，需要对青少年的自身发展进行适当干预，帮助学生认识自我、发展自我，促进个体自我意识的发展，使学生明确职业理想，以及实现理想需要培养什么样的素质。萨柏的理论与生涯教育课程的理念相符合。

金兹伯格（Eli Ginzberg）提出了金兹伯格理论，他将职业生涯的发展划分为幻想期、试验期、实现期。他认为人的职业生涯从 11 岁之前的儿童期开始萌芽，这一阶段职业需求的特点是单纯凭借自己的兴趣，不考虑自身的条件、能力水平和社会需要与机遇，完全处于幻想的状态。在试验阶段（11~17 岁），这是由青少年儿童向青年过渡的时期，在职业需求上呈现的特点是具有职业兴趣，开始注意职业角色的社会地位、社会意义以及社会对该职业的需要。实现期是成年以后（18 岁以上），也就是进入社会或高等教育阶段，他们能够客观地把自己的职业愿望和要求同自己的主观条件、能力和社会现实的职业需要密切联系和协调起来，寻找适合自己的职业角色。这一阶段呈现的特点是已有具体的、现实的职业目标，讲求实际。

三、择业动机理论

美国心理学家佛隆（Victory Vroom）提出择业动机理论，他指出个体行为动机的强度取决于效价的大小和期望值的高低，动机强度与效价、期望值成正比。效价越高、期望值越高，动机越强。如果效价为零，表明目标的实现对个体毫无意义。

择业动机理论运用于高校毕业生，表明高校毕业生认为职业的效价越高，那么从事这一职业的期望值就越大；反之亦然。毕业生择业的心理动机产生于职业需要，出自毕业生择业的目的、观念和价值等因素的考虑。科学的职业选择对人的发展起到积极作用，而盲目的职业选择会阻碍人的发展。经济状况、生活环境和社会阶层在一定程度上决定了个体的职业选择，对人的发展至关重要。在进行择业选择的时候，要进行充分科学的自我认知，综合考虑自身的兴趣爱好、个人优势和劣势，准确评价个人的职业能力。每个人的特质都有与之相适应的职业，必须考虑这些特质对个人发展产生的影响。对自身的期待值过高或者过低都会带来诸多不良影响。同时，职业选择也要充分考虑个人因素和社会因素，从本质上来说，社会经济发展状况决定职业选择的范围、性质。因此，大学生作为当前创新创业生力军，在择业过程中要将自我发展的"小我"和社会发展的"大我"相结合。只有将个人的发展置于国家社会发展的宏伟蓝图之中，个人才能发挥自身最大的效价，使从事的职业能够发挥最大限度的主观能动性，从而实现"小我"与"大我"的统一。这种统一是能够相互促进、共同发展的。在创新创业过程中，不断激发个体的价值感，使大学生在个人利益和集体利益的统一中实现人生价值。

四、社会学习理论

创新创业教育是一种认知性教育、体验式教育，也是一种大学生主体自觉的一项社会学习活动。在阿尔伯特·班杜拉（Albert Bandura）的社会学习理论指导下，大学生创新创业能力获得表现为一个完整的观察学习过程，对于推进大学生创新创业教育具有深刻的价值意义。

一是观察学习。班杜拉认为行为的习得有两种学习方式：一是直接获得，二是间接获得。通过直接经验获得的学习，称为"亲历学习"，实际上，人类的大部分行为是通过间接经验而获得的。这种社会学习理论强调观察学习，包括注意过程、保持过程、生成过程和动机过程。他提出观察学习的习得效应、抑制效应与去抑制效应、反应促进效应、刺激指向效应和情绪唤醒效应五种效应。创新创业的核心目标是促进大学生创新思维、创业意识和创造能力的习得，其实施过程应该借鉴社会学习的分阶段进行，建构创新创业教育的"观察学习"过程。首先，注重创新创业启蒙，培育创业意识，使学生从"期待学习"进入"注意过程"。高校要引导他们正确认识当前就业形势，用积极的心态面对压力，促进学生形成强烈、热切的"期待学习"心理。大学生创业者是充满生机活力的群体，表现出果敢坚毅、勤于学习、敢于实践等特征，他们在个人能力上的进步与事业上的收获容易成为大学生的"注意过程"，是大学生"观察学习"的对象，能够促使其产生良好的效能预期。其次，榜样学习是观察学习的主要内容。创业社团、创业文化、创业讲座、创业大赛、创业课程的学习，使学生进入创新创业教育的"保持阶段"。高校进行创业榜样宣传，如宗庆后、任正非、曹德旺、马云、马化腾、雷军、王传福等企业家创办公司的先进事迹，他们的创业历程被大学生们一遍遍进行"心理演习"，对大学生创新创业起到了强大的"替代强化"作用。最后，设立创业情境，使学生在"自我强化"中实现创业的"动作再现"。创新创业是"在做中学"的学问，在这一过程中遇到的困难和挫折都是对大学生创业意识、创业能力的"直接强化"，能够促使他们形成"自我强化系统"。这一阶段的学生，自我个性特质趋向成熟，创业理论知识逐渐扎实，创业能力日趋稳健。这也标志着创业教育实现了一个完满的"观察学习"过程。

二是自我效能感。自我效能感是指个体对自己能否在一定水平上完成某一活动所具有的能力判断、信念或主体自我把握与感受。班杜拉认为人的行为受两个因素影响：强化和期待。强化是行为的结果因素，期待是行为的先行因素。行为出现的原因是人在认知之后产生的期待。班杜拉还认为效能预期不仅影响活动和场合的选择，也对努力程度产生影响。创新创业自我效能不仅会影响个体的信心，还影响个体对行为的选择。自我效能影响个体对创业的选择，能够影响学生对创业的坚持，影响学生的创新思维模式。

三是三元交互决定论。班杜拉指出在社会学习过程中"行为、认知和环境"三者之间的关系，他摒弃了内因决定论和外因决定论，把决定人类行为的因素分为两大类，分别是先行因素和结果因素。同时，他对人的内在特征、行为和环境三者之间的关系提出了更为完善的三元交互决定论，强调在三者之间，既相互独立，又能够相互作用、相互决定，共同构成了一种动态的交互决定关系。在这一理论中，环境决定着行为的方向和强度，而行为可以改变环境来适应人的需要。这反映出人既不是完全被动地受环境的影响，也不是可以为所欲为的完全自由的实体，人与环境是交互决定的关系。同样地，创业环境与创业个体、创业行为之间也存在三方的关系，要想让学生点燃创业激情，实施创业行为，营造良好的创业环境是一个重要的基础条件。大学生在创新创业氛围浓厚的校园环境中，会潜移默化地熏染出创业意识，激发出创业动机。同时，在创业孵化园中，在创业典型的熏陶下，大学生的创新创业激情会得到最大限度的激发。此外，各级政府颁布的创新创业政策，必定会给予创业者极大的推动力，促使更多的大学生投身新时代的创新创业实践。

第三章

新时代大学生思创融合教育的主要内容

本章通过对新时代大学生思创融合教育主要内容的原则及其依据进行研究，凝练新时代大学生思创融合教育的主要内容，以更加精准地表达新时代大学生思创融合教育的精神实质，使大学生更深入理解"为什么要进行思创融合教育""需要什么样的思创融合教育""思创融合教育应该坚持什么样的价值立场"等问题，助力于开展符合社会主义核心价值观的新时代大学生思创融合教育。

第一节　新时代大学生思创融合教育主要内容的凝练原则

总结和凝练思创融合教育的主要内容，需要经得起时间和实践的考验。在凝练其主要内容的过程中，要以问题为导向，坚持辩证唯物主义和历史唯物主义，以科学方法论为指导，使思创融合教育的主要内容得到大学生广泛认同，并在现实生活中积极践行思创融合教育的主要内容。

一、遵照个人成长成才与社会发展需要相结合

从思创融合教育的目标达成来看，两者的最终目标都是要促进大学生的全面发展，始终围绕学生、关照学生、服务学生，推动社会发展进步，这就要求思创融合教育必须遵循大学生成长规律。大学生朝气蓬勃，是富有活力、具有创造性的群体，新时代大学生作为肩负实现中华民族伟大复兴的重要力量，他们在实现民族复兴的道路上奋勇争先；同时，大学生处于世界观、人生观、价值观形成和确立的重要时期，在不同阶段面临着成长中的不同烦恼，尤其在毕业时将会面临职业选择以及如何融入社会的困惑。在对大学生进行

思创融合教育的过程中，深入把握大学生成长规律，既要尊重和保护学生的个性，也要通过疏导、启发、动员等方式，抓住大学生价值观可塑性强的特点，采取符合大学生实际需求、为其所喜闻乐见的方式，将学生的思想和行为引导到符合社会发展要求的方向上来，为学生的发展创造出良好的氛围。对社会而言，思想道德品质和劳动素质是生产力发展的必要条件，能够提高社会生产力，是推动社会发展的重要条件。思创融合教育有利于提高学生的思想道德素质和劳动的积极性，引导学生积极主动学习科学文化知识，提高知识技能和劳动能力，最大限度地发挥主观能动性，促进学生的科学文化素质和劳动技能得到进一步提升。由此可见，思创融合教育通过提升大学生各方面能力素质，让大学生在创新创业实践活动中接受教育，使其在个人成长成才的同时，鼓励和支持其参加物质生产性活动，不断推动社会物质文明建设发展。

人是一切社会关系的总和，是社会关系的产物。人必须融入社会关系中，在社会和谐发展的同时完成个人的成长进步。马克思指出："为了进行生产，人们相互之间便发生一定的联系和关系；只有在这些社会联系和社会关系的范围内，才会有他们对自然界的影响，才会有生产。"① 思创融合教育在培养大学生个人成长成才的过程中，既要引导学生将自我置于个人梦和中国梦之中，使之处于一种和谐状态，保持人与人、人与社会之间的关系正常、稳定、和谐的状态，采取心理调适、人际关系调适、利益关系调节等方法，实现大学生成长成才的目标，还能为经济建设创造创新创业氛围浓厚的社会环境，促进社会经济繁荣发展。

在世界处于百年未有之大变局的国际背景下，人才是一个国家综合国力和国际竞争力的决定性因素，而创新型人才是一个国家强大和社会经济持续稳定发展的重要资源。新时代开展大学生思创融合教育，为高校人才培养打下了坚实的基础。一是对创新创业课程与思想政治理论课的知识体系进行拓展和补充，在课程教学的过程中，将创新创业课程中的奋斗精神、工匠精神等价值理念融入思想政治理论课中，将思想政治理论课中的爱国主义精神、诚信经营等价值理念融入创新创业课程中，使大学生掌握社会必备的创新思

---

① 中共中央马克思恩格斯列宁斯大林著作编译局 . 马克思恩格斯文集：第 1 卷［M］. 北京：人民出版社，2009：724.

维、奋斗精神和创造能力。不断提高大学生的综合素质，不断满足社会经济发展对人才日益增长的需求。二是在创新创业实践活动和大学生日常思想政治教育管理中，从人文关怀的角度出发，注重大学生心理素质和道德素养的提升，在实践活动中不断渗透，帮助大学生树立正确的世界观、人生观和价值观，培养其成为担当中华民族伟大复兴大任的时代新人，培育具有德才兼备、创新思维和创造能力的复合型人才。此外，在探索大学生个性化发展规律和特点的过程中，思想政治教育与创新创业教育是双向结合，不仅有利于培养大学生在创新创业实践活动中取得良好成绩，更有助于培育大学生创新创业的优良品质，严格把控人才发展方向的正确性，提升大学生的社会责任感，在实现自身价值的同时，也能为社会发展贡献自己的一份力量。

二、遵循教育规律与彰显主流价值观相结合

马克思主义哲学认为，客观规律性是事物内部所固有的、本质的、稳定的联系，它的存在和作用不以人的主观意志为转移。在自然界和人类社会，事物不仅按照自身固有的规律向前发展，而且规律贯穿事物发展的始终。同样地，教育也是有规律的，是教育现象同其他社会现象内部各结构要素之间固有矛盾的内在联系。它反映了教育同社会发展与个人发展之间的辩证关系，从本质上来讲，教育始终是人与人之间的关系。从这种情况来看，教育者就是要把受教育者的主体性功能充分发挥出来，将人的全面发展作为一切教育活动的出发点和落脚点。要用发展的眼光看待学生，学生是生活着的人，教育正是通过知识的传授和在实践活动中受到潜移默化的影响，使学生在学习和生活中不断探索、反复思考，寻求自身的全面自由发展。教育无论如何发展，其核心一直是育人，思创融合教育是一个知识传授、素质培养、情感态度价值观和创造力培育的过程，侧重于价值层面的培育，既是技术层面的"教"，也是价值层面的"育"。

思想政治教育从根本上说是做人的工作，大学生思创融合教育也是如此。在开展思创融合教育的过程中，必须遵循思想政治教育的规律。一方面，从受教育者的个体因素来说，大学生作为受教育的主体，要将思想政治教育与创新创业教育的外部信息转化为自身的知识和能力，发挥学生的主体性，在这种情况下，大学生是主动接受外部知识的输入，进而完成对知识的灌输和积累。在以培养创新型人才的核心思想指导下，思创融合教育要更加关注学

生自身的发展，引导学生制定合理的学习目标和发展目标，促使学生更加主动地为达成他们的目标而努力。在传统的创新创业教育中，一般是教师占主导地位的学习过程，而在思想政治教育与创新创业教育融合的过程中，大学生作为受教育的主体，积极主动地接受信息，发挥自身主导作用，实现自身的全面发展。另一方面，从教育者的个体因素来看，教师作为教育过程中的关键性一环，不仅要实现创新创业知识技能的传授，也要在教育互动的过程中注重学生创新创业意识的培养和创造潜能的激发，最终落实到创新创业的行动之中。尽管大学生是高校教育过程中的主体，但并不掌握所有的主导权，高校教师面临着教什么、怎么教的问题，要指导大学生怎么学、怎么做，教育者的作用非常重要。教师要注重转换角色，作为一名协助者，以学生为中心，引导大学生成为知识的开拓者。教师这一角色的意义在于全面了解学生的内在需求，引导大学生在创新创业实践中获得成长和发展。

在遵循教育规律的同时，还需要培育主流价值观，坚持"德育为先"，在教育过程中实现社会主义核心价值观的渗透，确保更好地实现教育效果。通过引导大学生实现从功利物欲到精神境界的升华，提升学生的精神品质，推动学生精神世界的满足。引导大学生的思想发展符合社会要求的发展方向，约束其道德失范行为，使大学生自觉遵守法律和道德规范，在法律允许的范围内从事创造性活动，充分调动大学生创新创业的积极性，使大学生认识到自身作为社会历史的创造者，积极参与社会生产活动，认识到自身的历史使命和社会责任，从而形成崇高的精神境界和积极乐观的心理品质，提高大学生的主体意识，使其成为合格的社会发展创造者。通过思创融合教育，引导大学生正确认识自我、发现自我，认清职业定位，使其在毕业之际选择职业时，更好地适应创新创业的社会环境。

三、坚持理论教育与实践教育相结合

思创融合教育不仅要具有深刻的理论说服力，也要具备切实的实践操作性，才能真正被大学生普遍理解和普遍掌握，真正使大学生内化于心、外化于行。思创融合教育是以马克思主义的立场和观点出发，坚持将马克思主义的价值立场贯穿整个教育过程，引导着高校育人方向，能够对教育活动和行为起着规范和指导作用。思创融合教育的根本目的在于培养具有创新思维和创造能力的人，培养社会主义事业的建设者和接班人，承担起建设中国特色

社会主义的任务，为实现中华民族伟大复兴的中国梦而努力奋斗。

一是理论反映现实问题。理论教育与实践教育作为思创融合教育的重要原则，需要在教育实践中准确把握两者的最佳结合点，两者的结合不是简单的叠加，两者结合的过程受到各种主客观因素的影响，而思想政治教育与创新创业教育融合就是"最佳的结合点"。当今时代快速发展，不稳定性、不确定性因素显著上升，社会信息化程度日益加深，这就决定了大学生在创新创业过程中表现出更强的不确定性，主要表现在创业的价值判断和行为选择上，他们往往更多地从个人利益出发，而更少考虑创业社会价值的实现。当前，高校创新创业教育功利化倾向、部分大学生对创新创业理解不够透彻，在创新创业教育目标上表现出功利性较强，这些现象都呼唤着创新创业教育跳出理论层面，勇于面对创新创业实践中的问题，融入思想政治教育的元素，并做出积极的回应。因此，研究大学生创新创业过程中的实际问题，必须从自身成长实际和利益需求入手。在中国特色社会主义新时代，创新创业教育与大学生成长实际和社会发展要求紧密结合，解决毕业生就业、创业问题，提升自身综合素质。这也正是当前大学生真正关注的难点问题，不仅涉及对当下的现实利益的关注，又考虑到个人成长成才的发展需求，关系到全体大学生的整体利益。

二是理论指导实践，破解现实中存在的问题。新时代大学生思创融合教育应以马克思主义的立场观点方法为指导，用思想政治教育保证创新创业教育的正确方向，解决创新创业过程中存在的"重经济价值轻精神价值""重个人利益轻社会利益"等问题。因此，应本着在实践中发现问题和解决问题的态度，用理论指导实践，这是实现思创融合教育目标的有效选择，在马克思看来，"一步实际行动比一打纲领更重要"①。在创新创业过程中，解决大学生在创新创业中遇到的问题，可以帮助大学生在面对社会艰难的创业环境时，通过思创融合教育，澄清认识自我，准确职业定位，突破在创新创业过程中的障碍，更好地打破大学生思想问题的壁垒。思想是行动的先导，大学生创业意识的萌发，使大学生付诸创业行动，确保大学生创新创业正确的思想导向，避免发生重大的方向性问题，从而在创新创业实践活动中有效规避和解

---

① 中共中央马克思恩格斯列宁斯大林著作编译局.马克思恩格斯选集：第3卷[M].北京：人民出版社，1995：296.

决各种问题。因此，只有理论教育与实践教育的有机结合，才能最大限度地提升思创融合教育的效果，实现育人功能。

坚持理论教育与实践教育相结合，思想政治教育与创新创业教育正是借助教育的契机，促进大学生实现从感性认识到理性思考的飞跃，使解决大学生就业创业与核心能力构建的实际问题成为培养大学生创新思维、奋斗精神、创造能力的过程。在思创融合教育的过程中，教育者和受教育者加强沟通，深入互动融合，从而取得良好的教育效果。把握理论教育与实践教育的统一，意味着思想政治教育要借创新创业教育中创业精神、创新精神等元素，通过显性教育和隐性教育相结合，融入学生全面发展的个性化需求中。在进行创新创业教育的过程中，采取校园创业模拟体验的方式，渗透思想政治教育中爱国主义精神、艰苦奋斗精神等元素，通过这种实际移情体验来实现教育目的，促进大学生的自由全面发展，获得更好的教育效果。因此，我们要从当前大学生创新创业的现实出发，融入思想政治教育的元素，不断增强思创融合教育的理论魅力和实践效力。

四、秉持共性指导与个性培养相结合

社会主义核心价值观为思想政治教育提供了新的内容，用价值观的形式表达思想政治教育。社会主义核心价值观体现在国家、社会、个人三个层面，具有一般性和普遍性的特点。大学生在创新创业过程中会遇到各种不确定的因素，通过思想政治教育加强大学生社会主义核心价值观引领，从而实现意识层面的正确引导。大学生思创融合教育面向全体学生，重点在于培养学生的创新思维、创业精神和创造能力。大学生作为"大众创业、万众创新"的生力军，思创融合教育关系到创新创业的良性发展，关乎社会经济的发展方向，甚至关乎中华民族伟大复兴中国梦的实现。在进行思创融合教育的过程中，不同年级、性格、家庭背景的大学生，在面对创业问题上有着不同的态度，他们的想法往往有所不同，因而在凝练新时代大学生思创融合教育主要内容时，要坚持共性指导与个性培养相结合。在进行普遍性指导时，要注重从不同阶段大学生的发展状况出发，对其进行个性化培养，发挥"爱国、敬业、诚信、友善"个人层面的社会主义核心价值观的作用，保障大学生创新创业的人才素质。

爱国是大学生创新创业驱动力，敬业是大学生创新创业的保障力，诚信

是大学生创新创业的生命力，友善是大学生创新创业的助推力。爱国主要表现在坚定的理想信念和深厚的爱国情怀，能够增强大学生创业者的责任感和使命感。在当前严峻的就业形势下，通过创新创业为社会创造更多的岗位，缓解就业压力，为国家经济发展贡献力量，以强烈的国家认同感增进个体归属感和安全感。创新创业是一种高风险的挑战，其过程充满艰辛，而爱国主义精神具有巨大的鼓舞力，成为激发大学生创新创业并为之拼搏奋斗的驱动力。敬业作为一种执业态度，表现为对事业的热爱。在市场经济体制下，面对多元价值的利益诱惑，必定要树立规矩意识。创新创业不可能一蹴而就，要求大学生突破常规，敢于创新，勇于尝试；要求大学生以百折不挠的精神开拓进取，以不畏艰难的精神、坚韧不拔的意志和勇气去攻坚克难，激发大学生创新创业的实干精神，脚踏实地将创新创业进行到底，竭尽全力把事业做大做强。诚信是做人的首要品质，人是一切社会关系的总和，具有社会性，人的一切活动都离不开与他人的合作，而诚信是合作的通行证，一个人失去了诚信，那么一切的职场行为都将寸步难行。诚信是保障大学生创新创业生态良好的肥沃土壤，能够使大学生在创新创业实践中得到成长，是促进大学生创业成功的无形资产。诚信意识的确立是大学生为人处世的道德基础，也是在创新创业过程中不被"从经济舞台上赶下去"的行为基础。友善是人与人、人与社会、人与自然的友善，能够提升个体的亲和力，要以仁爱之心构建大学生创新创业的自我修养，使其形成稳定的人格。大学生创新创业者从"友善"的主体愿望出发，内不欺心、外不欺人，必然会在创新创业过程中得到广泛的社会支持。高校要将社会主义核心价值观个人层面的"爱国、敬业、诚信、友善"作为人才培养的素质标准，构建思创融合教育的体系，培养具有时代主体精神的创新创业人才。

因此，新时代大学生思创融合教育必须符合社会主义核心价值观的基本要求，但又具有各自的特点，两者是特殊与普遍、个性与共性的关系，同时又具有各自的时代特征。由此可见，新时代大学生思创融合教育主要内容的凝练，也是共性与个性的统一，既要体现社会主义核心价值观的基本精神，又要体现出对大学生创新创业的价值引领，让创新创业成为大学生践行社会主义核心价值观的有效着陆点，使得大学生创新创业有更高的使命目标和价值依赖，为大学生进行"精神补钙"，为培养"有理想、有责任、有担当"的创新创业人才提供保障。

第二节 新时代大学生思创融合教育主要内容的凝练依据

深入研究新时代大学生思创融合教育的主要内容，有助于进一步挖掘和阐释大学生思创融合教育的内涵，更加准确地表达其精神实质，但凝练主要内容也要遵循最为基本的依据。

一、培育和践行社会主义核心价值观是凝练的理论依据

大学生思创融合教育是社会主义核心价值观在创新创业中的具体体现，从本质上规定着大学生创新创业的发展目标和综合素质。党的二十大报告提出："把社会主义核心价值观融入法治建设、融入社会发展、融入日常生活。"① 一种价值观要真正发挥作用，必须融入社会生活，落实在人们点点滴滴的日常生活当中，让人们在实践中感知它、领悟它，推动社会主义核心价值观同大学生的成长发展历程紧密结合，使之成为人们的行动自觉和行为规范。一是社会主义核心价值观引领大学生创新创业的发展方向。加快创新型国家建设对高校提出了新的挑战，在当前百年未有之大变局的时代背景下，创新创业人才的培养，要更加把握培养的方向性。大学生作为中国特色社会主义建设的生力军，在创新创业中发挥着重要作用，他们的价值取向直接影响着社会主义事业的发展。新时代，大学生创新创业要在社会主义核心价值观的引领下，将创新创业融入中国特色社会主义建设中，确保创新创业教育的正确方向。高校要将创新创业纳入课堂教学、日常校园文化活动、网络新媒体等教育载体之中，为大学生创新创业提供精神动力；将大学生创新创业的必要性与世情、国情、民情相结合，从而实现大学生创新创业的个人梦与中华民族伟大复兴的中国梦结合起来。二是社会主义核心价值观优化创新创业教育的运行过程。大学生创新创业是一个长久的过程，需要不断给予精神鼓励，社会主义核心价值观可以长期发挥其作用。在进行思创融合教育的过程中，要根据大学生创新创业能力形成的规律和社会发展对创新创业教育的

---

① 习近平. 高举中国特色社会主义伟大旗帜 为全面建设社会主义现代化国家而团结奋斗：在中国共产党第二十次全国代表大会上的报告［EB/OL］. 中华人民共和国中央人民政府，2022-10-16.

要求，通过各种载体、模式对大学生开展显性和隐性教育，使大学生逐渐形成创业意识、创新思维，提升创造能力。这一过程既需要作为教育主体的高校发挥主导作用，也需要作为受教育主体的大学生积极主动参与，促进大学生在创新创业实践中不断探索成长。创新创业教育的内容是以社会主义核心价值观为遵循，体现了尊重创新创业的规律，实现对创新创业的价值引导，逐步提升大学生创新创业能力、培育创新创业精神。三是社会主义核心价值观集中体现创新创业的价值诉求。从个体价值层面来说，创新创业教育的过程，就是要引导大学生树立正确的价值目标，激发自身不断积极进取，激发自身在创新创业实践中实现自我价值。从社会价值层面来说，思创融合教育能够帮助大学生进行科学的职业选择，选择与职业发展要求相适应的创业方向，形成服务社会的价值观念，使大学生的个人利益与社会利益相结合，培养其高尚的道德情操。通过引导学生树立正确的创新创业价值取向，缓解高校毕业生严峻的就业形势，实现社会资源的合理配置，促进社会稳定和谐发展。

习近平指出，"广大青年要坚定理想信念，练就过硬本领，勇于创新创造，矢志艰苦奋斗，锤炼高尚品格"[①]。从本质上来看，思创融合教育在于培养具有良好道德品质和坚定个人意志的创新型人才，在凝练思创融合教育的主要内容时，必须以社会主义核心价值观为根本依据，才能更好地促进大学生自由全面发展。

二、建设创新型国家是凝练的现实依据

建设创新型国家是我国科技自立自强的奋斗基点。创新是民族进步的有力引擎。从世界各国自身纵向发展的历史进程来看，中华民族是具有创新精神的民族，历史上中国的政治、经济、文化等各方面的发展水平一直处于世界领先地位。但自清政府实行闭关锁国以后，中国逐渐与世界隔绝，由于封建统治者不了解世界发展大势，在近代世界快速的历史进程中落后了。直到鸦片战争爆发，面对外敌入侵，清政府的抵抗以失败告终。中英之间在军事技术和武器装备上的明显差距充分表明，传统的农耕国家已无力抗衡现代的

---

① 习近平在同各界优秀青年代表座谈时强调：在实现中国梦的生动实践中放飞青春梦想　在人民利益的不懈奋斗中书写人生华章［N］.人民日报，2013-05-05（1）.

工业化国家，而科技落后是最为主要的原因之一。从世界各国横向发展对比来看，作为资本主义强国中的英国、德国、美国、日本，无一不是经由科技创新来实现其转型发展。英国的迅速崛起，主要是引领了第一次工业革命，蒸汽机的发明和广泛使用，促进和带动了近代机器工业的兴起和发展，使其生产力在短期内得到极大提升。德国则是在1871年统一之后，把握第二次工业革命的机遇，在经济上实现飞跃发展，短短三十余年就超越了英国，成为欧洲和世界经济强国。美国的强大也是抓住了科技的创新，尤其是在20世纪40年代之后，更是持续引领全球科学研究和技术创新。日本从明治维新之后向西方学习，大量引进、吸收和消化西方的先进技术，实现本土转化，经过近半个世纪的努力，一举成为亚洲强国。因此，我国要建设创新型国家，离不开科技创新来推动，这是通往社会主义现代化强国的必经之路。从总体来看，我国当前的科技创新基础还不牢固，自主创新能力还有待加强，核心技术领域受制于人的局面还没有从根本上改变，因此，我们必须要在关键技术领域继续创新、有所发展，不断解决卡脖子问题，掌握核心科技。

党的二十大报告指出："必须坚持科技是第一生产力、人才是第一资源、创新是第一动力，深入实施科教兴国战略、人才强国战略、创新驱动发展战略，开辟发展新领域新赛道，不断塑造发展新动能新优势。"① 回顾过去的十年，在党中央的坚强领导下，我国科技创新事业已经取得了历史性、整体性、全局性的重大变化，逐渐探索出了一条中国特色的科技自主创新之路。国家科技创新实力实现从量变到质变的飞跃，自主创新的重大成果涌现，关键核心技术取得重大突破，成功进入创新型国家行列，科技自立自强、建设科技强国的基础更加稳固。我国必须坚定不移、脚踏实地走自主创新道路，进而实现关键核心技术自主可控，将科技命脉掌握在自己的手中，牢牢把握创新和发展的主动权，在科技自立自强上取得更大进展，不断提升我国发展的独立性和自主性，催生更多新技术新产品，开辟科技新赛道，形成国际竞争新优势。所以，我国要坚持实施创新驱动发展战略，提高国际竞争力，就必须有大量的高素质创新创业人才，必然需要考虑到"需要什么样的创新创业人才""怎样培养创新创业人才""创新创业应该坚持什么样的价值立场"等一

① 习近平. 高举中国特色社会主义伟大旗帜　为全面建设社会主义现代化国家而团结奋斗：在中国共产党第二十次全国代表大会上的报告［EB/OL］. 中华人民共和国中央人民政府，2022-10-16.

系列问题，而这些问题正是思创融合教育的基本内容。高校通过开展思创融合教育，引导大学生认识到提升自身创新能力的重要性，从而最大限度满足自身的创新创业需求。由此可见，凝练大学生思创融合教育的主要内容，要以培养具备创新思维和创造能力的人才为现实依据，为建设创新型国家提供人才支持。

三、培育具备正确的创新创业价值观的人才是凝练的实践依据

高校思创融合教育要注重引导大学生在创新创业实践活动中的价值取向。创新创业教育是以人的幸福为价值指向，不仅关注人的能力发展，也关心人的内心健康成长。高校在培养学生全面发展的同时，要关怀学生，引导学生实现自我价值和个人发展。目前，对照"人民日益增长的美好生活需要"与教育"不平衡不充分"的现状，创新创业教育也存在一定的供需失衡，出现其正面导向作用发挥还不够充分的情况。从创新创业价值观的个人层面来看，主要包括敢闯精神、会创意识、奋斗精神、诚信意识四方面。一是敢闯精神。所谓"敢闯"就是敢于尝试新鲜事物，敢于引领风尚。作为先行者，需要有充足的胆识和眼界，既能看到未来发展的趋势并抢占先机，也要有承担失败的勇气。创业是具有风险的，并且这种风险将贯穿于整个创业过程之中，这就需要创业者具有坚定不移的创业意志，在对自己充分认知的基础上设定科学合理的未来发展目标，并不断磨炼自己独立、坚韧、果断的精神。二是会创意识。"会创"的前提就是创新，青年人思想活跃，行动力、接受新鲜事物的能力都比较强，是全社会最朝气蓬勃的群体，应该成为社会创新的主体。有关研究表明创业的最佳年龄段在 25～45 岁，大学生毕业之后就是最好的创业黄金期，将国家对创新创业的支持政策和自身创新创业的优势条件相结合，有助于更好地助推创新创业的成功。三是奋斗精神。"奋斗"是中华民族的优良传统，在革命、建设和改革的各个历史时期，中国共产党一直带领中国人民不断奋斗和进步。大学生群体社会阅历相对缺乏，从校园到社会面临不少的实际困难，这就需要发扬艰苦奋斗的精神，克服创业中的困难，并在创业中不断锤炼意志品质，努力成为新时代的创业者和社会发展的推动者。四是诚信意识。大学生在创业的过程中更需要提升诚信意识，将诚信作为创业活动之本。任何创业和商业活动的成功都不能离开诚信，诚信是竞争和发展的根本。

当前的社会环境，会对大学生创新创业造成功利性价值认知的影响，从而导致大学生对创新创业实践的功利化行为，其过程更多强调基于"个人"的自我价值而忽视"集体"的社会责任，这为个人主义、享乐主义、拜金主义等不良社会思潮对大学生创新创业价值观的渗透提供了机会，造成大学生创新创业教育的价值取向功利化。当前部分高校过于注重服务社会经济发展的工具性价值，过度强调"实用主义"，将教育变成获取经济利益的手段，忽视了教育在道德品质培养、文化传承等方面的社会价值，培养出来的人是片面的、单向发展的。从高校的价值视角来看，当前创新创业教育缺乏问题导向，"满堂灌"的传统模式等问题依然存在，教学内容缺乏特色，培养出来的人创新意识不强、创业能力不足。从个体价值来看，个别学生将"创富"作为创新创业价值目标的首选，期望实现一夜暴富，行为上表现出明显的利己主义。尽管创业内在地具有"创富"的功利需求，但是"创富"并不是创新创业的唯一目的。当前，部分大学生出于综合测评、保研加分等功利性目的参加一些创新创业的实践活动，忽视正确的创新创业价值导向，这种价值取向偏离了教育的初心和使命。面对创新创业教育中多元化的价值取向，亟须通过思创融合教育引导大学生形成正确的创新创业价值观。一方面要以思想政治教育为支点，将马克思主义价值观作为指导思想，强调集体主义，引导大学生处理好个人利益与集体利益，实现经济效益与社会效益的平衡。另一方面，高校开展思创融合教育要将价值观教育作为核心环节，在思想上明确大学生为何创业、如何创业。通过社会主义核心价值观的牵引来更好地帮助大学生形成关于创业意义和奋斗精神的正确认知，不断加强社会主义文化认同感，有效地抵制拜金主义、利己主义的影响。因此，理论要为实践服务，凝练科学的思创融合教育内容，就必须深入了解创新创业教育的实质、现状和特点。

第三节　新时代大学生思创融合教育的主要内容

一、胸怀家国的爱国主义精神

古往今来，胸怀家国、敢于担当的爱国主义精神始终是中华民族最浓厚的底色，爱国主义是中华民族精神的核心内涵，这也决定了在中华民族精神里，爱国主义占据着基础性地位。爱国和爱民族是具体的，会通过人们的具体行动表现出来，我国的劳动者，不管是大国重器的打造者，还是在平凡岗位默默付出的奉献者，都有一颗报国之心，都怀有爱国之情。他们立足于自己的工作岗位，以自己的知识和技能为国家打造出优秀产品，肩负国家和民族的重任，为实现中华民族伟大复兴贡献自身的力量。劳动者是有大爱的，他们热爱国家，对党和国家忠诚，舍小家顾大家，在关键时刻，甚至愿意牺牲自己的生命；他们热爱集体，互帮互助、互相合作，先进帮助后进，共同进步。千百年来，爱国主义精神激励着一代又一代中华儿女前仆后继地投入建设和保卫祖国的事业中，新时代大学生需要将这种精神在创新创业中继承和发展。

一是坚持爱党、爱国和爱社会主义的高度统一。中国共产党的百年历史是一部领导人民开创伟业的历史。作为中国特色社会主义建设的生力军，大学生要在这段创业史中深刻认识到历史和人民为什么选择中国共产党，深刻认识到选择改革开放的历史必然性，树立起"四个自信"，在创新创业的过程中，坚定为中国特色社会主义共同理想而奋斗的决心，自觉成为社会主义制度的拥护者。"爱国主义"作为一个历史范畴的概念，其具体内容也因时代而异。为此，爱国主义教育也要具体化。党的二十大报告中多次提及"创新"，创新是社会进步的灵魂，创业是解决就业、推动经济社会发展的重要途径，这充分说明，在实现中国梦的历程中，要将创新作为推动社会发展的重要动力，推动各项事业取得创造性成果。大学生富有创造力，是创新创业的生力军。"天下兴亡，匹夫有责"，在和平年代，虽然不需要做出为国牺牲的英雄壮举，但是国家富强、民族复兴的重任却实实在在摆在我们每个人面前。一代人有一代人的使命，对新时代大学生来说，这种责任主要表现在三方面：一是社会环境纷繁复杂，新时代大学生要坚持独立的意识和人格，不被社会上的一些不良风气所影响，不断提升自己的职业知识储备和职业素养，拓宽自己掌握知识的深度和广度，不断探索更多发展机会，提升自身价值。二是学习工匠精神，从本职工作出发，认识到本职工作的重要性，承担起自己的工作责任，服从集体安排，积极寻找个人利益与集体利益之间的契合点，做好本职工作，实现与集体共同发展。三是参与社会活动时，应当明确自己的社会公民身份，认识到自己在社会大集体中的重要性，做到遵守公序良俗、遵纪守法。从自己的职业角度出发，积极响应国家号召，承担起社会责任。

而引导和教育大学生做到以上三点，就需要各方面共同发力培养新时代大学生的社会责任意识。在创新创业实践中，大学生必将汇聚起实现中华民族伟大复兴的强大动能，以实际行动推动中国梦和个人梦的实现。

二是坚持个人利益与社会利益的有机统一。党的宗旨是全心全意为人民服务，这是马克思主义价值观最核心的内容，大学生在创新创业实践中考虑个人与社会的关系，要将人民的利益、国家的利益和民族的利益始终放在个人利益之上。在复杂的市场环境中，大学生容易受到逐利行为的影响，如唯利是图、坑蒙拐骗、自私自利的思想，会不同程度地影响大学生的创新创业行为。在马克思主义看来，正确的利益是要符合人类全部道德的原则，使得人们的个人利益符合人类的利益。坚持个人利益与社会利益的统一，表现为一种宽广的爱国情怀，作为新时代中国特色社会主义的建设者和接班人，大学生在创新创业实践中，要把激昂的青春梦融入伟大的中国梦中，在服务社会、服务人民中实现自己的人生价值。实践证明，如果一个人没有对国家、民族和人民的热爱，没有对社会责任的自觉担当，没有历史使命的驱动，就很难激发自身持久、深远的创造力，也很难实现创新创业的成功。因此，大学生在创新创业中，必须坚持个人利益和社会利益的统一，不断锤炼意志品质、提升道德境界、厚植爱国情怀。

三是坚持自我价值实现的"小我"与为国家和人民服务的"大我"的统一。在世界百年未有之大变局下，全球范围内兴起了"第四次工业革命"，主要表现为人工智能化、网络信息化等特点。面对以科技创新引领社会发展的世情，创新驱动成为我国高质量发展的重要助推器。对高校而言，必须将创新创业教育贯穿人才培养的全过程，通过创新创业教育实践，培养符合社会需要的创新创业人才。新时代大学生要在创新创业中增长智慧才干，在艰苦奋斗中锻炼自身的意志品质，这样创新才有潜力，创业才有动力，创造才有活力。习近平对大学生在创新创业中服务社会寄予厚望，期待高校培育出更多社会所需要的创新型人才。在实现第二个百年奋斗目标的新征程上，大学生要有责任担当，奋发有为，投身创新创业的活动中，为把中国建设成为社会主义现代化强国贡献自己的才智，这是新时代赋予大学生的光荣使命。新时代培育大学生爱国主义精神，要在身体力行上下苦功夫，积极投入创新创业潮流中，融入国家发展大局，以创新创业实践促进爱国主义行为的养成，在创新创业过程中弘扬爱国主义精神，完成个人理想与祖国前途命运的统一，实现"大我"与"小我"的统一，创造出不负时代、不负人民的辉煌业绩。

二、敢为人先的创新精神

作为中国共产党创始人之一的陈独秀先生明确提出"敢为人先"就是创新，他指出："奋斗精神和创新精神实质上就是一种'敢为人先'。"① 新民主主义革命时期，以毛泽东为代表的中国共产党人，以先辈的革命精神为榜样，以马克思列宁主义为指导，领导中国人民取得了新民主主义革命的胜利，建立了中华人民共和国，实现了民族独立和人民解放，他们的革命精神集中体现了英勇奋斗、敢为人先的创新精神。中国共产党的历史就是一部创业史，中国共产党的创业史被深深熔铸在中华民族的生命力、创造力和凝聚力当中，"敢为人先"的创新精神将成为中国历史发展中不可忽视的重要因素。习近平指出："创新是一个民族进步的灵魂，是一个国家兴旺发达的不竭动力，也是中华民族最深沉的民族禀赋。在激烈的国际竞争中，惟创新者进，惟创新者强，惟创新者胜。"② 创新精神是中国共产党在创业路上战胜困难，实现飞跃的动力源泉。创新精神就是要闯开新路，在事物的矛盾运动中开拓前进。大学生思创融合教育就是要在创新创业实践中，培养大学生的创新精神和创业能力，巩固大学生的专业学习能力，将其专业知识以创新精神广泛应用于实践，提升自身的综合素质，培养大学生敢为人先、锐意进取的创新精神。

首先，敢为人先就是要敢于创新、敢于尝试、勇于探索。马云创造出互联网帝国，是其敢于创新、敢于尝试、勇于探索的精神助推了他的成功；王兴经历两次创业的失败，但他勇于创新，具备长远的战略眼光，于 2010 年成功创立了美团。所谓"创新"观念是人们对创新的价值、重要性的一种认识水平，并以这种态度来调整自己方向的一种稳定的精神状态。要培养学生的创新能力，首要前提是培养学生的创新意识，让其具有稳固的创新思维。"人的行为都是受执行者的观念支配的，观念的内核是思维方式。因为思维方式，即思维的结构和由它决定的行为方式，决定了人最为基本的活动方向和样式，因此，观念正确与否直接影响到行为的结果。"③ 一是创新在一定程度上是决

① 陈独秀. 欢迎湖南人的精神 [J]. 新青年, 1919 (12)：5.

② 中共中央文献研究室. 习近平关于科技创新论述摘编 [M]. 北京：中央文献出版社, 2016：3.

③ 陈树文. 卓越领导者的智慧 [M]. 北京：清华大学出版社, 2009：5.

定着国家和民族最直接的精神力量。新征程上，创新能力是国家、民族发展的代名词，是国家和民族解决自身生存和发展能力大小的重要标志。二是培育创新精神能够推动一个社会的全面进步，促进上层建筑的变革。树立创新意识有助于人们的思想解放，形成开拓进取、保持领先的先进观念，这也是人的创新发展必须具备的基本社会条件。三是创新观念能够促成人才结构素质的变化，充分展现人的本质力量。实质上，创新确定了新的人才标准，代表着社会对高校人才培养的性质和方向。社会全面进步和发展，需要青年树立开拓精神，要求高校培养大学生科学的思想道德素质和现代科学文化素质，引导大学生朝这个目标提升自身的全面素质，激发大学生的主体性和创造性，从而使自身的内涵获得极大丰富。在创新创业教育中，大学生要树立敢为人先的精神，勇当"试验田"，勇做"排头兵"，不怕困难，要以"逢山开路、遇河架桥"的坚强意志，为了创新创业而勇往直前，实现自我超越。同时，百折不挠的创业意志也是创新创业成功的重要素质，创业是一种高风险活动，其过程中会遇到很多艰难险阻，只有意志坚强的人才能克服这些困难并取得成功。创业意志具有坚定性和自制力，是一种巨大的精神力量，能够帮助大学生在创业过程中克服心理障碍，促进大学生创新创业活动稳定发展。

其次，全社会提倡创新。大学生精力充沛、乐于接受新事物，是创新创业的生力军。大学阶段是开展创新创业教育的关键期，通过思创融合教育帮助大学生树立创新意识，内化为自觉追求，并建立行之有效的创新精神培养体系。大学生思维活跃，创新能力较强，高校毕业生进行创业，不仅能解决自己的就业问题，还能为社会创造更多的就业岗位，推动社会经济可持续性发展。对大学生来说，运用专业知识以创新思维进行创业，对于自身发展和社会进步都有不可或缺的重要价值。根据马克思主义观点，从本质上来看，价值是被创造出来的，创造价值是人类活动所追求的基本内容。而创新创业作为人的一种实践活动，也是创造价值的活动，这里的"价值"包括经济价值、社会价值和人生价值。大学生在创新创业活动中创造经济价值，实现人生价值的同时，还要积极创造社会价值，履行社会责任。思创融合教育就是引导大学生在创新创业活动中，不仅要创造经济价值，更要创造社会价值，从而实现自己的人生价值。

三、艰苦创业的奋斗精神

在进行创新创业的过程中，将会遇到许多的挑战、困难和压力，大学生创新创业者必须保持不怕困难挑战的艰苦奋斗精神，在创新创业实践中不断强化"勇于奋斗"的价值观，克服各种困难，战胜各种挑战，不断促进自身的全面发展，争取创新创业的成功。

"艰苦"即艰难困苦，主要指困难多、条件差、物资匮乏等；"奋斗"是指为了达到既定的目标而努力去行动，在人们的实践过程中，艰苦和奋斗紧密相连。艰苦奋斗是中华民族的传统美德，中国共产党带领中国人民进行革命、建设、改革的历史，实际上就是一部艰苦奋斗的创业史。党带领中国人民创造了建国之业。在争取民族解放、国家独立的革命岁月中，党带领人民克服了一个又一个艰难险阻，在革命实践中历经磨难，以新理论指引新方向，将马克思主义与中国的具体实际相结合，走出了一条社会主义新道路。红船精神彰显了中国共产党以马克思主义为指导的理论眼光创立了中国共产党；井冈山精神标志着中国共产党人反对教条、主张理论联系实际，走出了一条创新实干的革命新道路。面对外有帝国主义侵略、内有国民党反动派围剿的情况，中国共产党领导人民浴血奋战、在艰苦奋战中寻求民族独立和人民解放。抗战精神中的"百折不挠、坚忍不拔的必胜信念"揭示了党领导人民与外敌苦战不屈的创业之路，延安精神中的"自力更生、艰苦奋斗的创业精神"，展示了党领导人民在内外交困中顽强战斗的创业传统。中华人民共和国成立后，党领导人民创造了立国之业。党团结带领全国各族人民热火朝天地搞建设，带领人民自力更生立新业，创造出一条建设社会主义中国的发展之路。面对新中国成立初期一穷二白的现实情况，党领导人民踏实苦干、开拓进取，逐步恢复国民经济，有序推进社会主义工业化的进程，创造了一系列宝贵的精神财富，例如，形成了艰苦奋斗、勇于开拓、顾全大局、无私奉献的北大荒精神，展现了 20 世纪 50 年代垦荒人不畏艰苦，将北大荒打造成"北大仓"的光辉事迹；铁人精神记载着为国家开发石油的工人们战胜恶劣的条件，独立自主地挖掘石油自然资源的创业史；面对来自帝国主义和部分周边国家的武力威胁，党和国家领导人沉着冷静、客观分析国际局势，派出中国人民志愿军，赢得了抗美援朝战争的胜利；以和平共处五项原则积极参与国际事务，逐步获得了世界上大多数国家的认可，恢复了在联合国的合法席位。在社会主义建设时期形成了一系列新的时代精神，其中的"两弹一星"精神，彰显了"自力更生、艰苦奋斗、勇于攀登"的强国之心，砥砺报国之行的气魄。改革开放时期，党带领人民创造了富国之业。虽然历经社会主义十年的曲折发展、世界社会主义运动遭受挫折的艰难处境，党以巨大的理论和实践勇气，由农村向城市进行改革，陆续从沿海向内陆开放经济特区，在实践中积淀了一笔宝贵的精神财富。在农村改革方面，形成了"敢于创造、敢于担当、敢于奋斗"的小岗村精神，承载着改革先锋敢于打破思维定式，为人民幸福生活敢闯敢干的感人事迹；在城市改革方面，形成了"敢闯敢试、敢为人先、埋头苦干"的特区精神，描绘出广大群众干部永葆"闯"的精神、"创"的劲头、"干"的作风。① 进入 21 世纪，面对经济全球化的时代趋势，以及复杂的国际环境，党顺应时代潮流、把握历史大势，在加入世界贸易组织（World Trade Organization，WTO）的同时，依然坚持正确的发展道路，形成了"尊重多样文明、谋求共同发展"的上海精神和"顽强拼搏、永不言败"的女排精神。党的十八大以来，党领导人民创造强国之业、强国之路举步维艰，中国共产党领导人民以更加饱满的精气神来应对风险挑战。面对改革进入深水区，中国共产党以创新、实干的魄力，培育出"争创一流、艰苦奋斗、勇于创新"的劳模精神。面对推进科技强国建设的实际，党领导科技工作者攻坚克难，锻造形成了"特别能吃苦、特别能战斗、特别能攻关、特别能奉献"的载人航天精神。面对决胜脱贫攻坚的历史任务，党领导人民在脱贫攻坚伟大斗争中锻造形成了"上下同心、尽锐出战、精准务实、开拓创新、攻坚克难、不负人民"的脱贫攻坚精神。高校开展思创融合教育，要在党的百年创业史中汲取智慧，使大学生在创新创业过程中，保持艰苦奋斗的精神，吃苦耐劳、奋发有为，不断克服困难，才能取得创新创业的成功。只有艰苦奋斗的创业者，才能成为时代的胜利者。大学生创新创业者，只有不畏艰苦，准确定位自身目标，矢志奋斗，才能在创新创业的道路上始终保持头脑清醒，抓住机遇，以足够坚强的意志获得成功。

四、爱岗敬业的劳动精神

劳动精神是人类追求自由和全面发展所必需的核心价值，劳动精神体现了以劳动为基础的教育导向。马克思认为劳动不仅创造了人，而且创造了社会。创新创业是人们进行劳动实践的一种重要且特殊的形式，是培养大学生

---

① 习近平. 在深圳经济特区建立 40 周年庆祝大会上的讲话［N］. 人民日报，2020-10-14（2）.

劳动精神的一种重要途径。创新创业教育与劳动教育相结合，就是要引导大学生在创新创业实践中"辛勤劳动、创造性劳动"，弘扬劳动精神，造就艰苦奋斗、锲而不舍的进取精神和爱岗敬业、精益求精的职业操守，形成尊重劳动、崇尚劳动和热爱劳动的良好氛围。

爱岗敬业主要体现在以下几方面：首先，在辛勤劳动中不断进取。辛勤劳动是指劳动的状态，新时代劳动精神体现了尊重劳动的价值取向，体现了劳动创造的实践创新，体现了劳动光荣的精神，是全社会对新时代劳动精神的实践赞美。然而，创业的过程是艰辛的，需要学习管理学、教育学、人际交往等多方面的知识，面对创新创业过程中遇到的困难，大学生要保持不怕苦、不怕累的态度，勤学勤思勤练，在困难和挫折面前，永不气馁，朝着自己既定的目标，适时调整策略，不断进取。其次，在劳动中诚实守信，这是劳动的思想品德，是一种道德追求。诚实守信是中华民族的优良传统。作为人的基本素质，诚信是立身之本、处世之宝。创新创业实践活动中也离不开诚信，诚信是大学生开展创新创业活动的基础。在创新创业活动中，需要用诚信来约束人们的行为。一方面，通过创新创业课堂培育学生诚信品质。课堂教学作为主阵地，深化诚信理论学习效果。积极探索互动、开放的教学模式，结合市场活动中有关诚信的案例，通过案例教学使大学生认识到诚信在创新创业活动中的重要性。另一方面，通过创新创业实践强化学生诚信意识、践行诚信行为。诚信教育作为思创融合教育的重要组成部分，既要使大学生将诚信理念内化于心，也要在具体的创新创业实践中实现由诚信理念向诚信行为的转化。

精益求精是新时代劳动者的必备品质。在创新创业实践活动中要坚持精益求精的态度，精益求精是劳动精神的基本内涵，也是新时代劳动者应当努力达到的目标，同样也是劳动者职业道德的基石。"求精"是从业者对每件产品和每一道工序都努力做到极致。古人曾以"如切如磋，如琢如磨"来展现中国古代工匠在对兽骨、矿物进行分割、雕刻、磨光时追求完美的精神面貌。这种精神不仅蕴含了我国古人深沉的智慧，更彰显了中华民族对精益求精矢志不渝的追求。"一切劳动者，只要肯学肯干肯钻研，练就一身真本领，掌握一手好技术，就能立足岗位成长成才，就都能在劳动中发现广阔的天地，在劳动中体现价值、展现风采、感受快乐。"① 精益求精是一个不断打磨、推敲，追求完美的过程，主要表现为品质方面的追求和技术方面的完善。精益求精意味着劳动者在工作中不断追求更高的品质标准，不满足于已有的成就，而是不断努力提升，追求更高的完美境界。高校对大学生进行创新创业教育，帮助大学生树立正确的创新创业价值观，增强大学生的创新精神，发挥自身创造性的潜能。在创新驱动发展的时代，要将创新创业作为一种生活态度，而大学生在创新创业中更多的是进行创造性劳动。这种劳动是充满创新性的，善于运用科学技术和知识进行改造，使人们在劳动中善于发现问题，并得到创造性的解决。随着社会信息化的不断发展，人工智能逐渐代替人类，但是还留给人类一些需要复杂的认知去解决的工作，而创造性劳动就是这种无法被人工智能替代的工作，体现了劳动本身、劳动成果的创造性。然而，这种创造性劳动往往需要付出巨大的努力，长此以往的坚持，在多次失败中积累起成功的经验，在这种专注、坚守中，不断磨炼大学生精益求精的品质，使大学生深刻体会只有在劳动中才能创造幸福。

劳动者要树立终身学习的观念，要善于抓住一切学习的机会，向理论学、向实践学、向前辈学，不断打磨技艺水平和积累人生经验。部分和整体密不可分，细小的地方影响整体的质量，只有不断追求卓越的技术才能注意到细节和那些难被攻破的地方，才能在那些细节之处细微谨慎，从而实现整体上的完善和创新。同样地，量的不断积累才能达到质的飞跃，只有在长期工作中不断积累、不断思考，才能在完成既定工艺的基础上推陈出新，实现新的进步和发展。敬业、乐业、精业、兴业是崇高的职业追求，只有在不断的精雕细琢、精益求精中才能练就真本领、成就真事业。唯有不断提高自己的技艺水平，不断追求卓越，不断创新，才能在新时代争当时代楷模、新型的劳动者，才能在面对国内外的各种挑战时，以过硬的专业本领和坚定的执着精神，将其作为在任何风险面前站住脚跟的根本保障。因此，新时代无论从事哪个行业，都需要付出辛勤的劳动，尤其是在创新创业中要想取得成功，更需要创造性劳动。创新创业作为重要且特殊的劳动形式，高校开展创新创业教育能够使大学生认识到劳动是最光荣的、最崇高的、最伟大的，从而在劳

---

① 习近平. 在庆祝"五一"国际劳动节暨表彰全国劳动模范和先进工作者大会上的讲话
[M]. 北京：人民出版社，2015：10.

动中锻造艰苦奋斗、锲而不舍的进取精神和爱岗敬业、精益求精的职业操守，使大学生在实现中华民族伟大复兴中贡献自己的力量。

五、遵纪守法的法律意识

法治教育是大学生思创融合教育的有机组成部分，在创新创业过程中，大学生必须了解基本法律和创业方面的相关法律，增强社会主义法治观念和法律意识。主要包括培养大学生创业的法治思维、法治精神、法律本领。

培养大学生创业的法治思维。法治思维要求崇尚法治、尊重法律，是将法律的诸多要求运用于认识、分析和处理问题的思维方式，作为判断是非和处理事务的准绳，善于运用法律手段解决问题和推进工作。法治思想是行动的前提和基础，对行为起导向作用。高校开展大学生思创融合教育的过程，实际上，这也是培养大学生法治思维的过程，提升大学生法治思维能力的过程，培养大学生按照法治的理念、原则和标准判断、分析和处理问题的理性思维方式。相对人治而言，法治思维方式克服了个人的主观性，相对公正、科学。大学生在创新创业过程中，要尊崇和遵守宪法法律，在法治之下运用法治思维想问题、办事情、做决策。由此可见，树立正确的法治思维至关重要，这是我国推进社会主义法治建设的重要内容。

培养大学生创业的法治观念。一是对大学生实施普法教育，这是帮助大学生树立法律意识和法治观念的重要途径。习近平指出："人民权益要靠法律保障，法律权威要靠人民维护。"[①] 新时代，创业的形态已经发生了很大的变化，大学生创新创业会面临许多困难，需要他们了解并掌握相关的法律法规，运用法律知识，有针对性地做出正确的价值选择。由于社会经验不足，大学生在创业过程中容易上当受骗，当自身合法利益受到侵害，通过学法用法，掌握法律本领，使大学生能够自觉并勇于运用法律武器同各种违法犯罪行为做斗争，从而维护自己的合法权益。二是大学生思创融合教育中的法治观念教育紧密联系社会主义核心价值观的要求。大学生在创新创业过程中，结合社会层面的原则要求，大力弘扬自由、平等、公正、法治，使大学生树立正确的创新创业价值观，努力成为一名既能享受权利和履行义务，又能承担一定社会责任的大学生创新创业者。三是大学生思创融合教育中的法治理念教

---

① 习近平. 加快建设社会主义法治国家 [J]. 求是，2015 (1)：3-8.

育，与弘扬社会法治精神紧密结合。大学生应当成为社会主义法治的崇尚者、遵守者和捍卫者。高校要根据社会主义法治建设目标，确定创新创业课程培养目标，体现国家对人才需求的育人目标，在人才培养全过程，包括课程体系、师资队伍、教学保障和质量评价等，融入法治意识、风险意识、契约精神等内容。如果离开法治教育，学生掌握一定的资本和创新创业技能，往往会给社会带来危害。而在大学生思创融合教育中进行法治理念教育，必将能强化创新创业实践意识对法治教育的促进作用。理论创新源于实践，创新创业实践又能为法治理论创新提供检验标准，使理论更加全面，并在实践中融入时代内涵。

提升大学生进行创新创业的法律本领。大学生运用法治思维自主掌握法律本领对提升自身创新创业能力具有重要的作用。首先，在创新创业过程中，通过自主学习法律知识，掌握基本的创业法律知识，这是培养法治思维的前提和基础，因为对法律一无所知的人不可能形成法治思维。因此，掌握一定法律知识的大学生，能够运用法律思维来解决创业过程中遇到的问题。其次，大学生在创新创业过程中要掌握法律方法，法律方法是法治思维的基本要素，是人们按照法治的要求思考、分析和解决法律问题的方法，大学生在创新创业过程中，要有效运用法律方法。最后，大学生在创新创业过程要积极参与法律实践。法律要运用在社会实践中，脱离具体的法律生活和实践，难以掌握法律本领。大学生长期处于"象牙塔"之中，往往涉世不深，对法律知识的掌握不足，在参与法律实践的过程中会受到限制，但大学生可以通过相应的途径参与法律实践。比如，在创新创业课程教学中，通过创业法律典型案例的讨论，训练大学生法律思维方式，提升法律本领；在社会调查中，利用各种机会参与学校的法治宣传活动，向社会和他人积极宣传法律知识，尝试用法治思维去处理各种问题，在解决问题的过程中提高自身的法律修养和思维能力，提升自身法律本领。

第四章

国外大学生思创融合教育的特色及其经验借鉴

任何一个国家的发展强大、民族兴旺和社会进步，都离不开创新。创新对一个国家和民族的发展能够产生巨大的推动作用。创新创业教育在推动国家经济发展，以创业带动就业，建设创新型国家中发挥了不可或缺的作用。当前，世界各国都在如火如荼地开展创新创业教育，创新创业教育既满足了社会对创新型人才的需要，又彰显了国家将创新创业作为发展战略的重要意义。创新创业教育有助于国家坚持创新驱动发展战略，促进经济提质增效，促进高校毕业生实现更高质量的创业就业，进一步深化我国高校思创融合教育的发展。本章试图通过研究欧美发达国家中的美国和英国的思创融合教育，以及亚洲国家中以色列的思创融合教育，来探讨国外大学生思创融合教育的成功经验和做法，以期为我国更好地开展大学生思创融合教育提供一些经验借鉴。

第一节　美国大学生思创融合教育及其经验借鉴

美国是世界上开展大学生创业教育最早的国家之一，思创融合教育已发展得比较成熟。美国开展思创融合教育主要是从两个层面展开：一是通过创业实践平台传授创业知识和创业技能，旨在培养社会企业家；二是通过道德教育和创新创业课程体系建设培养大学生创新思维、创业精神和创新创业素质。因此，我国高校借鉴其经验，有助于丰富国内高校思创融合教育的内涵、实践平台和课程体系建设，促进大学生自由全面发展。

一、美国大学生思创融合教育产生的背景

(一) 美国思创融合教育产生的政治背景

美国历史上的西进运动、进步运动、罗斯福新政三个时期，为美国高校开展思创融合教育奠定了政治基础。一是西进运动。西进运动是指美国东部居民向西部地区迁移的运动，始于 18 世纪末，终于 20 世纪初。西进运动开发了如今的美国西部地区，促进了美利坚民族大融合，实现了"美国崛起"，培养了美国人民的"拓荒牛"精神，促进经济增长，推动边疆开发。到 20 世纪初，美国基本完成了人口、农业和工业向西部转移。在西进运动中，美国非常注重市场机制与政府调节的结合，在这期间，美国政府通过制定一系列政策引导西部开发，鼓励欧洲移民、投资者向西部迁移。例如，土地政策——为了处理西部殖民中遗留下来的土地问题，美国国会先后制定了《土地法》《木材种植法令》和《开垦法》等一系列法规法令；移民政策——规定人们可以向西部自由迁徙；扶持发展教育政策，大力发展西部教育，促进一批西部高校的建立。在西进运动中，美国人身上表现出勇于拼搏、不畏艰难、勇往直前的特点，在拼搏过程中自觉培养了美国人的民族精神，也培养了美国人实现个人价值的创业精神。西进运动铸就了美国人积极进取的创业品格，也为美国高校开展思创融合教育奠定了坚实的基础。二是进步运动。进步运动是指 1900—1917 年美国发生了为适应工业革命、城乡变化、开发边疆和移民需要而出现的政治、经济、社会改革运动。进步论者有三个共同目标，即消灭政治腐败、重构政府机构、减轻社会经济压力，提出的口号是"反垄断、追求效率、社会效应"。进步论者认为解决这些困境，必须积极实施改革，寻求通过立法扩大政府的权力以遏制大型公司资本主义的过度行为，来解决当前经济社会变革带来的不公。进步运动的内容包括从政治上争取妇女的选举权到经济领域进行的反托拉斯运动，从消除社会贫困、改善工人待遇、公平分配社会财富再到生态环境领域的自然资源保护，囊括了社会生活的各方面。在政治领域，颁布法律赋予弱势群体话语权；在教育领域，改革教育体系以使普通民众拥有更多接受教育的机会，使美国教育逐步摆脱因循守旧的教材教法，使教育与生产紧密结合，使教育服务于生产的发展，从而为创新创业教育的产生和发展提供了动力。三是罗斯福新政。20 世纪 20 年代末至 30 年代发源于美国的资本主义经济危机，给美国带来了严重的影响。当

时，美国经济萧条，全国大部分银行和公司倒闭，数百万工人失业。在此背景下，罗斯福当选美国第 32 届总统，他根据实际情况，大刀阔斧地实施了一系列旨在克服经济危机的政策措施——颁布了罗斯福新政。这是一场"反经济危机"的新政，通过国家干预、救济失业的穷人、恢复经济到正常水平以及改革金融体系等，大力发展国家垄断资本主义，巩固垄断资产阶级统治。罗斯福新政的推行，对克服当时的经济危机起到一定的作用，同时对促进农业复苏和工业复苏起到了积极作用，为社会经济发展提供了有力支撑。尤其是在教育方面，积极发挥高校开展技术创新和培养人才的作用，为社会经济发展提供技术和人才的支持，为创新创业教育的萌芽和发展提供了肥沃的土壤和广阔的舞台。

（二）美国思创融合教育产生的经济背景

美国思创融合教育产生的经济背景主要分为以下几个阶段：一是美国内战后的经济快速发展为美国现代工业奠定了基础。各种新发明、新发现的涌现，使第二次工业革命后的美国社会发生了巨大的变化。美国工业的发展使美国的生产方式发生了极大的革新。19 世纪末，美国经济走向成熟，产生了一批具备开拓进取精神和敢于承担风险的企业家，激发了一大批美国青年的创业热情，促使广大青年渴望在创业成功中带来成就。二是大萧条后实行的罗斯福新政，使美国经济迅速复苏，美国政府意识到自己在经济活动中可以发挥重要作用，为此，美国政府出台多项政策促进就业并鼓励青年创业，有效地促进了经济生产的恢复和发展。三是硅谷创业潮。20 世纪 70 年代，美国经济发展速度放缓，全国大部分企业为社会提供的就业岗位减少，失业率持续上升。这时，国家加大对小型企业的扶持力度，并建设一批体现创新意识和创业精神的小型企业，逐步扩大其发展规模，为社会提供更多的就业岗位，为社会经济发展注入新的活力。在创业潮的推动下，人们的创新创业教育的激情得到激发，迫切需要获得创新创业方面的知识与技能。20 世纪 60 年代，斯坦福大学在商学院开设创业教育课程，鼓励开展创业教育实践，由此衍生出一大批高科技企业，推动了硅谷高科技产业的迅速发展。同时，硅谷的迅速发展也反哺了斯坦福大学的发展，给斯坦福大学带来了技术、资金和就业机会等方面的支持。在硅谷的影响下，以斯坦福大学为代表的美国高校形成了以崇尚自由、热衷探索、结合现实问题为特色的高校创新创业教育。在崇尚创新创业的氛围下，更多高校教师和学生投入创业浪潮中，逐步形成以教师与学生为创新创业主体的创新创业教育发展势头。值得指出的是，随着美国新一轮创新创业的兴起，大学创新创业园迎来了新一轮的发展阶段。到 20 世纪 80 年代，美国已经出现了 80 个创新创业园区，而且大部分园区位于大学城附近。四是互联网背景下美国高校创业大赛的蓬勃发展。互联网革命推动生产方式、组织管理和商业经营模式的深刻变革，推动着产业链、价值链的更新和升级，使创新创业教育的理念、模式和方式方法等方面得到提升，同时，多种多样的大学生创新创业竞赛，无疑对创新创业教育起到一定的催化作用。到了 20 世纪 90 年代以后，随着互联网经济的兴起，越来越多的美国人选择个人自主创业，大量中小企业开始兴起，推动了美国创业型经济的发展。这为美国高校终身学习的创新创业教育理念打下了良好的基础，也得到了社会各界的认可和关注。进入 21 世纪，美国高校举办一系列的商业创新创业计划大赛，大赛也邀请了其他高校的学生参与其中，全程对媒体开放，营造了良好的创业氛围。创业大赛的繁荣凸显了美国对创新创业教育的重视和推崇，将创新创业教育推向了新的水平和高度。

（三）美国思创融合教育产生的文化背景

在美国发展的历史上，美国曾经是英国的殖民地，美国长期受到欧洲自由、民主、平等、人权等资本主义启蒙思想的影响。美国独立后，建立了三权分立的资本主义共和制，美国人依然保持了早期移民的乐观、自信、冒险、拼搏精神，积极吸收欧洲先进的科技成果，使知识转化为现实生产力。美利坚民族积极进取，追求个体生命价值的民族文化心理是美国经济快速发展的重要动力。激励美国人投身于创新创业潮的文化动力主要有以下两方面：一是美国精神。美国作为世界科技、经济、军事等方面的超级强国，离不开支撑美国强国大厦的美国精神。美国精神集中体现了冒险、创新、创业、公平。早期的美国移民冒着生命危险漂洋过海，在这片新大陆上开启了奋斗的历史，形成了美国精神。美国精神体现了创新创业精神，美国人求实创新、精力充沛，期待通过自己的努力实现财富的最大化。例如，18 世纪 90 年代，美国联邦政府设立美国专利及商标局（United States Patent and Trademark Office，US-PTO），专门负责管理发明、保护知识产权、崇尚创新等，最大限度地追求物质财富。美国精神还体现在追求公平、公正的意识。美国政府意识到过于功利地追求物质财富会给社会造成不良的后果，必须体现企业家的社会责任，因此，政府鼓励企业家回馈社会，通过"捐钱"向社会弱势群体进行救助。

二是个人主义意识。美国是极力主张个人主义意识的国家。美国人主张自主自立，主张将自身的价值与个人的拼搏奋斗紧密联系起来，希望通过自己的勤奋、勇气和努力实现工作和财富上的成功，从而激发大量的美国青年积极投身于创新创业的浪潮。

　　综上所述，美国思创融合教育是二战后美国的政治、经济和文化等多方面促成的结果。在这样的背景下，美国民众对创新创业的强烈需求必定促进创新创业教育的市场发展，同时也促进了思创融合教育的发展。

二、美国大学生思创融合教育的特点

（一）道德教育是思创融合教育的重要组成部分

　　美国主要是以道德教育的方式来培养合格的公民。美国的道德教育具有务实、追求现实的特色。20世纪30年代，美国中小学德育的目标集中体现了美国公民的价值取向：培养学生良好的自我定位，培养学生创造力和独立思考能力，以及积极参与社会实践的技能。20世纪70年代，美国教育注重把学生培养成为对国家和民族有责任感的公民，培养学生的爱国主义精神。美国的道德教育注重将爱国主义、民族精神和个体的道德品质相统一，其内容包括公民教育、法治教育、生活教育等。一是公民教育与道德教育相结合。美国的公民教育从小学一直延续到高中，以培养合格的公民为目标。道德教育则是从小学贯穿到高中，属于美国教育体系中的重要组成部分，主要是培养学生良好的道德品质，如诚实守信、乐于助人、甘于奉献、团结友爱等，这些价值观念为美国开展大学生思创融合教育奠定了前提条件。二是注重历史教育与道德教育相结合。美国人很重视历史教育，并通过历史教育强化国民的意识形态教育，使学生形成强烈的美利坚合众国的民族意识，以此培养学生高度的民族认同感和自豪感。三是将经济教育与道德教育相联系。经济教育将信奉个人主义教育作为美国人的价值观，在创新创业过程中，无论是面对处理个人问题还是社会现实问题，都能够反映出一个人的决策能力，能够及时做出正确的价值判断。四是将法治教育与道德教育相结合。美国的法治教育为人们的日常行为做出了规范。例如，诚实守信的行为特别受到美国人的重视，这种重视不仅仅停留在道德层面，还通过法律进行约束。美国把道德作为法律的补充，法律是道德的监护，而这些为思创融合教育的开展起到了奠基作用。五是宗教教育与道德教育相联系。宗教在美国相当盛行，统治

着美国人的精神生活，他们认为上帝代表着一切，只有敬畏上帝才能很好地做人。宗教对美国公民的道德操守发挥着一定的规范作用。六是生活教育与道德教育相结合。美国的生活教育涉及学生社会生活的方方面面，包括注重身体健康和心理健康教育，为培养健全的人格打下了良好的基础；突出道德教育，鼓励学生在学习和日常生活中勤俭节约、乐于助人、善于奉献。以上这些方面的教育为美国高校开展创新创业提供了良好的道德保证，有利于其顺利开展大学生思创融合教育。因此，我国高校思创融合教育要结合道德教育的内容，以道德教育为依托促进高校思创融合教育的发展。

（二）创业实践平台是思创融合教育的重要途径

美国高校通过多种多样的创业实践平台激发大学生的创业热情。一是充分利用高校创新创业竞赛平台，提升大学生的创业能力。通过竞赛形式形成的创新创业氛围，使高校师生主动投入创新创业教育过程中。整体上看，通过策划商业竞赛培养学生跨学科合作能力，增加学生与企业接触的机会。以麻省理工学院"MIT ＄100K"创业大赛为例，对参赛团队成员限定的身份要求很宽松——只要参赛队员中有一名本校学生即可，积极鼓励学生寻找社会人士组建参赛团队。这样的参赛要求，可以扩大创新创业大赛的参与对象，还有助于激发大学生创业意识、强化大学生创业能力的训练和提升、提升大学生沟通协调组织能力、增强大学生的社会责任感和使命感，对参赛团队成员利用社会身份获取广泛的社会资源方面发挥着重要作用。二是建立创新创业社区。大学创业社区是培育和传播创新创业文化的重要载体之一，浓厚的创新创业氛围往往会促进大学生积极参与大学校园创新创业活动。这些创业社区为创业者提供了一个开放的空间，有助于一群志同道合的创业者聚集在一起开展创新创业活动。比如，美国佛罗里达大学附近有一个创新广场，学校师生可以在创新广场学习交流，在这里没有师生的差别，而是一群共同致力于创新创业的伙伴，在这里进行头脑风暴、各抒己见，共同讨论创新创业；美国普渡大学内成立有创新创业的学习社区，学生之间可以相互自由交流关于创新创业的想法。

（三）课程设置是思创融合教育的重要保证

美国高校思创融合教育主要依托公民教育的理论课程、创业的学科课程和创新创业实践活动课程，主要包括在国家层面的公民教育中融入道德教育和创新创业教育的理论知识，对学生的精神培育和价值引领等内容相关的创业课程，以及与学生专业相结合的创新创业实践课程，这些构成了科学合理的创新创业实践课程，形成了一套科学合理的创新创业教育综合课程体系。一是大类课程。美国高校的大类课程教育主要帮助大学生掌握一些基础的创新创业知识和进行智力训练。美国高校将思创融合教育纳入大类课程内容，从宏观的角度，展示美国的政治、法律、经济和文化的运行机制，以此说明思创融合教育在社会、经济、法治中的作用。二是学科课程。美国高校根据自身的理念将创新创业定为一个专业或者研究方向，建立了完善的创新创业教育课程体系和教学计划。课程类型主要分为创业意识类、创业知识类、创业业务实操类和创业能力素质类四大类，其主要内容包括创业理论阐述、典型案例分析和仿真模拟三大模块。系统化的课程设计为创新创业教育理念和目标的落实奠定了科学的基础。通过将爱国主义精神、创新思维、劳动精神和法治思维培育融入各大学科教学中，提升高校学生综合素质。三是活动课程。创新创业教育与各种创新创业实践活动密不可分。因此，美国高校强调创业以行动为导向，积极开辟第二课堂，通过大学生创业社区，邀请知名校友企业家和社会企业家担任大学生创业大赛项目训练的指导老师，为大学生提供接触社区创业者和校友创业者的机会，使学生更好地体验创新创业。在创新创业过程中，大学生可以深刻领悟企业家的创新思维、创业精神、吃苦耐劳等精神品质。由此可以看出，美国高校通过大类课程、学科课程和活动课程，为高校思创融合教育提供了有力支撑。

三、美国大学生思创融合教育的经验借鉴

（一）培养创新创业精神品质

美国是一个典型的移民国家，美国早期的移民者对财富和美好生活有着强烈的追求。创业精神是美国人生活方式的重要组成部分，主要有七个特征，即坚持自己的选择、追求"不可能"的梦想、迷恋"大而多"的事物、时不待我的观念、对错误的宽容、讲究即兴的发挥、始终着眼于新事物。这七大特征表明美国人推崇冒险、自由、个性的精神，允许在创业中失败，不断总结经验，奋起直追，为创业成功而奋斗。

创新创业精神引领着美国各个领域的发展。移民初期，大量欧洲新教徒怀着高度的创业热情移居美国。移民美国的新教徒在这片新大陆上积极创业，为美国的发展做出重大贡献，尤其是在美国独立后，美国移民者的创新创业精神极大地推动了美国资本主义经济的繁荣发展。同时，这些新教徒也创办了美国大陆最早的高等教育体系，并在早期发展中种下了创业的种子。美国大部分高校推崇创业精神，有学者认为创业精神是一种思维和行为方式，其核心是培养大学生创造机会、识别机会和抓住机会的能力，因此，培育创业精神和创新思维是一种素质教育，能增强大学生识别和发现创业机会的能力，并采取积极的行动实现自己的创业目标。这种精神无论是在创业还是就业方面，对个人的发展都是不可或缺的。因此，美国人对事业永不放弃、拼搏进取的精神，值得我们去借鉴。

（二）拓宽思创融合教育的实践平台

一是设立创新创业园区，加强高校与产业界的联系。美国的创新创业产业园建设，为大学生营造了良好的创新创业环境，有助于提高大学生开展创新创业实践的意愿，并提高大学生的创新意识和创业能力。目前国内高校也积极通过建立创业孵化基地、创新创业园区等实践平台，向大学生提供安全、便捷和稳定的实践场所。高校创业孵化基地为大学生创业提供场地、资金和技术等方面支持，高校师生可以近距离接触并参与到创业市场中，不断开阔自己的视野，并训练大学生的创业实践能力。在这样的实践平台下，专职教师可以将创新创业的理论教学和实践教学相结合，为学生提供创业的专业咨询。在高校科研成果转化上，筹建对外产业合作办公室，引进产业界资源，加强实验教学平台建设，并与相关产业签订成果分配协议。通过建立市场项目和高校科研项目的对接互动平台，利用高校与社会对接的平台，充分展现高校科研实力，研发出符合市场需求的技术成果。科研成果转化为专利产品，高校可以获得成果转让费，为下一轮的科研产出提供资金支持。二是鼓励学生积极参加创新创业大赛，提高创新创业大赛项目转化率。我国在借鉴美国创业大赛的基础上，结合本地资源和本校特色，举办多种类型的创新创业大赛，但对促进学生深入开展创新创业的效果并不理想。通过深入研究发现，当前我国高校举办的创新创业大赛存在以下三方面的问题：第一，参赛团队成员构成单一，高校举办的创新创业大赛参赛成员都是在校大学生，在比赛规则上，完全排除了社会人士参与比赛的可能性，导致一些团队成员的想法难以与市场接轨，参赛项目能够利用社会资源能力受到限制；第二，在团队指导教师方面，都是高校内部导师带队，校内导师对创业相关的实际操作和行业资源衔接能力不足，难以解决创业团队关于资金来源、知识产权和商业模型等问题；第三，在创新创业支持体系方面，国内创新创业大赛的奖励大多是荣誉证书，而美国高校的创新创业竞赛还会为获奖团队提供场地和技术支持，项目的转化成果能够真正意义上推向市场。因此，国内高校既要鼓励学生踊跃参与创新创业大赛，又要努力为学生提供真正的创业机会、拓展市场资源和完善项目落地条件，从而提高参赛项目转化率。

（三）完善思创融合教育的课程体系

美国创新创业教育经验为我国高校创新创业教育提供了有益的借鉴。第一，高校在开展大学生创新创业教育中，要突出价值引领。创新创业教育的关键是创新意识的树立和创业精神的塑造。意识是行动的先导，只有大学生产生强烈的创新创业意识，才能不断推动其进行创新创业实践活动。创新意识能够代表着一定社会主体奋斗的价值指向，成为一定主体产生稳定、持久的思维定式，成为唤醒、激励和发挥人所蕴含的潜在本质力量的重要精神力量。[1] 创业精神是人们开创新事业的胆识、勇气以及百折不挠的精神品质，这是支撑创业者坚持创业并实现创业成功的重要特质。新时代，创新成为创业的前奏，一个企业要想获得成功，其过程必定离不开创新，离开创新谈创业会毫无意义。大学生创新意识的形成和创业精神的塑造，都离不开高校的创新创业教育。高校要将创新创业教育融入学校教育的全过程，丰富创新创业教育的形式，统筹创新创业教育政策资源，以创新意识推动创新创业教育的开展。第二，丰富创新创业教育模式，完善高校创新创业课程体系。高校创新创业课程的价值在于培养学生的创新意识和创造精神，因此创新创业课程建设必须打破常规，体现创新意识、创业精神。在课程体系建设上，通过设计专门性创业课程培养学生创新意识，在创新创业教育的全过程要注重创业实践教学；在教材编写上，通过借鉴国外创新创业教育教材，组织国内创新创业教育的知名专家学者，根据我国各级各类学校的培养要求，依据学生个性特点，融入地方创新创业特色，有针对性地编写教材。在创新创业教育形式和层次上，不仅要加强系统性，还要注重灵活性，针对不同层次的学生采取多样化的创新创业教育形式，将创新创业和高校专业特色紧密结合。在创业项目团队成员构成上，鼓励大学生跨学科、跨专业组建团队，使不同专业

---

① 王建华. 创业精神与大学转型 [J]. 高等教育研究，2019，40（7）：1-9.

的学生发挥自己专长而进行互补，增强学生跨专业协作能力和多学科综合的创新意识。在创新创业课程实践上，加强与高校周边的产业界合作，引进一批创业实战经验丰富的企业家兼职高校创新创业导师。各大高校可以通过定期举办一些以创新创业教育为主题的讲座、沙龙，给其他高校优秀的创业教师提供一个展示创业成果的平台，吸引更多的师生参与到创新创业潮流中。

第二节　英国大学生思创融合教育及其经验借鉴

作为世界上创新创业教育开展比较早的国家之一，英国在思创融合教育方面取得了显著的成效。英国高校创新创业教育的发展经历了一个漫长的过程，其初始目的是培养和鼓励大学生当老板，在价值取向上带有一定的功利性。随着社会经济的发展，英国政府逐渐认识到"功利性"职业训练是片面的，因此，英国高校更加重视创业精神和创业意识的培养，使创新创业教育成为英国国民终身教育的重要组成部分。

一、英国大学生思创融合教育的发展历程

20 世纪 80 年代，英国创新创业教育处于萌芽起步阶段，主要是以部分高校的商学院为试点院校进行了初步探索，创新创业教育的教学方式主要是开设集体讲座、"一对一"的个别指导和课堂引导，主要目标在于解决就业问题、培养一批优秀的企业家，进而促进英国市场经济平稳发展。这一时期的创新创业教育功利性比较明显。到了 20 世纪 80 年代末，随着创新创业教育在全国范围内的持续开展，英国意识到需要转变创新创业教育观念，将发财致富作为创业的唯一目的已经不能适应社会发展的需要，于是，英国高校将创新创业教育的目标转变为探寻企业发展的一般规律，给学生传授创业的基本原理和方法，培养学生的创新思维、创业意识和创业能力。1987 年，英国政府指出高等教育的发展要与国民经济发展同步，旨在使接受创新创业教育的大学生提高创业素质，具备创新精神、人际交往能力、组织管理能力、职业选择能力等，高校与企业保持紧密联系，培养更多适应社会经济发展的应用型和创新型人才。进入 21 世纪，英国政府提出在全国开展创新创业文化建设，培养公民的创新创业精神。2018 年 1 月，英国高等教育质量保障署

（Quality Assurance Agency for Higher Education，QAA）发布关于创新创业教育的文件，强调高校开展创新创业教育有助于培养当代大学生创业的积极性。这也成为英国政府指导高校开展创新创业教育的关键驱动因素。英国高校的创新创业课程按照不同标准分为共性目标和个性目标。共性目标在于培养创业者的创业意识和创业思维，个性目标旨在培养创业者的创业实践能力。英国高校的创新创业教育师资以任职教师为主体，并聘请社会各行各业的优秀创业者对大学生进行创新创业指导。这些教师不仅具有丰富的创业实战经验，也能很好地将创业理论与创业实践融会贯通。例如，英国帝国理工大学拥有专门的创新和创业部门，主要研究企业组织和组织内的实践行为。该部门的教授，不仅是教学导师，也是创业导师，他们与全球公司、企业和机构合作，为大学生提供从理论研究到实践教育的学习机会。英国高校还通过联系社会各方面资源，争取政府和社会各界对高校创新创业教育提供多方面的支持。从全球的发展视角来看，英国高校在全球创新、创业指数中排名前列，与其高等院校大力推动创新创业教育的发展密切相关。高校创新创业教育不仅创造了更多的就业岗位，也推动了技术革新和新发明新创造的大量涌现，实现了"产、学、研"的协同发展，促进了英国经济发展。

二、英国大学生思创融合教育的特色

（一）以政府和高校为主导的创业精神培育

英国高校创业活动的发起者主要是政府。英国政府通过设定相应创业课程来奠定大学生的创业基础，制订并完善创业计划，通过各种创业大赛和项目吸引大学生的关注，对大学生创业者提供资助和奖励。英国创业政策起源于政府1987年实行的高等教育创业计划（Enterprise in Higher Education Initiative，EHE）[1]。随后政府将创业教育纳入国家战略，颁布一系列政策支持大学生的创新创业实践，为大学生提供良好的创新创业教育环境，培养大学生的创业意识。英国政府为了降低失业率，启动大学生创业项目，开设丰富的创新创业课程，组织大学生走出学校到企业参观学习，让学生有机会对创业知识进行深入学习，激发大学生的创业热情。20世纪80年代，面对经济发展

---

① 牛长松. 英国大学生创业教育政策探析［J］. 比较教育研究，2007（4）：78-83.

缓慢、失业率偏高的社会状况，英国政府通过减少对高校的资助来减轻政府的财政压力，出台一系列政策鼓励高校与企业合作，以弥补高校资金短缺的问题，这促进了高校创新创业教育的进一步发展。创新思维和创业精神在英国被看作一种生活方式，尤其是在大学校园中无处不在的创业精神引导着大学生，使其用创新思维来看世界。以英国剑桥大学为例，该校作为英国高等教育的引领者和高校创新创业教育的先行者，在开展大学生创新创业教育方面有着自己的鲜明特色。首先，剑桥大学注重传播"企业家精神"，将其作为一种思维方式和精神品质，强调创业者应具备创新精神、敬业精神、冒险精神和合作精神，该校认为高校开展创新创业教育的过程就是培养大学生"企业家精神"的过程。其次，剑桥大学"将创业教育过程视为创业过程"，在创新创业实践课程中注重加强师资配备、课程建设、创业实训和路径探索等方面的创新。最后，剑桥大学主张建立创新创业教育平台。大数据网络既可以整合创新创业资源，又可以打破线下时间和地点的局限性，有利于广泛传播创新创业的信息，为大学生创业项目的落实落地提供条件。2004年，英国政府创立全国大学生创业委员会（National College for Graduate Entrepreneurship, NCGE），全面负责国内的创业教育，以培养大学生的创业能力和创业精神，从而达到高校教育改革和降低失业率的双重目标。同时，英国政府还通过大学生创业教育中心、高等教育创业基金、创新创业奖学金等机构来为大学生创业提供帮助，减少大学生对创业过程的恐惧感，形成良好的创新思维和创业精神。

英国高校通过课程教学培养大学生的创业精神。在教学实践中形成了三种教学模式，一是创业课程与专业课程相结合，如诺丁汉大学以培养专业类的创业人才为教学目标，面向商学院学生开展创业教育课程，根据创业学的理论内容、方法和规律来设计课程内容，既促进了大学生创业技能的发展，也有利于培育大学生创业精神。二是广泛开设创业选修课的教学模式，如以伦敦商学院为代表，该校秉持敢于打破传统的创新创业教学的价值理念，通过开设创业选修课程，推动创业教育发展，并通过全球化的网络体系为大学生提供更为广阔的实践平台。三是互动模式的创业教学。通过在高校开展创业讲座、创业论坛、创业竞赛等途径，培养学生的创业意识，提升学生的创业能力，促进其创业精神的养成，实现创业意愿向创业行动的转变。

（二）高校明确的创新创业教育政策

英国高校将创新创业教育纳入大学的发展规划中，为创新创业教育的发展创造了良好的环境。首先，在创新创业教育的政策支持上，1987 年英国政府发起的"高等教育创业"，成为大学生创新创业政策的开端。该计划旨在培养大学生可迁移性的创业能力，要求大学生将与工作相关的学习纳入课程学习中，鼓励学生为自己的学习负责。20 世纪 90 年代开始，英国政府通过建立创业委员会和地方创业公司，进一步推动了创新创业的发展，这一时期创新创业教育研究的质量得到显著提升。进入 21 世纪，英国政府颁布《全国大学生创业教育黄皮书》等文件，为英国创新创业教育的繁荣与发展提供了政策保证。高校大力支持师生的创新创业活动，主要体现在以下几方面：一是将创新创业教育纳入大学发展战略规划中，英国政府高度认同高校在社会经济发展中承担的重要责任。二是高校制定明晰的奖励制度，高校对在创新创业教育方面做出贡献的教师进行奖励，如对高校就业指导中心的成员给予学术发展的机会。三是建立跨学科的创业研究和教学中心，共同开发完整的创新创业课程和创新创业教育资源，保证了英国创新创业教育的顺利进行。其次，在财政支持上，英国政府提供创业资金的后援保证，为高校创新创业免去了后顾之忧。美国创新创业教育基金主要靠私人和企业捐赠，而英国高校的创新创业教育基金有政府作后盾，是高校创新创业基金的投资主体，这使得英国在创新创业的执行上更具有优势，由于有政府的资金支持，使高校创新创业活动能够快速地实现目标。此外，英国政府还根据市场需求有针对性地增加资金来源，结合社会上各种募捐形式，进一步拓展创新创业教育经费的来源，其主要资金源于高等教育资金委员会、地方政府和全国大学生创业委员会等。这样不仅能够保证高校创新创业教育经费的多渠道来源，也吸引更多的投资主体参与到创业中。

（三）一体化的创业教育课程体系

目前，英国已经形成了较为完备的创新创业教育体系，尤其是在课程设置、课程组织内容、多元化的学习模式、成熟的课程评价体系等方面，形成了独具英国特色、层次鲜明的创新创业教育。一是层次化的创业教育课程目标设置。英国高校创业教育课程目标根据内容选择及评价标准，将创业教育具体划分成两个层面：第一个层面是共性目标，旨在培育大学生的创业意识和创业精神；第二个层面是个性目标，旨在培育大学生创业实践能力。如英国斯特拉斯克莱德大学在保证学生掌握创新创业知识和技能之外，还指导学生转换、推断知识，将创新创业知识应用到具体实践中。而个性目标着重培养大学生在创新创业过程中所具备的综合素质和能力，通过学习和掌握创业过程中的相关知识，帮助学生成长为社会和市场的创新创业实践者。二是系统化的创新创业教育课程结构和内容。英国高校的创业教育课程均有系统化的内容，根据教育对象的不同，主要分为面向在校大学生的创业教育课程和面向社会人士的创业教育课程。创业教育课程主要分为"创业课程"和"综合课程"，前者侧重小组授课，旨在向大学生传授如何制定创业计划书、如何实施创业活动以及如何与企业家交流，以此帮助其掌握创业的实践经验，严格考核学生的技能。前者侧重从实践层面入手，包括创业教育活动课程和实践课程，重在培养大学生的实践能力和创业技能，使其毕业后能够创办企业、运营企业。后者主要包括学科课程和环境课程。比如，英国的诺丁汉大学的学科课程具有明确的教学计划，以讲授为主，是学科课程的代表。而英国的伯明翰大学则没有明确的教学大纲，以活动为主要形式，该校从校园文化环境出发，潜移默化地影响大学生的思维方式和行为方式，侧重隐性课程的发展，是环境课程的代表。三是成熟化的创业教育课程评价体系。英国高校对创业课程的评价具有稳定性和长期性。课程评价通过观察、访谈和问卷等方式来实现，大学生对教师的评价为短期评价，包括教学评估和大学生创业效果评估。四是系统化的创业教育课程保障措施。英国高校认为创业教育课程建设是一个系统的工程，需要高校、社会和大学生的支持。在社会层面，英国政府颁布《公司法改革白皮书》，设立大学生知识产权保护的规章制度、中小企业的优惠扶持政策和英国中小企业法案等，保障创业教育的顺利进行。在高校层面，通过加强创业基础设施建设，提供配套的创业模拟场所，为高校开发创业教育课程提供保障。在创业教育师资队伍建设上，配备专兼职队伍，保证创业教育目标的达成。此外，通过实施弹性的学分制度，将创业教育理念融入专业学习中。

三、英国大学生思创融合教育的经验借鉴

（一）开设具有层次性和系统化的创业教育课程

英国高校创业教育的核心课程有"为创业"和"关于创业"。两门课程

虽然都和"创业"有关，但是在师资队伍、授课内容和考核体系上有较大的差别。"为创业"课程的师资大部分是具备实业管理经验的教师，在授课内容上，"为创业"侧重小组教学，重点在于教会如何准备商业计划、安排学生与企业家互动、鼓励学生参与创新创业实践活动等，对学生的创业技能进行考核，从而帮助学生获得创业的间接经验。"关于创业"则采取理论讲授、撰写课程论文等形式，以书面的形式进行考核。这两种方式从不同的角度推动了英国高校创新创业教育的发展。我国高校创新创业教育课程体系还比较单一，仍然以理论讲授为主，在实践技能上的训练不足。同时，通过分层设立创新创业课程，面向创业意识较强的学生，开设创新创业必修课程；面向全校学生，根据学生的兴趣爱好，开设创新创业选修课程。在课程设计上，结合理论与实践，激发大学生的创业热情，培养学生的创业意识。英国创新创业教育课程设置模式值得我们借鉴和学习，在课程设置上具有系统性和层次性，学生既掌握该门课程的知识，又能接受技能考核。如在教育的目标上，以培养大学生创新精神和创业能力为导向，制订创新创业课程的培养计划，设计创新创业内容课程。由于每个学校不同，学生的院系和专业不同，学生也有不同的特点。为此，创新创业教育要因材施教，根据学生的特点有针对性、有层次性地设计课程。一方面，创新创业课程设计要突破传统的教学模式，采取创业情景模拟的方式，让学生能够在真实的学习场景中，掌握创新创业的理论知识，为之后的创新创业实践打下良好的基础。另一方面，根据不同专业学生的学习特点、兴趣爱好不同，整合不同专业学生的学习特点、兴趣爱好，不断优化创新创业教育的课程设计，将创业精神融入教学内容中，提升创新创业教育的理论水平。如此一来，学生就能够触类旁通、将所学的知识运用于创新创业实践中，为走向社会进行创新创业奠定良好的基础。

（二）培育全民创业精神

与国外相比，我国尚未形成全民参与的创新创业文化氛围，只是部分角色在为大学生创业精神培育发力，培育效果较为有限。大学生创业精神的培育是一个有机统一的整体，需要政府、高校、社会、家庭和学生个人的全员参与，使创业精神成为全社会推崇的价值理念。首先，在全社会形成培育创业精神的学习氛围。英国教育从小学阶段就注重培养国民的刻苦拼搏、开拓创新、积极进取的创业精神，从小学到大学有着一个完整的培养体系，创业精神存在于创业文化中，伴随着他们一路成长。尤其是具有创业想法的大学生，在高校和社会鼓励创新创业风气的熏陶下，通过认真学习创业理论，不断夯实自己的基础知识，为今后的创新创业做好准备。与此同时，大学生也要把握机会，主动出击，识别创业机会，不断提升自身的创新创业能力。其次，营造社会各界参与、全面协作的创业氛围。培育大学生创业精神需要多元主体发力，共同提高教育质量。例如，英国充分调动全国各级政府、组织民间力量，为大学生创新创业教育提供各方面的资源支持，形成全社会的创业援助体系。因此，创业精神的培育不仅要重视各项政策措施的落实，还要通过政府的宏观政策、社会企业提供的创业培训和指导、高校开设的创新创业课程、科研机构对创新创业教育的深化研究等多方面联合，为大学生创业技能和创业精神的培育提供一套完备的支持体系。最后，国家、社会和高校要做好创新创业教育的宣传工作，在社会形成开放包容、鼓励创新、崇尚创业的文化氛围，形成一个"政、产、学、研"良性互动的创新创业教育生态系统。

（三）建立健全支持创业教育的政策、机构体系

英国高校之间共同探讨创新创业课程开发，实现资源共享。既有高校与高校之间的合作、高校与企业之间的合作，也有社会组织参与其中，为大学生创新创业教育提供积累经验的实训平台。当前，我国和西方发达国家在创新创业教育上还存在着一定的差距，我国作为世界上最大的社会主义国家、世界上第二经济体，我们有能力集中人力物力财力支持创新创业教育的发展。政府实施校企帮扶的优惠政策，例如，加强校企合作，给予企业一定的税收优惠政策，由企业支持高校的创新创业教育；在科技成果奖励上，给予政策上的倾斜支持，鼓励大学生创业。当前，我国高校仍然是创新创业教育的主角，社会各界担任创新创业教育的角色尚显单薄。尽管在政府的积极引导下，大部分高校成立了创新创业教育园区，但开展创新创业教育的效果还未充分展现。因此，要做好我国的大学生创新创业教育，在国家政策的指导下，高校要加强与企业合作，争取企业对大学生创新创业教育在师资、资金、场地等方面的支持，以促进我国大学生创新创业教育的快速发展。

第三节 以色列大学生思创融合教育及其经验借鉴

以色列是当今世界最能集中体现创新创业精神的国家之一，成为享誉全球的"创业国度"，这在很大程度上得益于其创新创业人才的培养。系统研究以色列高校创新创业教育的经典做法，以此增进对以色列高校创新创业人才培养的全面认识，为我国高校深化思创融合教育改革提供有益的经验借鉴。

一、以色列思创融合教育的社会基础

（一）国家政策法规为创新创业教育提供保障

创新创业实践活动常因资金不足而中途失败，以色列政府运用行政手段对创业给予政策和资金支持，促进创新创业实践活动的顺利开展。一是通过立法的形式设立首席科学家办公室（The Office of The Chief Scientist，OCS），相当于以色列创新创业的总指挥部，负责全国的创新创业活动。1985 年，以色列通过投放研发资金支持高附加值研发活动，鼓励全社会创新创业，促进新技术的开发和转化，创造经济增长的新引擎。首席科学家办公室以出口为导向进行产品开发，为产品的有效改进提供配套资金，通过投放政府研发资金支持高附加值研发活动，从而推动新技术的开发和转移。办公室下设 5 个技术领域委员会，由科技创新科学家、投资者和同行专家组成，他们都具备充分的创新创业素养，能够指导大学生完成相应的创业项目。二是制定政策法规营造良好的创新创业环境。首席科学家办公室不断完善创新创业政策法律体系，以色列政府多次颁布《产业创新促进法》《专利法》《以色列公司法》《投资促进法》等一系列法律法规。同时，以色列政府非常重视教育的作用，充分认识到教育对社会经济发展的作用。为此，高校作为培养创新型人才的重要平台，以色列政府十分重视高校创新创业教育的发展，在国内的 7 所国立大学设立技术转移公司，由其独立负责学校的科技成果转化。如 2007 年，以色列理工学院建立技术转移办公室，通过多种方式保障创新创业的开展，促进了校内科技成果的转化。三是为高校创新创业提供资金支持。资金是高校创新创业活动顺利进行的基本保障，资金短缺往往是导致大学生创业项目中途夭折的关键因素。所以，以色列政府通过扶持计划和种子基金对创

新创业项目提供资金，促进科技成果转化落地。以色列首席科学家办公室针对不同领域、不同主体、创新创业不同阶段的特点与需要，制订了多层次的扶持计划，为科技创新的关键技术领域提供相应的资金支持。以以色列理工学院为代表，该校的科技产业园是在政府行政指导下建成的大学孵化园，被称为"以色列理工学院企业家孵化器"。政府积极为企业寻找国外合作伙伴，大力宣传以色列科技产品的特色，为产品走出国门助力。

（二）文化基因孕育思创融合教育的良好环境

以色列高校实施创新创业教育不可避免地受到当地历史和文化的影响。首先，爱国主义激发大学生创新创业。以色列是犹太人国家，犹太人有着强烈的国家归属感，无论走到哪里，都渴望回到祖国的怀抱，形成了著名的"以色列人才环流"现象。以色列向学生灌输"教育不仅是实现自我发展，更是推动整个国家和整个世界发展"的思想。以色列高校人才培养理念是使学生站在更高、更广的角度审视教育的价值和意义，从而完成自己的使命。在这种思想的引导下，学生会更加愿意将创新创业作为未来的职业发展方向。其次，"包容异质""允许失败"的创新创业文化环境。对于外来文化，以色列坚持兼收并蓄、包容发展的思想方针，用实验验证方法的可行性，将成熟的想法应用于实际问题的解决过程中。敢于突破、追求卓越、勇于实践，这正是养成创新创业精神的基因。以色列的文化传统培养了人们面对失败时的正确态度，它引导创业者将失败的创业经历不断地进行总结，并在不足中加以改进，然后继续投身创新创业实践。以色列人鼓励"冒险"精神，形成了允许试错的文化氛围。对创新创业失败的人，以色列人保持高度宽容，认为失败的经历也具有重要的"价值"，不仅不会孤立、疏远那些创业失败者，反而会更加重视其拥有的宝贵创业经验。这种允许失败、允许试错的文化氛围，能够为创业者持续性地注入信心，最大限度地提高创业者的自我效能，培养大学生迎难而上、吃苦耐劳、自强不息的创新创业精神。以色列这种"包容异质""允许失败"的文化传统，在高校形成了独特的校园文化。再次，国家义务兵役制为高校培养创新创业人才奠定了基础。以色列国防军队实行义务兵役制度，年满18周岁的青年要去部队服役，以色列的青年一般在中学毕业时入伍，在兵役结束后再去攻读大学。因此，以色列高校学生基本受过严格的军事训练，受过国防军队组织文化的熏陶，服兵役的学生更加具备创办企业所需要的领导力、应变力和执行力。最后，以色列高校注重培养学生能吃苦、能干事的创业精神，为大学生社会创业打下了坚实的基础。

（三）建校愿景赋予大学创新创业教育的使命

大学使命是大学办学理念在价值观上的具体表达，而大学愿景是大学使命的升华，具有鲜明的前瞻性、开拓性和期望性。大学使命彰显大学愿景，大学愿景赋予大学使命。以以色列理工学院为代表，该校大学愿景是"致力于创造知识、发展人力资本和领导力，成为一所促进以色列和全人类进步的科技研究型大学"。其内容主要包括两个部分：一是核心使命。以色列理工学院的核心使命在于"致力于创造知识、发展人力资本和领导力"，分别对应着"创新""人才""管理"要素，培养具备创新能力与管理能力的人才，而管理和创新能力正是大学生进行创新创业所必须具备的素质。二是未来发展前景。"成为一所促进以色列和全人类进步的科技研究型大学"，集中表达了以色列理工学院实现宏大理想的愿景。"促进以色列和全人类进步"，既注重大学辐射本国社会经济的发展，又将大学职能提高到服务全人类的高度，将大学的发展与本国、世界的意义紧密联系在一起，体现了实用主义教育观，为社会培养创新创业人才奠定了基调。① 实用主义教育观为以色列高校的发展指明了方向，这一教育观以解决现实问题为导向，为国家建设与发展服务。这是与以色列高校建校愿景高度统一的。

二、以色列思创融合教育的特点

（一）精准供给的创新创业课程体系

课堂教学是高校学生储备创新创业知识，增长创新创业能力的主渠道。以色列高校聚焦课程"供给"与学生"需求"之间的矛盾，以学生为中心，精准供给创新创业课程体系。一是创新创业课程设置紧扣专业学科。创业具有很强的适应性，能够融入各个学科中，发展成为具有专业特色的创业课程。以色列高校以专业特色作为课程设置的逻辑起点，深化专业教育与创新创业教育的深度融合。为了加快培养专业基础扎实的创新创业人才，以色列高校经常邀请知名企业家担任客座教授，向学生分享专业领域的研究前沿和创业案例，帮助学生认识到自身专业的现状，以此扩大学生专业知识面。值得指

---

① 周芸芸. 以色列理工学院创新创业教育研究［D］. 华南理工大学，2019：26.

出的是，实现精准创业是课程设置紧扣专业学科的最终目标。面对专业领域内亟须突破的瓶颈，或以色列高新技术领域内的问题，学生可以从自身专业发展的角度提出可运作的方案。二是创新创业课程突出因材施教。以色列高校实施普及性的创新创业教育，但不是无差别的粗放供给，而是具有针对性的精准供给，从而实现创新创业课程实施的因材施教。从创新创业课程体系来看，面对不同的学习主体，主要分为内部课程体系和外部课程体系。内部课程体系针对在校生，外部课程体系针对外部社会人士。可见，以色列高校从学习主体的实际情况和个别差异出发，有的放矢地开设不同类型的课程，使学习主体的创新创业知识与能力得到充分的发挥。针对本科生，高校遵循学生的心理发展逻辑，把握专业进修的最佳时机，本科生的创新创业课程主要集中在大三、大四年级开设，为本科生预留了充足的专业学习时间，在一定程度上避免了因专业知识薄弱而影响学生创新创业能力的提升，让他们提前打下了扎实的专业基础。大三、大四年级的学生正处于规划自身职业的关键时期，在这一时期开展创新创业教育课程教育，更能激励学生将创业视为未来的就业方向。针对研究生，通过研究生院二级学科开设创新创业课程，注重培养学生对其所学专业的社会价值和潜在商机的把握，鼓励学生基于科学研究开展创新创业实践。对外部社会人士而言，以色列高校通过开设MBA课程和创新创业继续教育课程，更多强调创新创业教育工具性知识的应用，注重培养学生国际化战略意识，充分彰显了以色列高校服务社会的职能。

（二）以大学为中心的创新创业教育实践网络

创新创业的核心要素是人才，而人才培养的质量又赖于教育的精准供给。以色列政府高度重视大学在国家和社会中的推动作用，在创新创业人才培养上，坚持创新驱动发展战略，注重产教融合，促进国民经济的平稳发展。在以色列高校建设上，以色列7所高水平大学分布在当地六个不同地区，以此发挥大学对地方经济发展的辐射作用，奠定了大学在以色列创新创业教育中的中心地位。政府鼓励高校通过建立网络将各种资源充分利用起来，使以色列形成以大学为中心的创新创业实践网络。大学建立面向中小学学生的科学教育中心，科学教育中心的教授每年固定到中小学、博物馆为小学生科普，回答孩子各种疑难问题。为了满足创业者需要，以色列各高校创新创业中心也向社会公众开放，如特拉维夫大学创业中心，在各个领域对企业家提供帮助，主要包括互联网、生物技术、医疗等方面的企业。同时，以色列各大高校也开设大量的创业教育课程，为学生提供指导、人脉和最佳方式接触投资者，并获得融资的建议。大学还与业界保持良好的互动，营造创新创业浓厚的校园氛围，而企业也为大学生提供平台和创业机会。

以色列高校为教师提供灵活的工作机制，建立教师兼职与技术转化机制，为学术和产业之间打开了"旋转门"。以色列高校的教授在外创办企业的现象十分常见，但高校与教师有一份约定，鼓励教师安心从事本职的教学研究，没有任何兼职收入者可以获得一定的津贴。这样既保证了以色列大学和公司之间的良好互动，又防止了教师外出兼职而带来的利益冲突。此外，以色列大学也下设有技术转移办公室，能够使学术精准地回应产业发展的需求。学术与产业之间的"旋转门"，不仅有利于教师对大学生创新创业过程中遇到的问题进行指导，也有利于促进学术成果转化，使教学与科研实现双重互补。

（三）积极践行实用主义价值观念

以色列高校将实用主义价值观念融入创新创业教育的创新路径，主要是通过两方面：一是"学以致商"，引导学生创办高新技术企业，直接实现创新创业。在课程教学中介入学科研究前沿及其创新创业成功案例，帮助学生挖掘专业领域的市场价值，引导学生以创业为目标进行学习，并通过开展具有应用价值的技术研究实现创新创业。同时，学校还通过定期或不定期邀请专家分享实验室研究动态，介绍市场需求，让学生及时了解专业研究前沿，洞察市场行情和行业趋势，扩展自身的知识面，从而完成对自身创新创业方向的规划。这种实用主义教学理念，促进了专业教育与创新创业教育的融合，开阔了学生在创新创业教育领域的视野。为了帮助大学生"学以致商"，学校成立了技术转移机构和孵化机构助力学生建立初创企业。技术转移机构对具有市场潜力的技术成果，独立资助学生成立初始公司，为了调动学生创办企业的积极性，允许取得创业成果的学生以雇员和股东的身份进入初创公司获取收益。还通过承办外部活动，拓展学生建立初创企业的渠道，孵化机构通过软硬件和中介网络，吸引风险投资，接受政府资助，帮助大学生创业者成立新创公司，并在孵化期内全力孵化，实现独立的商业化运作。二是"学以致用"，发掘学生创新思维的应用价值，间接实现创新创业。以色列高校注重在创新创业教育中培育大学生创新思维和创业精神，引导学生挖掘其中的应用价值，形成技术、产品、服务等方面的创新。以色列高校不仅在课程教学中教会学生认识到自身创新思维的应用价值，通过创新知识中心激发与管理创新程序，训练学生生成创新点子，挖掘其应用价值并实现商业化。"学以致商"与"学以致用"从本质上来说都是以色列高校在实用主义价值观念引导下形成的创新创业教育方式，能够培养学生进行探究性学习的能力，提高学生创新创业的机遇识别能力和市场敏感度，挖掘其应用价值和商业价值，促进大学生自身素质的全面提高。

三、以色列思创融合教育的经验借鉴

（一）培育以爱国主义为核心的创新创业文化

以色列作为世界著名的移民国家之一，其主要国民是犹太民族。这一民族在这块贫瘠的土地上，怀着高度的民族认同感和爱国主义精神，齐心协力建设自己的家园，将以色列变成一个天然的创新创业孵化器。以色列重视国防教育，实行义务兵制强化公民的爱国主义精神，培养以色列青年的领导力和执行力、锻造"企业家精神"，进一步夯实了以色列创新创业人才培养的基础。在爱国主义精神的熏陶下，以色列人积极投身于创新创业实践，促进了以色列创新创业教育的蓬勃发展。中华民族与犹太民族都有着悠久的历史，在某些方面有一定的相似性，因此，我国可以借鉴以色列高校的经典做法，用文化来引领创新创业行为。

通过采取"文化+创新创业"的方式，广泛弘扬创新创业文化。一是"爱国主义+创新创业"，将爱国主义与创新创业教育紧密结合，强化创新创业与中华民族伟大复兴的联系。通过继承中华优秀传统文化，将创新创业作为爱国主义教育的载体，鼓励大学生通过进行创新创业，推动中华民族伟大复兴中国梦的实现，营造高校师生共同创新创业的良好氛围。二是"企业文化+创新创业"，注重企业文化建设，在企业或行业范围培养具备创新创业精神的员工，使企业的发展充满生机与活力。三是"大学校园文化+创新创业"，以色列高校赋予大学生崇高的历史使命和社会责任感，通过校园文化引领高校学生进行创新创业。新时代，我国高校创新创业也应该从大学校园文化入手，引导大学生积极参与创新创业实践活动，将积极参与创新创业实践作为实现个人价值和社会价值的重要途径。"文化+创新创业"作为凝聚政府、企业和高校的重要方式，有助于形成创新创业教育合力，促进我国高校思创融合教育的发展。

（二）培养"学以致用"的创新创业应用型人才

以色列高校将"学以致商""学以致用"作为创新创业人才培养的重要目标，而"学以致商"带有明显的功利性。我国借鉴以色列高校创新创业教育，必须将"学以致商"的功利思想回归"学以致用"的教育本质，为我国思创融合教育的发展助力。首先，坚持"以用为本"，将创新创业教育目标定位在正确认识的基础之上。我国高校应始终贯彻以"用"为主的价值取向，激发学生创新思维和创造能力，并运用于实际，实现间接创新创业。因此，创新创业包括两层含义：一是创办企业，直接孕育新兴企业，侧重于商业化，关注商业成就和带来的商业财富，突出经济价值导向。二是价值应用，为企业创造价值，推动企业发展，注重解决社会问题，强调社会价值。两者的核心都在于"用"，强调开阔学生在专业领域的创新创业视野，使学生基于专业技术研究实施创新创业行为。因此，我国高校创新创业教育的目标应坚持"以用为本"，既培养具有创业实战能力的创业型人才，又要培养具有创新创业能力的应用型人才。其次，注重"学以致用"，培养创新创业应用型人才。借鉴以色列高校的经典做法，我国高校应当从三方面入手培养创新创业应用型人才。一是设置创新创业课程，夯实大学生创新创业专业知识，使其掌握技能，了解创业的商业运作模式，为今后顺利进入应用领域奠定基础。二是定期举办创业信息分享会，及时掌握市场需求和行业动态，并从中识别机会，提高创新思维的应用价值。三是提供创新思维和创造能力的实践平台，一方面，通过学习以色列高校创新知识中心开发的管理创新模型"创新之旅"，训练学生基于实际问题，生成创新点子，并识别其应用价值，继而投入商业使用的能力；另一方面，给予实战项目支持，以地方的大学城为区域，在这一范围内开展创新创业应用大赛，遴选具有极高商业价值的项目进入应用领域，激发学生基于社会问题提出创新性解决方案，并为学生拓展价值应用的渠道。

（三）构建完善的创新创业教育体制

"国家创新体制"是由政府、企业和高校联结而成的结构，其特点在于三者既各司其职又相互联系。以色列被世界公认为是具有一流创新能力的"创新强国"，在政府、企业和高校三者的共同推动下，高校创新创业教育得到了稳固的发展。我国高校要借鉴其经验，可以从以下几方面入手：首先，政府主导建构创新体系。近年来，政府颁布了多项政策法规大力发展高新技术产业，但缺乏针对性的措施，导致社会需要的紧迫性与国家支持的缺乏性之间的矛盾。在政府统一管理方面，充分加强立法工作，完善创新创业教育相应的法律法规，建立有力的管理机制。完善创业失败保护法，多方面整合社会资源，将多个社会主体的力量有机统一起来，大力发展创新创业教育。其次，发挥企业的社会功能。以色列政府充分发挥企业的社会功能为大学生提供锻炼的机会，高校又为企业输送高质量的人才。在这一过程中，高校和企业的优质资源共享，促进高校和企业的互利共赢。最后，建设创新创业教育管理系统。针对我国高校重理论轻实践、创新成果缺乏后续的跟进和转化的现状，应在学校建立专门机构，将内部的创新创业流程统一组织管理，与政府、企业和高校建立联合力量，形成一套完整的技术转化与转让相统一的创业教育系统。

第五章

新时代大学生思创融合教育的现状调查与分析

马克思说:"问题就是公开的、无畏的、左右一切个人的时代声音。问题就是时代的口号,是它表现自己精神状态的最实际的呼声。"① 强烈的问题意识是马克思主义理论的独特品格,只有直面问题,深入研究问题,才能把握问题的实质,找到解决问题的根本方法。本章以高校思想政治教育的相关理论和方法为出发点,为更好地开展大学生思创融合教育,打造一支工作有优良条件、干事有广阔平台、发展有更大空间的思创融合师资队伍,从整体上了解当前高校开展思创融合教育的实际情况,采取问题导向、理论与实践相结合的原则,确保掌握一手资料,以客观一线数据作为支撑,根据调查中存在的问题,提出相应的对策。因此,本研究采取学生版调查问卷、教师版调查问卷、辅导员访谈三种调查相结合的方式,以开展思创融合教育具有代表性的高校为例,进行了深入的调查。

第一节　问卷设计思路与结构设置

本研究整理课题相关的专著和硕博论文中相对成熟的调查问卷,初步确定了调查的内容,结合本研究的立意,为准确把握新时代大学生思创融合教育的现状,于 2022 年 10 月进行问卷的设计和编制。首先,邀请部分大学生围绕题项进行访谈,删除不合适的题项;其次,经过指导老师的修改,对问卷设计进行再次修改和编制;最后,形成一份相对合理的调查问卷,在一定

---

① 中共中央马克思恩格斯列宁斯大林著作编译局. 马克思恩格斯全集:第 40 卷 [M]. 北京:人民出版社,1982:289.

程度上能够提高问卷的信度和效度。

一、问卷的研究假设

本研究在调研的前期阶段做出了假设：大学生思创融合教育的效果有待提升，其中创业价值观引领不强、专业性不强、积极性不高、实效性有待提升等较为突出。

二、问卷设计思路

本次调查问卷主要是通过调研深入了解新时代大学生思创融合教育的现状，根据数据结果反映的不足，科学分析新时代大学生思创融合教育中存在的问题，并深入分析存在问题的原因，进而探索大学生思创融合教育的途径。本研究调查对象是大学生、教师和辅导员，大学生包括大专生、本科生和硕士研究生，高校教师和辅导员包括高职高专院校、本科院校。

广西多所高校正在为逐步推进大学生思创融合教育工作而不断努力。在实证调研过程中，以广西大学、广西师范大学、桂林电子科技大学、广西民族大学、桂林医学院、广西艺术学院、南宁学院、柳州职业技术学院 8 所高校开展调研。下面列举部分高校开展思创融合教育的基本情况：广西大学把社会主义核心价值观渗透于双创教育的全过程，深化对学生创新创业的认识，助推大学生树立正确的"三观"。尤其是在深化课程改革方面。该校以公共必修课与选修课、专业必修课与选修课等方式，向全校开展创新创业课程。2015 年以来，该校成立创新创业二级学院，开设了 10 门创新创业类课程，并将创新实践学分纳入毕业要求，加强大学生创新创业素质的培养。广西师范大学从课程建设、教师队伍建设、特色学校建设等方面打造思创融合新格局。该校针对本科生的特点，在全校开设"创新创业基础"必修课程，充分利用第二课堂，增设一批创新创业的在线课程；通过开展讲课竞赛，提升教师思创融合教育的能力；该校积极与东盟国家合作，在东南亚建立一批孔子学院，打造中国—东盟双创教育特色学校。桂林电子科技大学以"一中心，两融合，三坚持"为中心，打造具有特色的双创教育模式，坚持实践育人为导向，培养创新创业人才。广西民族大学立足民族类院校的特色，融入广西区情，构建"课程—大赛—训练—孵化"四位一体创新创业课程体系，与思政教育相结合，强化大学生政治意识与实践训练教育，并结合民族团结教育，全面提升学生的综合素质。桂林医学院贯彻落实立德树人根本任务，将创新创业教育融入人才培养全过程，培养学生的创新精神与创造能力。广西艺术学院积极组织广大学子参与创新创业大赛，引导广大学子培育敢为人先的首创精神，深化双创育人、红色育人。南宁学院围绕"专创融合+实践教法训练"进行课程体系构建，形成以"课程、师资、实践、文化、保障"五位一体的高校双创教育生态体系，突出应用型创新创业人才实践能力的培养。柳州职业技术学院开展各类课程思政教学比赛、教案设计分享交流会等活动，注重课程思政设计需要与专业、时政热点、人才培养模式相结合，不断提高教师课程思政教学水平，更好地发挥课程育人的作用。

本次问卷分为问卷调查法与访谈调查法。其一，问卷调查共有两份，分别由教师和学生填写，一份是由广西高校教师填写。本问卷从广西高校实际情况出发，以广西多所高校教师为样本。问卷设计从多个层面展开，立足于高校教师立德树人的角度，首先，以高校教师了解创新创业文件精神与政策和学校创新创业教育重视程度为导向，进行题目设置；其次，以教师对思创融合教育的内容和作用为导向，进行题目设置；再次，以高校教师在课程教学中进行思创融合教育的情况为导向，进行题目设置，再辅以新时代大学生思创融合教育存在的问题为导向，进行题目设置；从次，以新时代大学生思创融合教育的途径和建议为导向，进行题目设置；最后，以教师基本信息的采集，形成一套逻辑清晰，以问题为导向的问卷设置，共计 25 道题。另一份问卷则是由广西高校学生填写完成，设计该问卷旨在从学生角度，从高校学生日常学习生活角度出发，探究高校学生对思创融合教育的了解程度、对高校开展大学生思创融合教育的满意度、对大学生进行思创融合教育的途径等方面的内容，共计 18 道题。其二，访谈提纲由高校辅导员回答。高校辅导员是学生接触最多、最亲近的教师群体，担负着大学生日常教育管理和创新创业教育的工作。通过调查高校辅导员对当前大学生思创融合教育的发展现状，以及更好地开展大学生思创融合教育的想法，将为本研究提供重要的参考价值。

三、问卷结构设置

本次调查问卷分为学生版问卷和教师版问卷。学生版问卷包括调查对象的基本信息部分、学生接受思创融合教育的现状。结合两份问卷的调查结果，了解高校开展大学生思创融合教育的状况，从而探寻高校开展思创融合教育的创新路径。教师版问卷包括调查对象的基本信息、新时代大学生思创融合教育的现状。访谈提纲以辅导员为对象，主要针对日常管理学生工作中高校思创融合教育存在的问题进行深入访谈。

四、实证研究的测试过程

为了更好地检测问卷调查的有效性，首先，笔者对广西师范大学和桂林电子科技大学发放"新时代大学生思创融合教育研究"调查问卷，其中教师版问卷 50 份，回收问卷 46 份；学生版问卷 100 份，回收问卷 88 份。其次，对问卷结果进行了测试和分析。

在调查结束后，根据调查过程中教师和大学生对问卷中有歧义的题目和选项做了进一步修改，并确定最终的调查问卷。本次调查问卷主要对综合性院校广西大学、师范类院校广西师范大学、理工科院校桂林电子科技大学、民族类院校广西民族大学、艺术类院校广西艺术学院、医药类院校桂林医学院、民办本科院校南宁学院、高职高专院校柳州职业技术学院 8 所高校的教师和大学生进行了抽样调查，在问卷发放的过程中，尽可能地保证调查的客观性和代表性。本次问卷总共发放 1180 份，其中教师版问卷 430 份、学生版问卷 750 份，访谈辅导员 30 位。本调查问卷采取实地访谈和网络调查相结合的方式，借助微信群、QQ 群、邮件等途径发出邀请，广泛动员各大高校师生进行填写。在问卷发放抽样中尽可能兼顾高校所在地区比重、重点高校、普通高校和民办高校之间的比例平衡，以保证调查的客观性和代表性。此外，为了保证调查的信度和效度，在回收问卷的过程中，根据调查对象填写选项的时间平均值，对同一 IP 地址多次填写、填写时间低于 60 秒等参考价值不高的问卷进行剔除之后，教师版调查问卷剩下的有效问卷为 415 份，有效率为 96.51%；学生版调查问卷剩下的有效问卷为 728 份，有效率为 97.1%。两份问卷回收的效果良好，对本研究的实证分析具有一定的参考价值。

五、问卷调查对象的数据描述统计

本次调查中，问卷设计遵循了全面性原则以及样本个体的差异性原则。一方面，调查样本中男女比例、学历结构、专业分类等占比相对合理。此外，广西作为全国少数民族重要的分布地，本次调查对象来自广西不同类型的高

校，以保证调查的客观性和代表性，从而提升实证研究的可信度。

本研究数据采用网络问卷星、Excel 表格以及 Word 文档进行统计，调查对象的基本情况如下：

1. 性别结构

在教师版调查问卷中，接受调查的男性教师占 45.78%，女性教师占54.22%；在学生版调查问卷中，接受调查的男性大学生占 40.67%，女性大学生占 59.33%。（具体数据如图 5-1、图 5-2 所示）这两份调查问卷中，抽查的对象基本符合调查学校的实际男女比例，抽取样本具有一定的代表性。

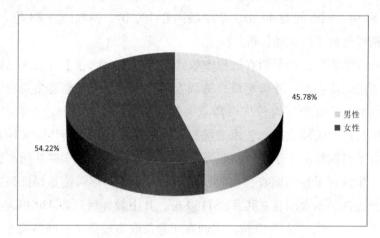

图 5-1 受访教师性别分布（教师版）

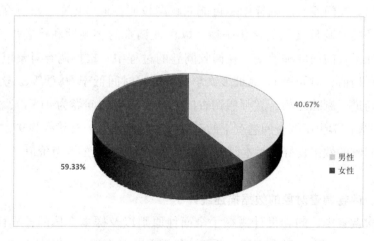

图 5-2 受访学生性别分布（学生版）

2. 学历结构

在教师版调查问卷中，接受调查的教师学历是本科的占 11.08%，学历是硕士的占 40.78%，学历是博士的占 48.14%；在学生版调查问卷中，大学生学历在高职高专的占 11.81%，学历是本科的占 59.91%，学历是硕士研究生及以上的占 28.28%。（具体数据如图 5-3、图 5-4 所示）由此可见，调查对象覆盖不同层面，抽样调查的范围较全面，具有一定的代表性和可靠性。

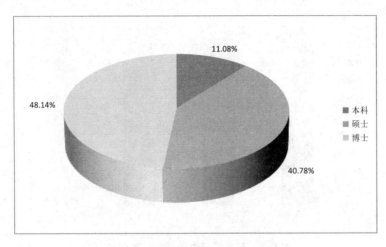

图 5-3 受访教师学历层次（教师版）

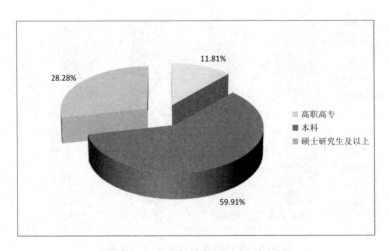

图 5-4 受访学生学历层次（学生版）

3. 专业结构

本次调查选取的受调查对象涵盖文史类、理工类、艺体类和其他等专业领域的教师和学生，教师各专业背景占比分别是 41.20%、37.11%、17.83%、3.86%，学生各专业背景占比分别是 30.90%、58.60%、8.31%、2.19%，其中被调查对象以文史类和理工类为主要对象，专业分布情况相对均衡。（具体数据如图 5-5、图 5-6 所示）

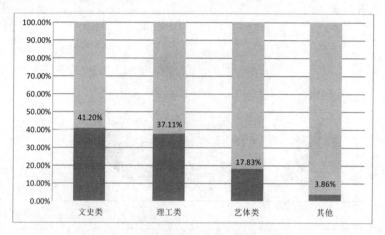

图 5-5　受访教师专业分布（教师版）

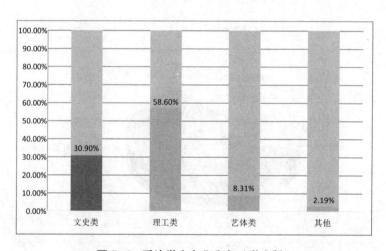

图 5-6　受访学生专业分布（学生版）

4. 身份结构

本题项将教师作为调查对象，接受调查的教师中，专职教师的占

20.60%；兼职教师的占 49.28%；校外导师的占 15.65%，企业导师的占
12.37%，其他占 2.10%。（具体数据如图 5-7 所示）

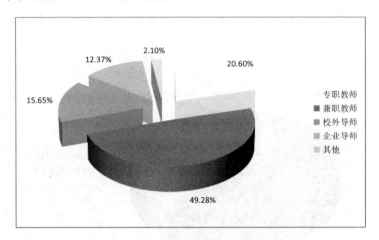

图 5-7 受访教师身份结构（教师版）

5. 政治面貌结构

本题项将大学生作为调查对象，被调查对象以共青团员为主体，占
58.60%；中共党员（含预备党员）占 30.90%；群众占 8.31%；其他占 2.19%。
（具体数据如图 5-8 所示）被调研的学生群体中，政治面貌为中共党员（含预
备党员）的占比 30.90%，这类群体既是众多大学生学习和生活的榜样，也是他
们的政治领路人，能够在创新创业过程中坚持正确的创业价值导向。

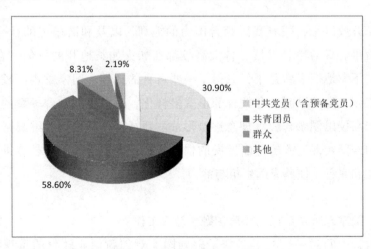

图 5-8 受访学生政治面貌（学生版）

6. 创业年限结构

本题项将教师作为调查对象，创业经历为 3 年以下占 10.50%，3~5 年占 26.32%，5 年以上占 2.88%，没有企业从业经历占 60.30%。（具体数据如图 5-9 所示）

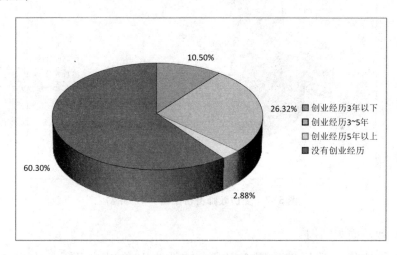

图 5-9 受访教师创业年限（教师版）

第二节 新时代大学生思创融合教育的现有成效

改革开放以来，随着我国综合国力的提高，以及和谐稳定的社会环境，高等教育事业日益蓬勃发展，各大高校都在如火如荼地开展思创融合教育，通过坚持不懈地探索新路子，取得了一些可喜的成绩：国家重视高校思创融合教育工作、高校思创融合教育的形式多样化、高校思创融合教育的内容逐渐丰富、高校思创融合教育理念逐步形成。新征程，高校仍要继续坚持社会主义方向，落实促进人的全面发展的根本目标，推动思创融合教育进一步丰富、深化和完善，使其充满生机与活力。

一、国家越来越重视高校思创融合教育工作

在教师版问卷中，关于"您了解到国家对创新创业教育的重视程度如何？"这一问题中，选择"非常重视"，占 26.27%；选择"重视"，占

57.23%；选择"一般"，占 14.10%；选择"不重视"，仅占 2.40%。（具体数据如图 5-10 所示）

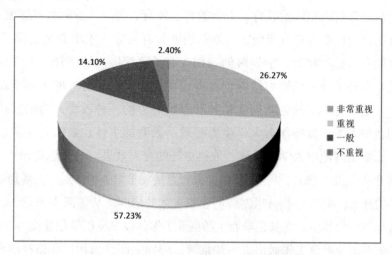

图 5-10　您了解到国家对创新创业教育的重视程度如何？（教师版）

在教师版问卷中开放式问题，对"您所了解到党和国家实施高校思创融合教育的举措有哪些？请简要列举"这一回答，受访者分别从国家、各部委、地方各级政府三方面进行阐述。新时代，国家大力推进创新创业教育改革工作，各级政府部门关注到大学生作为民族的希望、国家未来事业建设的生力军，认为对其进行思创融合教育是十分有必要的，并在不同领域为大学生思创融合教育提供"硬件"和"软件"支持。从国家层面来看，深化推进高校创新创业教育改革是促进经济提质增效升级的迫切需要。党的十八大以来，教育部不断深化高等学校创新创业教育改革，对创新创业人才培养做出重要部署，对加强创新创业教育提出明确要求。党和国家通过制定各项创新创业政策，并将其逐步精细化和具体化，强调创新意识和创业精神培育的重要性。2017 年，中共中央、国务院颁布关于企业家精神的意见，以文件的形式进一步明确创业精神的价值。在大学生创业政策上，由资金和税收支持转变为发展创业金融、完善创业服务、改善创业环境等内容。① 党和国家对创新创业的重视程度不言而喻：国家立足于社会大环境变化，为创业精神的培育营造了良好的政策环境，以此激发大学生创新意识，增强其实施创业计划的驱动力，

---

① 靳诺，刘伟. 中国大学生创业报告［M］. 北京：中国人民大学出版社，2021：199.

让千千万万大学生创新创业活力充分释放。2019年4月,《教育部高等教育司关于印发〈教育部高等教育司2019年工作要点〉的通知》指出:"深入推进创新创业教育与思想政治教育、专业教育、体育、美育、劳动教育紧密结合,全力打造创新创业教育升级版,将创新创业教育贯穿人才培养全过程。"① 围绕国家颁布的各项政策,学界对创新创业有了更深层次的阐释:大学生创新创业教育不是单纯地理解为培养创业者或者企业家,而是贯彻一种全新的教育理念,是培育学生的创新创业精神和思维能力的一种教育,为国家培养高素质创新型人才。教师作为大学生思想政治教育的主体,必须立足学生利益关切,才能更好地融入学生群体,取得更好的育人效果。马克思指出:"思想一旦离开利益就会出丑。"② 创新创业教育直接关乎学生利益点,关系到学生创业活动的开展,最终会影响到创新创业型人才的培养。从各部委来看,各部委十分重视高校大学生,尤其是毕业生的创业工作,以中央创新创业文件为指导,对高校创新创业教育工作做出进一步部署,协同创新意识和创业精神培育。例如,教育部制订相关创业训练计划,要求各大高校以大学生喜闻乐见的方式解读政策,宣传创业先进典型,提高学生创业认知,使其形成正确的创业观念。人力资源社会保障部通过"大学生创业引领计划",对大学生创业者提供创业指导与服务。财政部采取税收优惠、贷款担保、适当延迟还款等方式,以缓解大学生创业初期因资金问题带来的压力,增强其创业自信心。从地方各级政府来看,通过创业培训、简化办理手续、完善公共服务体系、推进创业孵化基地建设等举措推动高校创新创业教育的发展,具有鲜明的特色,各有侧重点。

二、高校思创融合教育的形式多样化

在学生版问卷中,在"您所在高校是否开展过关于思创融合教育的活动?"这一问题上,选择"有"的占92.32%,选择"没有"的占7.68%。(具体数据如图5-11所示)调查结果说明,大部分高校都能够积极响应国家号召,有序开展大学生思创融合教育活动。

---

① 教育部高等教育司关于印发《教育部高等教育司2019年工作要点》的通知 [EB/OL]. 中华人民共和国教育部, 2019-04-19.
② 中共中央马克思恩格斯列宁斯大林著作编译局. 马克思恩格斯文集:第1卷 [M]. 北京:人民出版社, 2009:286.

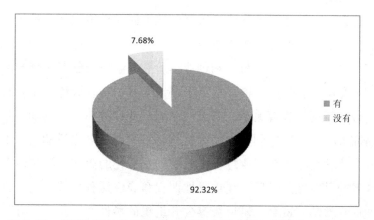

图5-11　您所在高校是否开展过关于思创融合教育的活动？（学生版）

在高校对大学生进行思创融合教育的途径上，教师版问卷中，对"您所在的高校主要通过哪些途径开展大学生思创融合教育？（多选题）"这一问题上，选择"指导学生参与创新创业大赛"的占76.39%，选择"党日和团日活动"的占43.86%，选择"班会和年级大会"的占40%，选择"《安全教育》《大学生职业规划与创新创业就业指导》《形势与政策》等公共必修课程"的占69.16%，选择"社团活动"的占61.20%，选择"思政课堂授课"的占45.35%，选择"创新创业课堂授课"的占39.19%，选择"其他"的占3.37%。（具体数据如图5-12所示）

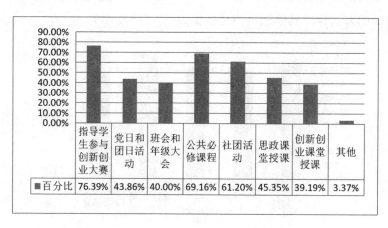

图5-12　您所在的高校主要通过哪些途径开展大学生思创融合教育？（教师版，多选题）

由以上数据可以清晰地看出，高校思创融合教育的号角已经吹响，同时正在逐步有序推进关于"思创融合"的相关工作，推动高校思创融合的形式多样化。首先，以学分制为载体，培育大学生创新意识和创业精神。我国高校以培养创业精神和提高创造能力为主要内容和教学目标，将相关课程纳入学分管理办法，增强学生参与率和创业体验感，激发其创业热情与激情。其次，将创新意识和创业精神培育贯穿于理论学习与实践锻炼之中。我国大多数高校进行创新创业教育改革，开设一系列创业课程体系，例如，建立大学生创业研究中心、大学生创业社团等机构，组织创新创业活动，给予学生相应的指导，让学生在创新创业过程中接受创业文化的熏陶，深刻体会创业精神对创业者的重要性。最后，注重显性课程和隐性课程相统一。一方面重视创新创业课堂教学、班会、研讨会等公开组织的显性教育，另一方面通过加大宣传榜样典型，营造浓厚的创业文化氛围，将两种方式有效结合对大学生创新意识和创业精神进行培养。

三、高校思创融合教育的内容逐渐丰富

在教师版调查问卷中，关于"您认为思创融合教育的内容包括哪些？（多选题）"这一问题上，有85.30%的人选择"以爱国主义为核心的家国情怀"，有79.28%的人选择"敢为人先、勇于创新的首创精神"，有81.45%的人选择"艰苦奋斗、自强不息的奋斗精神"，有91.81%的人选择"爱岗敬业、精益求精的劳动精神"，有78.80%的人选择"遵纪守法的法治意识"，有9.16%的人选择"其他"。（具体数据如图5-13所示）

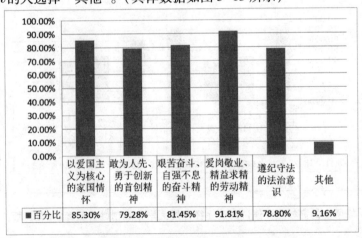

	以爱国主义为核心的家国情怀	敢为人先、勇于创新的首创精神	艰苦奋斗、自强不息的奋斗精神	爱岗敬业、精益求精的劳动精神	遵纪守法的法治意识	其他
■百分比	85.30%	79.28%	81.45%	91.81%	78.80%	9.16%

图5-13　您认为思创融合教育的内容包括哪些？（教师版，多选题）

在"大众创新、万众创业"热潮的推动下，高校对创新创业教育越来越重视，高校思创融合教育的内容逐渐丰富，主要表现为以下四方面。其一，以爱国主义为核心的家国情怀，坚定理想信念，坚持用马克思主义中国化的最新理论成果丰富我们的知识体系，以此知识体系指导大学生创新创业活动。家国情怀可以引导大学生增强民族自信和荣誉感，培养大学生形成坚韧的性格，使其不畏艰难，勇往直前，实干兴邦，走出稳健的创业之路。其二，艰苦奋斗、自强不息的奋斗精神和爱岗敬业、精益求精的劳动精神。在中国共产党的领导下，全国人民众志成城，为中华民族伟大复兴而团结奋斗。对大学生实施思创融合教育，让学生清晰地认识到在实现自我价值的同时，对社会充满责任感，关切国家的前途命运，使其深刻体会只有国家繁荣与进步，才能更好地成就大学生的创业梦想。大学生创业要以正确的人生观为指导，从社会需要出发，将个人理想与社会理想相结合、个人命运与祖国未来相结合，才能走好创业之路。其三，敢为人先、勇于创新的首创精神。当代中国时代精神的最强音是改革创新，大学生通过创新创业实践，积极参与企业改革创新，开拓进取，培养自身创新精神。其四，遵纪守法的法治意识。创业过程中，大学生创业者既要具备合同法律意识，明确合作事项，包括权利和义务，也要树立企业治理法律意识，了解公司法、劳动法等相关法律法规，保证企业的正常运营和员工的合法权益。

四、高校思创融合教育理念逐步形成

在教师版调查问卷中，关于"您对思创融合教育的了解程度如何？"这一问题上，调查数据显示，有26.02%的受调查者选择"非常了解"，有52.05%的受调查者选择"比较了解"，有19.04%的受调查者选择"一般"，有2.89%的受调查者选择"不了解"。（具体数据如图5-14所示）可见，选择"比较了解"的占比相对较高，表明创新创业教育在国家、社会、高校三方面的影响下，广大师生正在切实地学习"思创融合教育"相关知识，践行"思创融合教育"要求。

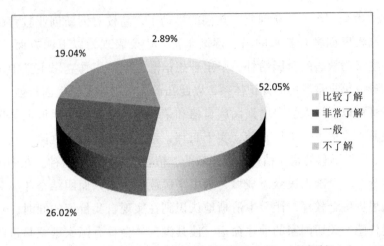

图 5-14 您对思创融合教育的了解程度如何？（教师版）

本次教师版调查问卷中，在"您认为思创融合教育的作用有哪些？（多选题）"这一调查问题上，调查数据显示，选择"帮助大学生树立正确的创业价值观"的占 90.36%，选择"引导大学生培养良好的创业品质"的占 87.47%，选择"弘扬创业精神，培养大学生吃苦耐劳与开拓创新的精神"的占 85.78%，选择"意义不大"的占 9.64%。（具体数据如图 5-15 所示）由此可见，高校对大学生思创融合作用的认识比较明显，能够深刻认识到思创融合对大学生的意义。

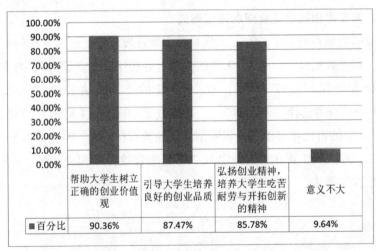

图 5-15 您认为思创融合教育的作用有哪些？（教师版，多选题）

综合上述数据可知，有一半以上的受调查者对思创融合有一定的了解，并且对思创融合教育作用的认可度较高，在创新创业教育过程中，注重给学生灌输创业精神品质、创新精神和劳动精神。因此，在大学生思创融合的过程中，应强化思想政治教育和创新创业教育的融合，不断深化高校思创融合教育理念。

第三节 新时代大学生思创融合教育存在的问题

结合新时代大学生的特点以及高校思创融合教育的现状，通过实证调查可知，目前高校思创融合教育总体上乐观，但也存在一些问题，如当前大学生思创融合教育的过程中对学生创业价值观的引领不强、大学生思创融合教育的师资队伍发展不均衡、大学生思创融合教育的内容相互游离、大学生思创融合教育的主体及其职责分散、大学生思创融合教育的实效性不足等难题，因此，需要结合实际精准施策，加以调整和完善。

一、大学生思创融合教育的过程中对学生创业价值观的引导不到位

在学生版问卷调研中，关于"您认为创新创业的目的是？（多选题）"这一问题上，调查数据显示，56.56%的受调查者认为创业的目的是"响应国家号召"，78.43%的受调查者认为创业的目的是"解决就业"，67.64%的受调查者认为创业的目的是"拥有一定的社会地位"，63.41%的受调查者认为创业的目的是"挣钱享受"，16.91%的受调查者认为创业的目的是"跟随潮流，身边同学、朋友和亲戚也在创业"，7.58%的受调查者认为"其他"原因促使自己创业。（具体数据如图5-16所示）由此可见，大学生对创新创业的理解存在片面性，在课程教学和日常学生管理工作中，高校开展大学生思创融合教育时，仍然需要进一步加强对学生创业价值观方面的引导。

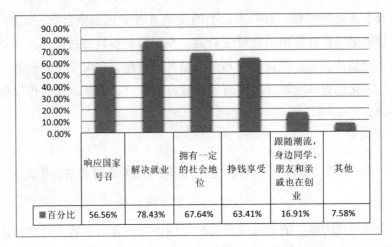

图 5-16 您认为创新创业的目的是？（学生版，多选题）

在学生版问卷调研中，关于"在平时学校组织的创新创业活动中，您认为参加活动的目的是？（多选题）"，选择"获得荣誉"，占 75.80%；选择"为了加综合测评分"，占 79.59%；选择"训练创新思维，获得更多创业谋生技巧"，占 71.87%；选择"培养自身创业基本素质和能力"，占 53.35%；选择"个人兴趣爱好"，占 52.48%；选择"其他"，占 6.56%（具体数据如图5-17 所示）。由此可见，部分大学生对创新创业活动的认识还停留在表面，在日常管理学生工作中，高校需要进一步引导大学生对创新创业活动的认识，使学生树立正确的创业价值观。

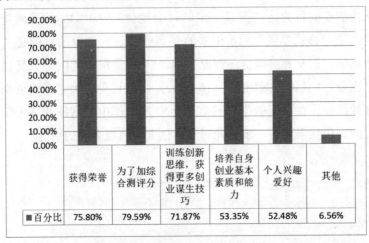

图 5-17 在平时学校组织的创新创业活动中，您认为参加活动的目的是？（学生版，多选题）

本次调研的学生问卷当中，关于"如果您进行创业，当个人利益和集体利益发生冲突时，您会？"这一问题的调查中，有41.11%的人选择"舍弃个人利益，坚决维护集体利益"，有48.10%的人选择"个人利益和集体利益同等重要，但还是坚决维护个人利益"，有8.16%的人选择"个人利益最重要，集体利益与我无关"，有2.62%的人选择"说不清"。（具体数据如图5-18所示）由此可见，大部分学生在创业过程中，当遇到个人利益与国家利益发生冲突时，他们对这一问题并没有正确的认知，认为两者同等重要，但在最终做出选择时，还是会坚决维护个人利益。这表明，高校对大学生进行思创融合教育的过程中，要加强对大学生创业价值观的培育，并要不断改进思想政治教育方法。

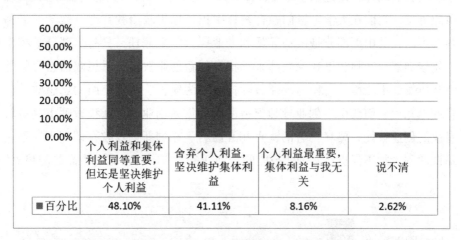

图5-18 如果您进行创业，当个人利益和集体利益发生冲突时，您会？（学生版）

综合以上数据分析可以看出，大学生对创新创业的认知还局限在相对较低的层次，选择创新创业的原因，主要基于个人兴趣目标和发展前景，他们认为创新创业就是为了"解决就业"或"挣钱及时享乐"，虽然对"创造就业岗位，带动更多人实现就业"表现出认同，但首要的还是从自身出发，这体现了大学生更注重自身发展的个体本位。在大学校园参加创新创业活动的动机源于"加综合测评分""评奖评优""获得保研资格"，当创业过程中发生利益冲突时，学生往往会更加倾向于"维护个人利益"，注重"利益利己""社会利他"。这表明大部分学生只看到创新创业的个人价值，呈现明显的功利性取向，将个人价值凌驾于社会价值之上，缺乏对创新创业的社会价值层面兼顾，弱化大学生创业价值观的引导。

二、大学生思创融合教育的师资队伍发展不均衡

在教师版调查问卷中，关于"您所在的学校开展思创融合教育主要由哪些老师承担？（多选题）"这一问题上，选择"创业素质教育老师"占56.75%，选择"辅导员"占47.83%，选择"创业培训课程老师"占25.06%，选择"外聘企业家"占34.70%，选择"思想政治理论课教师"占26.99%。（具体数据如图5-19所示）根据走访调研可知，高校目前开展思创融合的教师一般分为两类：一类是创新创业教育的专业教师，或是创新创业学院的负责教师，或是思想政治课程教师代为传授；另一类是由辅导员担任。由此可见，当前在大学生思创融合教育中担任思想政治教育部分教学的老师各有不同，其中大部分是由辅导员和专业课教师来兼任，只有少部分学校由创业培训课程老师和思政课教师来承担，创新创业教育与思想政治教育的师资队伍发展不均衡。高校思政课教师拥有较为完善、系统全面的思想政治教育理论知识，而获得"创业导师资格证"的创新创业教育课程教师也具备较专业的创业技能，要将二者的优点相互融合。在创新创业教育课程中，创业培训课程老师不仅担任着创业技能的培训任务，应同时注重学生品德的培养。

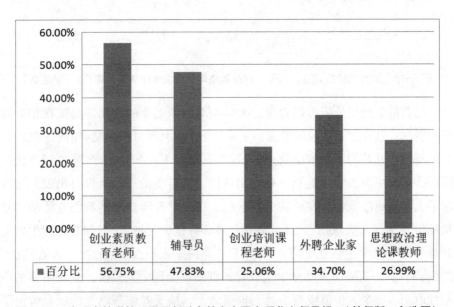

图5-19 您所在的学校开展思创融合教育主要由哪些老师承担？（教师版，多选题）

然而，当前高校非常缺乏这类既精通创业理论知识，又具有丰富的亲身实践经验的教师，专业化程度较高的创新创业教育师资十分匮乏。换言之，目前高校缺乏对创新创业教育中思想政治教育的深层次研究，还没形成由理论知识的传授到实践指导的教学体系，难以满足当前大学生的实际需求和时代发展的新要求。同时，相当一部分思想政治教育课程教师受传统教学模式影响，缺乏对创新创业教育的重视，将创新创业教育作为高校就业指导部门和学生日常管理工作部门分内之事。

三、大学生思创融合教育的内容相互游离

学生版调查问卷显示，有 40.56% 的大学生认为创新创业教育课程更加倾向于"相关素质教育"，有 19.88% 的大学生认为创新创业课程的内容更倾向于"技能培训"，有 15.83% 和 22.95% 的大学生认为这是"思维训练""创新创业意识的培育"，仅 0.78% 的大学生认为这是"其他"。（具体数据如图5-20 所示）可见，高达 40% 的调查者希望学校开设创新创业教育课程，并更注重"相关素质教育"培养。从整体来看，目前大部分高校创新创业教育过于强调创业技能的传授，功利性导向较强，仅仅局限于片面的创新创业教育课程教学，忽视思想政治教育在创新创业教育过程中的导向作用。

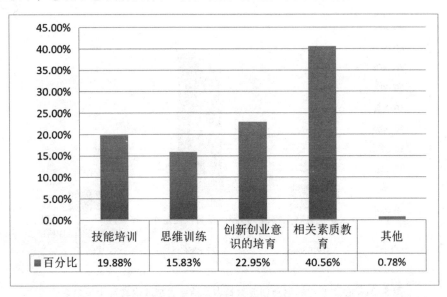

	技能培训	思维训练	创新创业意识的培育	相关素质教育	其他
■ 百分比	19.88%	15.83%	22.95%	40.56%	0.78%

图 5-20　您希望学校开设创新创业教育课程的内容更注重哪一方面？（学生版）

在教师版调查问卷中，当问及"在您参与的创新创业教育中，结合思想政治教育相关内容的联系程度如何?"这一问题上，选择"涉及了，且联系较紧密"占 12.63%，选择"涉及一部分，但是不全面"占 77.83%，选择"涉及极少一部分思想政治教育方面的内容"占 9.54%。(具体数据如图 5-21 所示)当前，大部分高校已经开设了创业教育课程，从课程安排来看，主要是创业基础知识、创业技巧与企业管理等内容的讲授。在已经开展的创业教育活动中，有 77.83%的高校创业教育中很少涉及思政教育的内容，思想政治教育与创新创业教育的联系不甚紧密。在教学内容上并没有真正将二者相结合，片面教学较为普遍。在目标导向上也容易存在偏颇：一方面，大学生在创新创业实践中没有明确的价值目标，遇到挫折时容易贬低自我。另一方面，阻碍思想政治教育对创新创业实践活动的导向作用，在创新创业实践活动中使得思想政治教育成了"虚无"，其实际作用无法发挥出来。部分高校只是从创业角度谈创新创业教育，大学生创业精神、意志和品质在教学过程中容易被忽视，这样的教学设置导致思想政治教育与创新创业教育相互分离。此外，在创业教育课程的实践环节上，部分高校往往缺乏完善的实践教育方案，大学生难以深切感悟到创业过程的艰辛。因此，思想政治教育服务于创新创业实践，能够帮助大学生树立科学的价值取向，为大学生创业提供正确的方向保证。

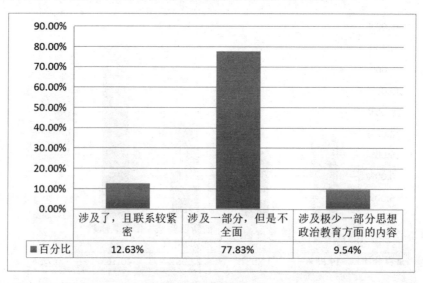

图 5-21　在您参与的创新创业教育中，结合思想政治教育相关内容的
联系程度如何?(教师版)

实际上，思想政治教育不仅包括思想意识层面，如精神、认知、意志、信念等，同时包含法治、伦理、科学思维、教育学、心理学、创新教育等规范性内容，提高学生的社会适应和生存能力、应对压力的能力，也包含爱国主义、社会主义核心价值观、集体主义、民族历史等政治教育，增强学生的民族自豪感和历史使命感。这些内容相互贯通、相互联系，培养学生关注社会现实，积极探索人生价值和生命的意义。创新创业作为一种侧重实践操作的教育，重点培养具有创业基本素质和开创性的复合型人才，其内容更加倾向于现实应用。创新创业教育包含学科体系建设、课程教学资源开发等在内的教学目标与内容。由此可见，思想政治教育重点在学生思想、理念、信仰等方面进行提升，创新创业教育主要针对创新创业的意识、能力、知识和实践等方面进行培养。在思想政治教育中很少有关于创新创业教育的相关内容，在创新创业教育中也很少有思想政治教育的理念，两者结合程度非常低。

四、大学生思创融合教育的主体及其职责分散

在采访辅导员过程中发现，部分高校思创融合教育的主体存在比较严重的分离情况，其机构设置如图 5-22 所示。

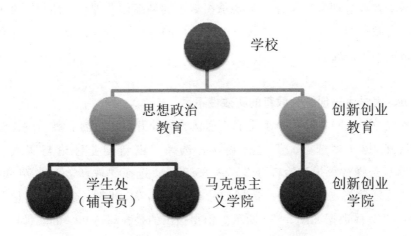

图 5-22 高校思想政治教育和创新创业教育主体机构设置

高校思想政治教育工作主要由思想政治理论课教师和负责学生日常管理的辅导员两支队伍共同担任，从思想政治理论和实践出发，结合学习和生活等方面进行全面思想政治教育。两支队伍在思想政治教育和管理实践中相互补充、共同促进，推动思想政治教育的纵深发展，实现对学生思想和行为等方面的引导。而创新创业教育实施主体是由创新创业学院承担创新创业教育的课程教学任务，从理论层面对学生进行创业指导。此外，组织学生积极参加校级、省区、国家级的相关竞赛，如通过组织"挑战杯""互联网+""创新创业训练计划"等竞赛方式，对学生进行创新创业比赛的综合指导。辅导员作为学生事务的主要管理者，主要通过日常接触、专项工作等方面，给学生提供创业和就业的信息资料与经验指导。但部分辅导员对自身责任认识不清，无法落实自身的工作职责，当大学生面对创业过程中的挫折时，没有及时对其进行心理辅导，难免会出现心理压力、情绪混乱等现象，这就需要辅导员在日常思想政治教育工作中提高大学生创业心理素质。

通过对比分析可知，当前，大学生思想政治教育主要由思想政治理论课教师通过课程教学讲授，辅导员在管理学生工作中潜移默化地实施日常思想政治教育，并进行就业创业指导。创新创业教育主要由创新创业学院的教师结合创业实践进行教学。然而，学生处（辅导员）、马克思主义学院和创新创业学院三类主体之中，虽然思想政治教育和创新创业教育存在一定的交叉，但大部分学校创新创业学院的师资是不足的，因为高校辅导员既要承担日常思想政治教育管理学生工作，又要承担学生的创新创业课程，所以，在开展思创融合教育的过程中，往往容易出现教育的主体不明确，导致三类主体职责分散的不良情况。

五、大学生思创融合教育的实效性不足

本次教师版问卷调研中，关于"您认为高校开展思创融合教育缺乏哪些方面的知识？（多选题）"这一题项，选择"创新创业理论与实践"占91.08%，选择"思想政治教育学"占83.37%，选择"教育学"占74.46%，选择"心理学"占70.12%，选择"管理学"占71.08%，选择"其他"占4.10%。（具体数据如图5-23所示）值得指出的是，高达90%的教师认为自身欠缺创新创业理论与实践。

在教师版另一题项中，被调查者对"在日常管理工作中，您认为开展思创融合教育的效果如何？"这一问题上，有33.25%的人选择"效果显著"，有64.10%的人选择"效果一般"，有2.65%的人选择"没有效果"。（具体数据如图5-24所示）根据调查结果，超过一半的教师认为高校开展思创融合教

育，这项活动的实际效果还有待提升。

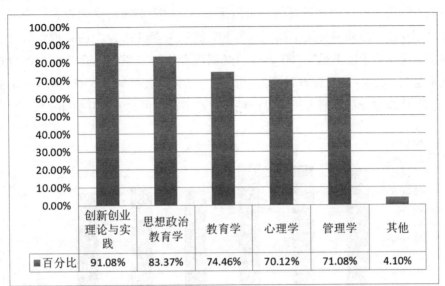

图 5-23　您认为高校开展思创融合教育缺乏哪些方面的知识？（教师版，多选题）

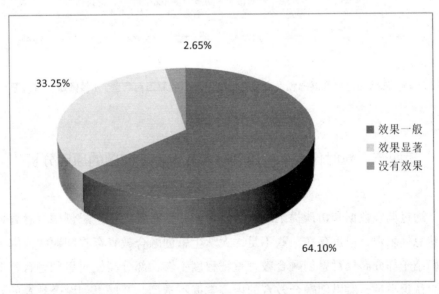

图 5-24　在日常管理工作中，您认为开展思创融合教育的效果如何？（教师版）

接着追问"您认为高校开展思创融合教育效果不理想的原因有哪些？（多选题）"调查数据显示，74.94%的受调查者认为"身兼数职，工作繁忙"，

76.87%的受调查者认为"创新创业理论知识与实践能力不足"，78.07%的受调查者认为"思创融合教育的师资队伍不强"，62.17%的受调查者认为"学生对创新创业活动参与度不高"，65.30%的受调查者认为"创新创业教育实践基地建设的力度不足"，60.24%的受调查者认为"思创融合教育的经费投入不足"，4.34%的受调查者认为"其他"。（具体数据如图5-25所示）由此可见，目前辅导员开展大学生思创融合教育仍存在很大的提升空间。

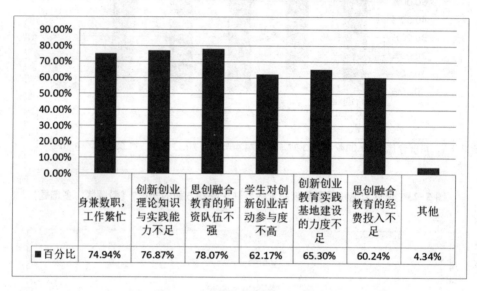

图5-25　您认为高校开展思创融合教育效果不理想的原因有哪些？（教师版，多选题）

第四节　新时代大学生思创融合教育存在问题的原因分析

通过调查数据和访谈提纲展开分析可知，新时代大学生思创融合教育的现状总体乐观，但也存在一些不足，大学生思创融合教育存在问题的成因主要归结于部分高校对思创融合教育重视程度不够、部分高校对思创融合教育理念认识不足、对思创融合教育的内容掌握不透彻、开展思创融合教育的教师队伍能力不足、对思创融合教育的社会资源挖掘不够全面、对思创融合教育的机制不够完善、开展思创融合教育缺乏良好的发展环境等因素的综合影响。只有找出问题存在的内在原因，才能在源头上寻找解决问题的对策。

一、在顶层设计上，部分高校对思创融合教育重视程度不够

结合两份调查问卷和访谈记录，部分高校对思创融合教育重视程度欠佳，其主要表现在以下两方面。

首先，部分高校对高校创新创业教育中的思想政治教育重视程度不够。一是学校领导对思想政治教育在创新创业教育中的精神激励作用没有足够重视。大部分高校创新创业教育以理论教育为主，思想政治教育也只是停留在课堂上，第二课堂的教育活动碎片化，难以形成系统化的思创融合教育体系，二者在教育过程中分离相当严重。创新创业教师只管传授创业理论知识，并没有将思想政治教育与创新创业教育融合起来，无法发挥思想政治教育中的激励、启发和促进功能。创新创业教育大多数局限于理论教学，缺乏创新创业实践平台的亲身体会、锻炼，创新创业教育中思想政治教育的精神激励作用，自然也就无法深入学生脑海里。长期以来，学生也容易对目前的创新创业教育失去信心，甚至失去对高校教师的信赖。针对这一问题，应充分认识到创新创业教育不是孤立存在的，要融入思想政治教育内容，激发大学生的创业意识、创业精神，让他们认识到创新思维、创业精神、奋斗精神和劳动精神的培养是一个长期的过程，需要综合各学科知识，融会贯通，方便大学生理解和认同，使其积极践行思创融合教育理念。二是学校领导层对思想政治教育在创新创业教育中的思想行为规范的作用尚未足够重视。由于市场经济自身的缺陷，大学生在创业过程中难免会有违法乱纪思想、道德失范行为的产生，既不利于社会主义市场经济的健康发展，也严重阻碍着大学生创新创业的顺利进行。而思想政治教育的主要目标是弘扬社会主流价值，整合各方"正能量"，不断提升大学生创业道德意识，提高其社会责任感，将其可能产生错误思想的概率降低到最小，以促进大学生遵纪守法、诚信创业。

其次，思想政治教育在创新创业教育中尚未完全发挥积极作用。其一，学校领导层尚未足够重视思创融合教育。高校决策层的重视程度是一项工作顺利开展的前提条件。目前由于决策层没有充分意识到思想政治教育对创新意识、奋斗精神、劳动精神、创业精神等培养的作用，以及创新创业作为高校开展思想政治教育的良好载体，从而导致二者结合程度较低，尚未达到相互影响、相互作用的效果。在日常管理当中，高校领导往往把主要精力放在业务工作上，使得二者融合出现缺乏保障、教育内容单一、环境设施落后等问题，导致在校大学生不能充分理解创业文化和掌握创业技能等不良后果。其二，高校领导尚未深刻意识到思想政治教育在创新创业教育中的导向作用。在世界百年未有之大变局的时代背景下，世界多极化、经济全球化、文化多样化、社会信息化深入发展，各种社会思潮涌现，缤纷多元，对各国人民思想造成巨大冲击。而大学生心智发展还不够成熟，"三观"也尚未完全成熟稳定，加上其社会经验欠缺，尤其是在复杂的网络环境中容易受到多种意识形态带来的消极影响。所以说，思想政治教育在创新创业教育中的导向作用极其重要。这种价值导向主要体现在两方面：一方面，引导大学生坚定理想信念，艰苦奋斗，树立正确的"三观"；另一方面，能够激励大学生树立社会责任感和使命感，为国家富强、民族振兴和社会发展做出自身贡献，确立科学的创业价值取向。但是当前的高校创新创业教育仅仅重视创业技能和知识的传授，尚未足够重视思想政治教育的价值导向，学生的创业动机和态度容易发生偏离。其三，高校领导尚未深刻意识到思想政治教育在创新创业教育中的心理激励作用。目前，高校学生缺乏社会阅历和创业实战经验，思想尚未完全成熟，心理依赖感较强，养尊处优的心态较为普遍，艰苦奋斗与锲而不舍的决心也不够。在这种情况下，很多学生不会轻易选择走创业之路，造成其创新创业意识逐渐减弱。此外，尽管部分学生迈出了创业第一步，但其对自身定位及认识偏差较大，而部分尝试创业的大学生对创业成功的期望值过高，承受能力相对较差，使其在激烈的市场竞争中遇到阻力时，容易出现焦虑、自我否定和怀疑等负面情绪。针对这种负面影响，应发挥思想政治教育的激励、关怀功能，引导他们提高自身的社会适应性和独立发展能力，及时疏导大学生在创业过程中产生的心理问题，提升他们的抗压抗挫能力，让他们面对众多困难仍能够坚持不懈、越挫越勇、砥砺前行。

二、在教育理念上，部分高校对思创融合教育理念认识不足

高校思政课教师和高校辅导员是开展思创融合教育的两支队伍。当前高校思创融合的两支队伍建设存在一些不足，部分教师认为思想政治教育是理论层面的内容，甚至与现实社会不相符，因而难以在创新创业教育中起到调节、激励、促进作用。因此，必须深刻认识思创融合教育理念，助推高校树立科学的思创融合教育理念，有着重要的意义。

首先，部分教师对思创融合之间的关系认识不充分，影响思创融合课程

教学的实际效果。调查数据显示，尽管大部分高校能够清晰地认识到思创融合是很有必要的，但没有采取相应的措施，究其原因是在对思想政治教育与创新创业教育二者的关系问题上没有清楚地认识到二者的内在联系。创新创业教育的本意是培养对社会有用的创新型人才，以及具备创新精神和创造能力的时代新人，与思想政治教育的目标相契合。但在现实中，高校开展创新创业教育更为注重创业的经济效益，只追求眼前的成效，不仅违背了创业教育的根本目的，又阻碍了学生全面发展，最终导致教育实效性不足。在思创融合教育的课程教学中融入"什么内容"问题上，目前更多的是精神培养层面的内容，如马克思主义"三观"教育、爱国主义教育、理想信念教育等，统一的教学目标、课程标准与教材等，这样的教学模式容易培养出思维固化、缺乏创新意识的"庸才"。一方面，大学生对创新创业教育的目标设定过于功利化；另一方面，高校没有因材施教，尊重学生个性创新。为此，单纯依靠创新创业教育不能实现大学生成功创业，高校应顺应时代发展趋势，最大限度发挥思想政治教育的优势，解决大学生在实践中遇到的难题。

其次，由于辅导员自身工作的特殊性，影响其在日常思想政治教育管理中开展创新创业教育。在访谈中发现：一是辅导员日常工作繁忙，部分辅导员对创新创业理论学习不够。近年来，国家颁布很多创新创业教育的相关文件和政策，但辅导员由于自身工作的特殊性，自身的实际工作繁杂、琐碎，既要对学生进行日常管理，还要负责学生的心理健康教育、危机处理、各项评比工作、提供就业服务等工作，没有时间深入研究创新创业教育的理论知识，部分辅导员还不能充分明晰开展思创融合工作应该秉持怎样的原则、自身的育人工作应该如何开展。在日常管理学生工作中，部分辅导员对思创融合的教育理念还没有转变。面对琐碎的事务性工作，他们无法拥有足够的时间学习创新创业理论知识，再加上辅导员要掌握学生动态，其工作往往被形容为"两眼一睁，忙到熄灯"。此外，辅导员需要承担通识课程的教学任务，备课、上课过程中也需要花费不少时间，在这种情况下，辅导员就难以专心对学生进行创新创业教育。二是部分辅导员开展创新创业的服务意识不强。大部分学生都是自行参加创新创业活动，当学生创业失败，辅导员很少给予实际的帮助。高校辅导员呈现年轻化特点，他们一般是刚毕业的硕士研究生，虽然大部分辅导员在校期间从事过相关工作经历，思维活跃，但对思想政治教育工作的认识还不够深入，尤其在就业创业方面，对学生创新创业的服务能力不足，对大学生创新创业价值观的引领还不够强。三是部分辅导员对自身工作定位认识不到位。他们认为创新创业教育是创新创业学院开展的工作，只要把学生日常工作做好就行。可见，他们依然停留在过去的教育方式当中，传统的育人理念对辅导员思创融合教育造成一定的影响。四是高校管理层面的育人理念不到位。部分高校仍然以理论教育为主，还不能有效地落实思想政治教育与创新创业教育的相关政策。高校组织辅导员进行理论化学习时，忽视辅导员工作的特殊性，没有运用好大学生思想政治教育规律，导致部分辅导员对思创融合的政策文件了解不够深入，因而导致辅导员对思创融合的教育理念认识不足。

三、在教育内容上，对思创融合教育的内容掌握不透彻

大学生思创融合教育重点在于培养爱国主义精神、创新意识、劳动精神、奋斗精神和法律意识，将创新创业课程教学与创新创业实践活动融入学生品德形成的过程中，在日常思想政治教育管理和思想政治理论课中融入创业实践的内容。由于我国的创业教育起步较晚，同时受到中华传统观念的影响，发展较为缓慢，当前高校所使用的教材、经验、理论大多是借鉴国外的，无法完全适应我国的具体情况，具体表现为三方面。

首先，我国在思创融合的研究仍不足。思创融合作为一个比较新的项目，高校教师、大学生都了解不多，对思想政治教育与创新创业教育的认识仍有较大的提升空间。同时，在"CNKI中国知网"中收集资料可以发现，国内学术界对思创融合从高校教师和辅导员两支队伍的整体研究较少，从已有成果来看，多数学者集中在创业教育或创新教育，或从思创融合的课程教学，或从高校辅导员日常管理学生工作，而立足于高校整体的视角研究新时代大学生思创融合教育这方面的研究则相对薄弱。其次，我国高校创新创业教育目前还处于起步阶段，思创融合缺乏完善的顶层设计。近年来，随着时代的高速发展，国家越来越重视创新创业人才的培养，对高校创业教育的扶持力度也不断增大，但大学生思创融合是近几年才开始发展，在融合什么内容，以及怎么融合的问题上处于起步摸索阶段，二者融合的内容还没形成完整的体系和模式，因此，思想政治教育的引导和规范作用在高校创新创业教育中无法充分发挥。最后，高校创新创业教育者对创新教育、创业教育、创新创业教育的理解较为局限。上文通过对高校的大学生创新创业教育开展情况进行

调研发现，部分高校对创新创业教育的重视程度一般，甚至不重视。因此，负责创新创业教育的教师对创业教育的理解较为局限，认为将创业的理论和技能传授给学生便可，在教学过程中忽略了思想政治教育的作用和重要性，甚至认为创业教育是为提升学生就业率而开设的，其在具体实施过程中存在走形式的现象，不利于思创融合教育的发展。

四、在师资队伍上，开展思创融合教育的教师队伍能力不足

在课程教学层面上，目前高校既缺乏具有创业理论知识和实践能力的专业教师，又缺乏具有思想政治工作经验的复合型教师。部分教师仅仅注重学生专业技术理论知识，缺乏思想政治教育、教育学、心理学等学科知识，忽视其在创业实践中解决问题、抗压能力、心理道德素质的培养。新时代对大学教师提出了新要求，教师既要掌握本学科领域知识，又要汲取交叉学科知识，广泛开展跨领域研究。因为大学生创业不仅仅需要相关专业知识和技能，还包含大学生思想、心理与道德等方面的培养，因而高校需要强化复合型师资队伍建设。

日常管理学生工作方面，在辅导员访谈提纲中发现，部分辅导员对大学生进行思创融合教育存在一定的困难：部分辅导员开展大学生思创融合教育的角色定位不够清晰。在日常管理学生工作的实践活动中，部分辅导员对创新创业理论知识的掌握不够，容易出现畏难情绪，难以胜任大学生思创融合教育工作。主要表现在以下几方面：一是部分辅导员对学生创新创业知识教育的能力不足。在日常管理学生工作中，部分辅导员还不能充分利用主题班会、谈心谈话、走访寝室等形式，向学生宣讲创新创业教育的目的，尤其是在涉及学生自身利益的问题上，还不能充分将创新创业教育与学生就业创业联系起来，难以激励学生自主学习创新创业知识，难以引导学生进行创新思维训练，也难以提升学生创新创业实践能力，最终无法使学生认识到创新思维和创业精神对自身的意义。在访谈中发现，大部分辅导员没有系统学习过创新创业理论知识，对创新创业认识不够深入，再加上辅导员属于"走出校园+走进校园"的角色，长期处于相对单纯的学校环境中，思维方式比较单一，往往以传统的思维方式开展思创融合教育，无法正确认识自身角色定位。二是部分辅导员对创新创业实践操作的能力不强。作为大学生日常思想政治教育的主体，辅导员较为贴近学生学习和生活，最能了解学生对创新创业的

想法，对学生进行创新创业实践技能培训具有一定的优势。然而，部分辅导员由于创业实践经验欠缺，当学生在遇到难度较大的创业问题，辅导员往往无法独立解决；尤其是在创业成果转化阶段，往往需要考验技术，辅导员由于自身欠缺创业实践经验，也就无法为他们提供咨询服务。当前，尽管部分高校落实了一些大学生创新创业的相关政策，但只是停留在文件层面，实践操作力度还有待加强，在思创融合教育实践平台的建设支持力度不够。特别是在校外实践方面，部分高校与企业合作还不够完善，部分辅导员不能给予大学生创新创业的实际帮助，最终也难以扮演大学生创新创业过程陪伴者的角色。三是部分辅导员对学生创新创业的价值观引领不强。辅导员要培养学生爱岗敬业观念、帮助学生树立诚实守信品德、培养学生服务奉献精神。创新创业教育过程也是职业道德教育的过程，包括对事业的敬重、对社会的奉献等，这一过程可以帮助大学生认识到创业应当具备怎样的思想品质，为锻造创新型人才打下基础。然而，在现实中，辅导员开展思创融合往往更加注重学生的参与率，追求短期成效。这样不仅偏离了创新创业教育的根本目的，也违背了学生全面发展的要求。当前大部分辅导员行政工作众多，每周至少需要开 5~7 次会议，他们工作的真实写照就是"辅导员就是'万金油'，只要与学生有关的事情，辅导员都要管，而且学校、学院召开的会议众多，真的忙不过来"。由此可见，部分辅导员的实际工作仅仅停留在学生日常事务管理上，对学生思创融合教育的价值观引领不到位。

一位被访谈的高校辅导员 H 说：我不太满意当前自己开展大学生思创融合教育的工作状态。就现在来说，学校下达大学生创新创业教育任务，要求学生参与的人数达到一定数量。首先，我们对大学生创业行为的训练和服务贯穿整个大学阶段，针对不同阶段，需要全程跟踪指导，策划多种类型的创业活动。其次，辅导员需要持续"充电"，储备创新创业知识，将大学生创新创业的相关政策传达给每位学生，并将这类文件进行解读，使创业空洞说教转化到现实生活中来。最后，辅导员还要掌握创新创业技能，帮助学生解决在创业过程中遇到的问题，对症下药，帮助学生度过创业的低谷期。现在我担任的行政工作增加了很多，学校和学院经常开会。要想做好思创融合工作，需要具备较强创新创业的能力。

强大的师资体系是思创融合教育发展的关键。创业实践性很强，对教师的创业经历和经验有较高的要求，但目前各高校中，师资水平参差不齐，大多数教师只有理论经验，缺乏一线实践经验。在思创融合教育中，仅仅教授浅显的知识、简单的理论框架与实际契合度不高的创业方法。虽然学生掌握一定的创业知识，但也只是纸上谈兵，对实战一窍不通。同时，对高校教师的培训也存在自身的缺点。例如，周期长，培训时间相对较长，短则几个月，长则几年，难以在短期内取得成果；大学的创业与社会创业存在一定的差距，无论是学习还是参加创业模拟，与真正的创业还是有所区别，难以将第一线的创业经验传授给学生。因此，越来越多的高校意识到缺乏复合型师资队伍这个问题，一边提高自身教师水平，一边聘请校外的专业人士走进学生、贴近学生，使学生既能熟练运用专业知识，也能施展专业技能，相互学习，互相补充，让学生得到全面发展，为学生未来成功创业打下基础。

五、在教育途径上，对思创融合教育的社会资源挖掘不够全面

"大众创业、万众创新"这一国家战略的实施给高校教育提供了更多机会，但也赋予了高等教育更大的责任，从目前的调查结果来看，教师和辅导员两支队伍都还不能充分利用社会资源。

首先，从课程教学来看，思创融合教育的校内资源挖掘不充分。部分高校尽管开设相关的创新创业课程，成立专门的创新创业学院，但一部分高校将其作为选修课或者修满学分而开设的课程，这类课程群体覆盖面较小，一般是针对经济管理、政治管理学院等二级学院开设较多，而在文史类专业相对应的创业课程较少。开设的创业课程内容也比较零散，缺乏系统性以及完整的配套课程。从课程教学的校外资源来看，部分高校尚未开发创新创业教育的校本教材，虽然少部分大学有编写校本教材，但未能将学生的兴趣、技能和体验有机结合，无法构建一个适合学生学习和深刻感悟的环境体系。

其次，在日常管理工作中，辅导员开展大学生思创融合教育，主要集中在指导学生参与创新创业大赛以及创新创业教育相关的公共必修课程，而很少组织学生参观企业文化开展思创融合教育。因此，高校辅导员作为高校内部育人主体之间的协调者，并没有充分利用各种方法与手段开展思创融合教育。在访谈中了解得知：一是辅导员队伍内部交流配合不够，各个专业、各个年级的辅导员忙前忙后，开展大学生思创融合教育工作不到位，往往停留

在表面，对思创融合教育的社会资源整合不够。辅导员很少组织学生到企业参观，再加上校企合作的资源相对缺乏，虽然高校积极鼓励大学生创业，但学生在不理解创业真正含义的情况下，难以感悟创业的艰辛，这就导致思创融合教育的实效性难以提升。二是部分高校未能有序完善辅导员创新创业教育的实践平台，在日常管理工作中，辅导员开展大学生思创融合教育多集中在校内，缺乏对校外创业园、创业工作室等社会资源的挖掘。

　　　　一位被访问的高校辅导员 D 说：就我目前所在高校来看，辅导员开展大学生思创融合教育的校外实践活动还是比较少，高校与企业之间很少建立创业实践基地，如创业园、创业工作室等。此外，在日常管理工作中，辅导员工作繁忙，缺乏与创新创业学院的充分沟通，每个学院、每个年级的辅导员都是各忙各的，缺乏相互沟通，组织学生外出企业参观学习的机会很少，我们一般认为把辅导员本职工作做好就差不多了。

　　最后，高校、政府、社会三位一体的创业教育支持体系尚未形成。在访谈中发现，大部分学生不愿意创业的原因是缺乏良好的创业环境。当前，高校思创融合所面临的发展问题有很多共同之处，主要表现为政府、高校和社会三方面。在政府方面，我国政府虽然出台了不少大学生创业优惠政策，但是大部分高校尚未制定结合本校实际的相关政策，也缺少促进政策施行的主管部门。教育的顶层设计影响思创融合的整体规划与具体实施细则。在高校方面，部分高校尚未制定关于政府对创业教育各项支持政策的系统宣讲，更没有结合大学生的实际需要而完善创业教育中思政教育的教学计划。最终造成的结果是大学生对创新创业的认知不够全面、对创业品质的培育不够深入、对政策理解不够透彻，从而导致创新创业教育与政府的相关指导思想相游离，弱化思政教育在双创教育中的价值导向。在社会方面，一些大学毕业生受"吃公家粮、铁饭碗工作、舒适的工作环境"等思想观念影响，在这种思想观念的影响下，大学生在一定程度上会被同化，难以承受创业过程中的压力，缺乏创业成功所必需的精神品质。

六、在管理层面上，对思创融合教育的考核评价机制不够完善

本次教师版问卷调研中，在"您认为高校思创融合教育的途径有哪些？

（多选题）"这一问题上，高达 74.94% 的教师选择了"完善思创融合教育的
考核评价机制"这一选项。（具体数据如图 5-26 所示）

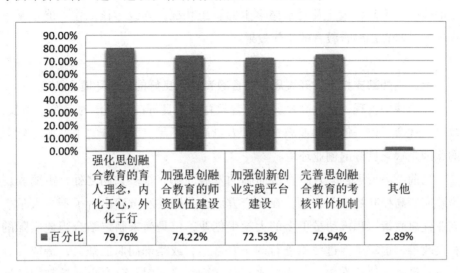

图 5-26 您认为高校思创融合教育的途径有哪些？（教师版，多选题）

高校思创融合教育的考核评价机制不规范，直接影响了大学对学生进行
思创融合教育能力的评估和提升。当前，一方面，课程教师精力有限，除了
承担教学工作，还要进行一定的科研活动，能够指导学生创新创业教育的时
间寥寥无几。另一方面，辅导员工作压力相对较大，繁重的教学和学生工作
消耗辅导员大量的精力，还不能完全明晰自己工作的范畴和职责所在，对思
创融合的工作情况缺乏全面的反思，找不到自己的差距，导致辅导员难以在
开展大学生思创融合教育中取得进步。综合学生版和教师版调查问卷、辅导
员版访谈提纲，目前，部分高校思创融合教育的考核评价机制存在以下问题：

一是高校思创融合教育考核标准不科学。在调研中发现，高校往往采用
干部或专职能力的标准考核教师和辅导员开展思创融合教育工作，导致考评
结果难以体现教师和辅导员的工作特性，不能客观评价高校开展大学生思创
融合教育的能力水平。二是高校思创融合教育的考核方法不合理。当前的考
核方法仅局限于民意测评、课程教学中学生反馈、日常工作资料等静态指标
的观测，容易忽视学生创新思维和能力的提升、学生参与创新创业活动的整
体风貌等动态指标范畴。三是高校缺乏考核反馈机制。其一，在第二课堂的
教学活动中，大部分高校尚未形成系统的调研报告，缺乏对思创融合实践活

动的全面总结，导致其活动流于形式，未能真正锻造学生创新创业品质。其二，在日常管理学生工作中，辅导员开展创新创业活动后，未能及时询问学生的收获与不足，未能及时掌握学生的思想状况，导致考核工作不能正常发挥辅导员对思创融合教育的实际效果。

七、在外部支持上，开展思创融合教育缺乏良好的发展环境

在访谈中发现，部分高校思创融合教育缺乏良好的环境作为支撑，高校、政府、社会三位一体的创业教育支持力量尚且不足。大部分学生不愿意创业的原因是缺乏良好的创业环境。

当前，高校思创融合教育所面临的发展问题有很多共同之处，主要表现为政府、高校和社会三方面。在政府方面，我国政府虽然出台了不少大学生创业优惠政策，积极动员更多的大学生创业，但是尚未制定结合当地实际的相关政策，也缺少促进政策施行的主管部门，或是部门职能缺失，造成部分创业政策只是停留在表面，尚未真正落实到位。同时，政府也缺乏鼓励开展相关的整体规划与具体实施细则，对高校创建思创融合教育的环境所提供的支持十分有限。在高校方面，尚未广泛开展政府关于创新创业教育各项支持政策的系统宣讲，更没有结合大学生的实际需要而完善创新创业教育中思想政治教育的教学计划。最终造成的结果是大学生对创新创业的认知不够全面、对创业品质的培育不够深入、对政策理解不够透彻，从而导致创新创业教育与政府的相关指导思想相游离，弱化思想政治教育在创新创业教育中的价值导向。此外，高校学习环境相对封闭保守，无法紧密结合市场经济环境的变化发展，难以满足新时代大学生对自主创业的实际需求，不能为大学生提供思创融合教育的良好氛围。在社会方面，一些大学毕业生受"吃公家粮、铁饭碗、舒适的工作环境、找工作就是要找各种'关系''拼爹''拼妈'"等思想观念影响，导致创新创业观念很难在全社会范围内深入人心。当前，还存在相当一部分公众认为"读大学无非就是为了就业，毕业后能够找到一份收入相对可观、稳定的工作就可以了"，这种想法对创业的认识了解尚浅，对思创融合教育的认识更是不足。在这种观念的影响下，不少家长并没有积极地支持学生创业，反而对学生的创业意愿产生一定的负面影响。长此以往，大学生在一定程度上会被同化，他们畏惧遭受挫折、难以承受创业过程中的压力，缺乏创业所必需的精神品质，尤其是艰苦奋斗、精益求精的工匠精神。

加之高校也缺乏转变这种社会思维的有效渠道，未能很好地为大学生创业争取广泛的社会认可度和支持度。

因此，大学生思创融合教育要想得到更好的发展，必然离不开政府、高校和社会三位一体的共同支持，只有始终围绕这三方面齐抓共管，方能切实改善大学生思创融合教育的发展环境。

第六章

新时代大学生思创融合教育的双向建构

新时代大学生思创融合教育的双向建构，主要研究大学生思创融合教育的动力条件、特征及其内生机理。通过讨论新时代大学生思创融合教育的动力条件、主要特征和内在机理，为大学生思创融合教育的创新路径提供方法指导。

第一节　新时代大学生思创融合教育的动力条件

思想政治教育与创新创业教育融合是提供整个教育效度的重要形式，实现二者联动，不仅需要二者在知识技能、教育主体和教育载体上的联动，也需要深入把握二者联动的动力条件。

一、新时代大学生思创融合教育的内在驱动力

从内在驱动力来看，新时代大学生思创融合教育是在受教育者、教育者、高校和家庭四方面的动力条件下进行。

第一，受教育者的个体因素。根据马克思主义观点，满足人类生存和发展需要是一切认识活动和实践活动的出发点。创新创业是一项复杂的社会活动，既要专业知识、创业基础知识，还需要综合知识，这就需要大学生发挥自身主动性，激发自我教育的内在驱动力，积极认同和内化社会创新创业价值标准，提升自我对创新创业的价值认知，从而指导其有效进行创新创业实践。个体的内在动力是推动高校思创融合教育的内化性动力，将思想政治教育和创新创业教育的外部信息转化为学生自身的知识能力。当大学生个体对创新创业表现出强烈的需求时，他们会根据自身的需要，积极主动地对创新

创业信息进行甄别，从满足自身需要的角度进行吸收，不断整合和内化为自己的创新创业价值观，并以此指导自己的创新创业行为。在思创融合教育过程中要充分发挥学生的主体性作用，让学生主动地接受外部刺激，自觉地完成对创新创业知识的学习和积累，主动成为知识的开发者、信息的加工者和能力的架构者。在创新创业过程中，要坚持以学生为中心，由学生制定创新创业的学习目标和发展目标，使大学生更加主动地达成自己的创业目标，并主动承担创业过程中的责任和履行义务。在思创融合教育的教学过程中，受教育者作为学习创新创业知识的主体，不是消极地接受创新创业信息，而是由自身主导学习的过程。高校要重点关注学生个体的性格特点、成长经历、兴趣爱好等方面的差异性，为开展大学生思创融合教育提供保证。例如，从时间段上来讲，要充分关注新生入学这一契机，在学生刚进入大学时，利用新生入学教育，加快其角色意识的转变，使其由被动的高中学习生活尽快过渡到自主支配的大学学习生活；引导学生对自身进行定位，明确未来发展方向，确立主人翁意识。

此外，从大学生主体而言，他们仍处于生理、心理发展尚未成熟，创新创业价值观念还不稳定的时期，他们在价值认知、认同和选择的过程中还会出现价值冲突的情况。所以，要积极引导大学生强化自我认知，秉持自己对自己的未来负责的原则，真正促进大学生创新创业主体意识的觉醒。大学生的创新创业主体意识越强烈，就越能有效激发其主动性和自觉性，在创新创业教育实践中积极探索，而不是被动地接受。因此，要进行受教育者的创新创业价值整合，明确主体意识，促使其对自己进行准确定位，立足于价值整合具有长期性的特点，形成自己的道德标准与价值尺度，在实践中不断提升自己，促进大学生思创融合教育的完善和发展。

第二，教育者的个体因素。高校教师是大学生思创融合教育中关键的一环。教师肩负着思创融合教育的主导任务，既要实现创新创业知识技能的传授，更要实现创新创业教育互动中学生创新创业意识的培养、创造潜能的激发，并激发其创业行动。以学生为本的思创融合教育，并不是任由学生自由发展或掌握全部的主导权，而是让教师成为易于被学生接受的引导者，采取符合学生客观认知和情感规律的教学方法和实践方式，全面提升学生的创新意识和创造能力。在大学生思创融合教育过程中，教师面临的问题不仅是教什么、如何教，更重要的是引导学生怎么学、如何做。这个时候教育者的角色仍然十分重要，但要转换角色方式，成为学生的协助者和教练员，引导学生成为知识的生产者和开拓者，全面了解学生的内在需求和真实认知情感，不再是机械地展示所要传达的信息、找出并改正学生的错误，把人的培养变成模式化的生产，而是启迪学生形成独立的行为准则，引导学生在创新创业实践中获得成长和发展。

第三，高校内部因素。学校资金的投入是经济基础，能给大学生思创融合教育搭建平台，为大学生思创融合教育提供有效保障。高校创新创业教育在人才培养方案的设定上，不仅要培养学生掌握广博的创新创业知识和技能来胜任未来的创新创业工作，还要在思想政治教育价值的引领下，让学生学会生活、学会工作、学会选择，最终掌握自我管理能力。在大学阶段就确定自己的未来发展目标，帮助大学生更好地面对复杂多变、不确定性的外部环境，在思想政治教育的引领下，学生能够明确自己的定位，寻求目标设定和自我管理的方法和路径，从而合理规划自己的职业生涯。此外，学习情境在思创融合教育中起到动力要素的作用。传统的课堂教学将创新创业教育的理论学习与实践孤立起来，导致课堂教育和实践教育很难结合。而思创融合教育的过程，就是将创新创业理论知识的传授与实践相结合，从创新创业课程设置到创新创业实习实践，高校能够让学生感到乐于接受、积极寻求并广泛参与创新创业学习情境，而这样的创新创业学习情境需要高校课程设置、资源配置、制度保障等因素的协调推进，为大学生营造思创融合教育良好的学习条件。

第四，家庭教育因素。家庭教育对一个人价值观的形成发挥着潜移默化的作用。"家庭作为一种婚姻血缘性的组织对大学生的影响始终是存在的，并以其潜移默化的形式融入亲情融融的氛围中，对孕育完美人格，构建崇高理想具有不可替代的重要作用。"[①] 家庭环境对大学生世界观、人生观、价值观的形成起着非常明显的作用。一个和谐、民主、开放的家庭环境，帮助孩子在心理上产生归属感和认同感，为孩子创新创业价值观的形成和发展创造心理条件。父母尊重孩子个体发展，鼓励支持创业行为，是促进大学生树立正确的创新创业价值观的基本前提。父母是孩子的第一任老师，在朝夕相处的

---

① 胡建，王玉鹏.当代大学生家庭教育论析［J］.学校党建与思想教育，2012（3）：72-73.

过程中，孩子都会受到父母言行举止潜移默化的影响。父母要以身作则、与时俱进，提高自身素质，发挥榜样力量，激励大学生形成正确的创新创业价值观。一方面，父母或亲人对创新创业的态度往往对孩子产生重要的影响。特别是在"官本位"思想的影响下，一些家长将当官、稳定的工作视为有前途，认为创业是不务正业，对创业持否定态度。在这种观念的长期影响下，孩子难以形成对创新创业积极的评价，导致毕业后从事创业的孩子少之又少。另一方面，家庭创新创业氛围对孩子产生深远持久的影响。有些经商且较为成功的家庭，可以为孩子树立创业榜样，营造浓厚的创新创业氛围，让孩子在不知不觉中受到熏陶，增强孩子对创新创业的兴趣和认同，从而树立正确的创新创业价值观。而在一些没有从商经历的家庭，孩子就会缺少家庭这个直接了解创新创业的启蒙窗口，对创新创业产生陌生感和障碍感，使得大学生在主观上缺乏对创新创业的兴趣，在一定程度上降低大学生对思创融合教育的认同感。

二、新时代大学生思创融合教育的外在驱动力

"人们的观念、观点和概念，一句话，人们的意识，随着人们的生活条件、人们的社会关系、人们的社会存在的改变而改变。"① 人是具有社会性的群体，大学生作为社会中的个体，大学生思创融合教育必然受到社会因素的多重影响。社会因素一般包括政治、经济、文化等方面。

首先，政治发展道路和政治制度为创新创业教育的发展提供价值导向，为大学生自由全面发展提供坚实的制度保障。马克思主义价值理论强调全心全意为人民服务的根本宗旨和集体主义原则。马克思主义认为，人民群众是历史的创造者、历史的主体以及社会发展的动力，并不断推动着历史的前进。因此，从根本上来讲，全心全意为人民服务就是为人类社会的发展和进步服务，为全人类的解放服务，为无产阶级的最终奋斗目标服务。改革开放以来，中国共产党团结带领全国人民坚持共产主义奋斗目标，坚持人民民主专政，坚持四项基本原则，开辟了一条中国特色社会主义政治发展道路。我国社会主义政治的核心就是人民当家作主，由人民管理国家和社会事务，人民利益

---

① 中共中央马克思恩格斯列宁斯大林著作编译局. 马克思恩格斯选集：第 1 卷［M］. 北京：人民出版社，2012：419-420.

高于一切。党的二十大报告始终贯穿着"人民"主线，充分彰显了我党的人民立场、人民情怀。坚持一切为了人民、一切依靠人民，赢得人民信任，得到人民支持，党就能够克服任何困难，就能够一往无前、无往不胜，就必将形成同心共圆中国梦的强大合力。事实证明，中国特色社会主义政治发展道路是实现社会主义现代化、创造人民美好生活的必由之路。新时代，大学生创新创业实践必须坚定人民至上的中心立场，秉持以人民利益为中心的价值目标，建立在家国情怀、服从大局、集体至上等原则的基础上，将维护人民的根本利益和推动社会进步作为价值标准，不断实现自我超越，才能使自己在创新创业实践中获得自由全面发展。

其次，我国实行的以公有制为主体、多种所有制经济共同发展的基本经济制度，有助于大学生创新创业的发展。这一基本经济制度是由我国社会主义性质和初级阶段的基本国情决定的。中国共产党人经过对"什么是社会主义""怎样建设社会主义"等问题的不断探索，在改革开放后形成了对建设社会主义的新认识，党的十四大正式提出了"建设社会主义市场经济体制"的目标。随着社会主义市场经济体制的不断完善，经过全国人民的艰苦奋斗，我国经济迅速发展，2010年国内生产总值跃居世界第二，国际地位不断提升，综合国力显著增强。党的十八大以来，中国特色社会主义进入新时代，国民经济发展呈现出不同特征，从要素驱动、投资驱动发展转向创新驱动发展，由高速增长阶段转向高质量发展阶段，发挥创新第一动力的作用，以推动"大众创业、万众创新"，不断促进经济提质增效。"个体在经济关系中的地位不同而造成经济生活方式的差异，往往对个体价值观产生着决定性的影响"①，社会主义市场经济不仅要求坚持社会主义性质为基础，注重公平、诚信、质量、效率等马克思主义的基本观念，摆脱资本主义经济对人自身劳动的束缚，摆脱劳动异化的状况。新时代大学生在创新创业实践中，要自觉遵守社会主义市场经济行为规范，树立诚实守信、合法经营、公平与效率优先等基本观念，克服单一的经济效率优先的价值取向，承认个体付出与收获之间的对等性，使大学生形成公平与效率相统一的价值观。此外，创新驱动发展战略也使得大学生必须树立创新理念，具备创新意识和创业能力，使首创精神成为核心竞争力中最关键的能力，在创新创业实践过程中，能够创造性

---

① 罗国杰. 马克思主义价值观研究［M］. 北京：人民出版社，2013：154.

地解决问题。

最后，中华优秀传统文化和中国特色社会主义文化蕴含着丰富的创新创业思想。习近平在党的十三届全国人民代表大会第一次会议上的讲话指出："中国人民在长期奋斗中培育、继承、发展起来的伟大民族精神，为中国发展和人类文明进步提供了强大精神动力。"① 其中系统阐述了中华民族发展史上培育出来的伟大民族精神，勾勒出中国人民富于创造、敢于奋斗、团结一心、追求梦想的特质，成为新时代大学生创新创业的文化来源与精神动力。伟大创造精神赋予大学生创新创业开拓进取的文化内涵；伟大奋斗精神赋予大学生创新创业顽强拼搏的品质，奋斗精神就是一种不怕困难、敢于斗争的执着信念，展示了干事业、干创业的坚定信念，对大学生创业者来说，奋斗精神最需要培养；伟大团结精神赋予大学生创新创业协同合作的品质，诚实守信、合作共赢是创业者的必备素质，中国文化强调"仁者爱人"的价值追求，主张"天人合一"，具有强大的文化整合力，大学生创新创业除要具备勇闯敢拼的品质外，还要继承和发扬团结合作的伟大精神，以及具备更高的视野，汇聚大家的力量，将个人的创新创业变成国家、世界的创新发展，这是创业成功的重要保证；伟大梦想精神赋予大学生创新创业勇于追求的品质，中国传统世界观中深藏着梦想的基因，正因为有了对梦想的不懈追求，才能在一次次磨难中浴火重生，大学生创新创业就是不断创造历史奇迹的创新创业，只有具备梦想的能力，才能为他们的创新创业插上翅膀，迎来辉煌之路。文化作为一种软实力，对经济发展具有重要的作用，也是衡量一个国家综合实力的重要标志。中华优秀传统文化自古就葆有日进日新的创新精神和实干兴邦的创业精神，是激励中华民族不断创新、拼搏进取的思想源泉。革命文化以伟大建党精神为源头，蕴含着推陈出新、勇于变革、善于创新的思想精髓，为中华民族争取民族独立和人民解放提供了源源不断的精神动力。新中国成立后，在坚持马克思主义理论指导下，党领导人民在推进中国特色社会主义的伟大实践中形成了社会主义先进文化，引领我国政治、经济、文化、社会、生态五位一体的全面发展，成为中华民族文化自信的灵魂。文化对人的影响具有培育崇高人格、精神塑造和思想引领的功能，思创融合教育的过程，实质上也是以文化人的过程。作为时代的产物，创新创业文化是一种思想意识，

---

① 习近平. 习近平谈治国理政：第三卷［M］. 北京：外文出版社，2020：140.

作用于人们的价值观念。这些文化中所包含的革故鼎新、艰苦奋斗、诚实守信等精神品质，为大学生创新创业提供精神动力，促进大学生对中华优秀传统文化和中国特色社会主义文化认同，有助于大学生形成正确的创新创业价值观，而这也是中国特色社会主义文化的重要组成部分。

第二节　新时代大学生思创融合教育的特征

新时代大学生思创融合教育是一个长期、动态的过程，需要科学的教育内容、教育方法和教育载体等多方面的协调运作。

一、思创融合教育方向的政治性

政治性是思创融合教育的实践着力点，也是思想政治教育的价值生长点。思创融合教育只有保持其方向的政治性，才能实现创新创业教育指明正确的发展方向，实现思创融合教育的共同发展。思创融合要保持其政治性，为大学生创新创业教育指明正确的方向。首先，在思创融合教育的过程中，要善于引导大学生养成坚定的政治价值观。唯物辩证法深刻揭示了内部矛盾是事物发展的根本动力。在阶级社会，这一矛盾主要表现为统治阶级为实现自身阶级利益所主张的政治意志与社会成员的实际思想政治观念之间的矛盾，即政治价值观。要解决这一矛盾，就需要思想政治教育引导教育对象养成坚定的政治价值观，进而使社会成员的政治观点和思想观念与统治阶级的意识形态相一致。这也正是思创融合教育的矛盾所在，它贯穿于思创融合教育活动的始终，是思创融合教育得以发展的根本动力。其次，思创融合教育能够帮助大学生确立坚定的政治价值观。在竞争日益激烈的社会环境下，大学生具备一些创新创业的技能可以更好地应对未来在就业和创业中的问题，开展大学生思创融合教育就十分必要。只有让他们认同思创融合教育，才能使其确立坚定的政治价值观。最后，思创融合教育要培养大学生牢固的政治价值观。思创融合教育的过程包括内化、外化和反馈检验三个阶段。在内化阶段，高校要对大学生进行创业的法律法规教育，使大学生将社会占统治地位阶级所要求的政治信念、思维方式、价值选择的过程通过学习内化于心。在外化阶段，是受教育者将自己内化形成的政治观念、思想观点转化为动机，主动地、自觉地支配自己的行为并养成良好的行为习惯。在反馈检验阶段，这是检验受教育者的政治价值观是否牢固树立的阶段。反馈是指按照一定的检测方法和标准对个人前后行为进行对比，进而在教师和受教育者的共同作用下为强化受教育者的政治价值观培育提供决策，使大学生能够牢固树立政治价值观并转化为持久行动。至此，大学生头脑中的创新创业意识会影响其创新创业行动，并产生深层次的导向作用。大学时期是大学生创新创业价值观形成、修正和定型的关键阶段，直接决定了大学生创新创业精神的养成，决定着大学生创业的方向。在中国特色社会主义新时代，大学生思创融合教育方向的政治性体现在以社会主义核心价值观为引领，将社会主义核心价值观融入大学生创新创业过程中，注重价值引领，在加强大学生创业意识、创新思维、创造能力的培养，注重道德素养、人格品质的养成，确保大学生创业实践活动的方向性。大学生作为实现中华民族伟大复兴的中坚力量，是推进国家发展和社会进步的生力军。因此，在创新创业实践过程中，必须坚定社会主义共同理想。习近平指出："在全社会树立中国特色社会主义的共同理想和信念，加快构建传承中华传统美德、符合社会主义精神文明要求、适应社会主义市场经济的道德和行为规范。"①

大学生思创融合教育的过程既是创业精神培养、创业能力提升的过程，更是树立正确的创新创业价值观的过程。大学生思创融合教育要在培育和践行社会主义核心价值观的基础上，将大学生创业梦想与实现中国梦相联系。在这一过程中，高校能够为社会主义现代化建设提供有力的创业支撑，真正实现个人创业梦想与社会主义共同理想的有机统一，以积极良好的创业心态开创自己的事业，为创新创业实践注入青春力量和价值动力，助力实现国家和经济社会的繁荣发展，体现新时代大学生的社会责任担当。这是大学生政治价值观形成的标志，也是思创融合教育的重要出发点和落脚点。

二、思创融合教育内容的前沿性

大学生思创融合教育的内容具有与时俱进的特征，彰显了创新思想。创新是一种有意识、有智慧、有学识的人的创造性活动，创新活动与一般活动

---

① 全国人民代表大会常务委员会办公厅. 中华人民共和国第十一届全国人民代表大会第四次会议文件汇编［M］. 北京：人民出版社，2011：39.

相比最大的特点就是打破常规，能够更好地实现识变求变应变。与西方主流经济思想家认为创新的主体是企业家不同，中国式创新号召和动员广大群众共同参与群体式创新。面对世界百年未有之大变局，各国竞争越来越聚焦于科技创新、人工智能等领域。中国近现代历史发展的经验和教训告诉我们：必须积极主动争取科技创新发展的主动权，引领科技发展，否则就会掉入"落后就要挨打，富而不强也要挨打"的泥潭。一方面要修好内功，对高校人才培养模式进行创新，不断夯实科技创新人才培养的根基，实现科技自立自强。另一方面要注重未来核心领域的人才培养，给予高校资金、技术、人才和政策的支持，为国家和社会谋取未来发展新优势提供良好的人才储备。因此，高校开展创新创业教育活动必然伴随着创新创业实践的过程。创新的内容包括科技创新、技术创新、制度创新。在创新的途径上要遵循规律、立足需要、重视教育的实践活动。高校要遵循客观规律、按照规律办事，根据大学生的个性特点、成长规律来开展创新创业教育，使其更好地满足大学生日益增长的对美好生活的需要。创新创业活动要立足于当前社会现实的需要，创新必须以市场需求为导向，任何脱离现实社会需要的闭门造车的创新必然是不可取的。要建成科技强国，必须高度重视大学生创新思维和创新能力的培养。党和国家释放了创新引领驱动发展的时代号角，创新与发展并存的时代特征，能够最大限度地激发当代大学生创业者的创新创业热情，开拓他们的创新思维，追寻正确的创业理想信念和价值追求。目标是引领大学生创业行动的方向，大学生创业实践活动的目标始终要与时代发展相适应。要着力培养大学生的创新思维、创造能力，培养大学生敢于冒险、开拓创新、团结协作的精神，提升自身分析问题和解决问题的能力，将培养目标与培养内容相统一。大学生思创融合教育的内容要有前瞻性，要充分考虑到长远发展和长远需求，将思创融合教育的内容、方式、载体和途径等方面与新时代中国特色社会主义相衔接，并反映国内和国际发展的趋势。世界上一切事物都是动态发展的，新时代大学生思创融合教育亦如此，要紧跟时代步伐，用马克思主义联系的和发展的观点来推动大学生思创融合教育。此外，还要在思创融合教育的教学内容、教育方式、师资队伍、见习平台、实践基地等方面加强建设并不断与时俱进。在教育的过程中，要及时把握国家对创新创业最新的方针政策，制定相适应的实施细则，推动创新创业政策落实到位。要把数字经济时代下的新业态、新模式及时引入创新创业教育中，不断发现和挖掘新的经济增长点，为大学生提供更多可能突破的空间。大学生思创融合教育，要把握时代气息，认真思考创新创业教育的发展目标，寻求科学合理的大学生创业教育目标准则，将大学生努力培养成为担当时代使命、勇承时代责任的创新创业先锋。

三、思创融合教育方式的实践性

大学生创业是实践性很强的活动，是多方面能力素质综合运用的一种行为。以往无论是思想政治教育还是创新创业教育，大都是以课堂教学为主，教育路径单一、僵化，教育效果不够理想，难以对学生产生深刻的影响。因此，思创融合教育注重教育方式的实践性，高校要善于创新教育实践平台，拓宽学生的实践路径，对传统的课堂教学方式进行革新。

在创新创业教育过程中，不但要注重创新创业理论的知识传授，更要侧重指导大学生开展相关实训，加强互动启迪，让他们在获得创业理论知识的同时，掌握一些必要的创业技能，不断积累创业实践经验。通过拓宽第二课堂平台来开展教育，既能创新思创融合教育路径，还能促进思创融合的理论教学与实践教学相结合，不断优化思创融合教育的实效性。实践在思创融合教育体系中的重要性不言而喻，因而思创教育融合的过程中应该更加关注实践性，充分利用学校内的各种资源来开展思创融合教育活动，通过各种校园文化活动来落实思创融合教育工作，培养具有创业技能和创新精神的大学毕业生。从本质上看，创新创业教育要符合社会发展的现实需要，其培养方式必须注重实践性。因此，高校开展大学生思创融合教育，无论是在课程设置，还是课程教学上，都要加大创新创业实践教学的比重，使学生在创新创业实践活动中由浅入深地掌握创业技能，提升自身的创业能力和实践能力，如规划自己人生目标的能力、计划管理的能力和社会交往的能力等。要围绕思创融合创建相应的课堂，在社团活动中践行思创融合教育，引领大学生树立正确的创业价值观，锻炼学生的创新能力和创业能力。"人的思维是否具有客观真理性，这不是个理论问题，而是个实践问题。人应该通过实践来证明自己思维的真理性，即自己思维的现实性和力量。"① 创新创业教育不能仅仅进行

---

① 中共中央马克思恩格斯列宁斯大林著作编译局．马克思恩格斯选集：第 1 卷 [M]．北京：人民出版社，2012：134.

课堂理论教学，还要有具体的、生动的创新创业实践活动。当前，部分高校创办了创业空间、大学生创业园、创业孵化器、校企合作帮扶大学生创业项目、创业体验式社会实践活动等，这些都是将高校创新创业理论从课堂转移到实践中的有益尝试。同时，高校教师要充分利用互联网平台来促进思想政治教育与创新创业教育的深度融合，利用互联网平台来传递和推送思创融合教育的相关内容，也可以利用互联网平台进行在线授课，打破时间和空间的界限，使大学生的学习不再局限于固定的时间和地点。当前的大学生基本上出生于 2000 年之后，是第一批"千禧宝宝"，他们从小就接触互联网，经历了信息技术飞速发展的年代，对信息技术相对熟悉，并且他们对在线学习的接受程度非常高。在思想政治教育与创新创业教育深度融合的过程中，要发挥互联网的优势来打造在线网络课程，开发一批精品课程，形成完善的在线思创融合教育体系，定期开展在线网络课程，进而全方位、全过程教育和影响学生。除这些专门的在线课程之外，还可以通过学校的官方网站、微信公众号、微信短视频等途径来分享思想政治教育与创新创业教育的内容，让学生在"看手机""玩手机"这一过程中潜移默化地接受思创融合教育。此外，教育者还要将学校小课堂和社会大课堂相结合，用自身亲身经历开展体验式的创业实践，树立科学的创业价值观，并遵循教育规律切实做到理论教学和实践实训的有机统一，真正做到"内化于心，外化于行"。

四、思创融合教育过程的持久性

人的认识具有反复性，对一个事物的认识是由浅入深、由表及里的发展过程。同样地，新时代大学生思创融合教育也是一个长期的、艰巨的、持久的过程。20 世纪 90 年代，随着社会主义市场经济的确立和快速发展，越来越多的年轻人"下海"创业，国家也越来越重视创新创业的发展，我国高校也开始兴起创新创业教育的浪潮。创新创业教育的起步阶段（1998—2002 年），1998 年具有里程碑意义的事件是清华大学首次引入了创业教育并在其管理学院率先为 MBA 开设了企业创新和创业管理方向的课程。随后，这些课程也逐渐在一些知名高校进行推广。同年 5 月，清华大学学生社团发起并成功举办了第一届"创业计划大赛"，首次将创新创业的思想带进了中国高校校园。从此也拉开了中国高校开展创新创业教育的序幕，创业计划大赛在全国高校掀起了创业的热潮，引发全国高校对创业教育的探究。但在这一阶段，国家并没有出台针对创新创业教育的纲领性文件或教育政策，创新创业教育尚处于刚刚起步阶段。创新创业教育的尝试与探索阶段（2002—2010年），2002年教育部高等教育司发布《创业教育试点工作会议纪要》，确定包括清华大学在内的9所高校作为"创业教育试点"，这也标志着创新创业教育在我国正式开始进入探索阶段。创新创业教育的全面推进与拓展阶段（2010—2013年），2010年5月，教育部颁发的《教育部关于大力推进高等学校创新创业教育和大学生自主创业工作的意见》（教办〔2010〕3号）中第一次将"创新"的概念融入"创业教育"中，形成独具中国特色、符合我国经济社会发展要求的创新创业教育。创新创业教育的成熟与蓬勃发展阶段（2013年至今），2014年9月，随着国务院总理李克强发出了"大众创业、万众创新"的号召，涌现了一批又一批的"弄潮儿"，他们"向涛头立"，到"中流击水"，积极投身于"大众创业""草根创业"的浪潮。2017年10月，党的十九大报告中，习近平总书记多次强调创新创业的重要性，并强调要注重培养学生的创新创业能力。由此可见，党和国家对创新创业教育的认识也经历了一个深化和发展的过程，高校开展思创融合教育，要深刻把握我国创新创业的发展历程，才能更好地培养社会发展所需要的人才。

在马克思主义者看来，人类的认识发展是由低级到高级不断探索，不断走向成熟的过程，是从"实践、认识到再实践、再认识"螺旋上升的过程。正是由于人类认识运动的发展特点，新时代大学生思创融合教育是磨炼大学生创业意志、锻造创业能力，并在实践中强化自我认知的过程。而这是一个长期的过程，其教育效果并不是立竿见影的。此外，大学生思创融合教育需要政府、社会、大学、家庭、学生个人五方面共同发力，深度参与，是一个不断磨合、完善、创新、重构的持久过程。因此，要引导大学生树立终身创新创业学习的教育理念，克服急功近利的心态。通过思创融合教育提升大学生的"四个自信"，培养深厚的家国情怀和社会责任感，实现个人价值和社会价值的高度契合，将思创融合教育理念内化为大学生自身坚定创业的信念，逐渐外化于新时代大学生的创新创业实践，并久久为功、持续发力。

五、思创融合教育对象的层次性

目前，部分高校在开展思想政治教育和创新创业教育的过程中侧重于理论教学，对学生不分层次地灌输施教，针对性不强，加之形式单调，内容枯燥，大学生学习的积极性不高，教育效果欠佳。传统的教育模式和方法已经不适应新时代发展的需求。从当前大学生创新创业教育的发展趋势和未来走向来看，亟须转变观念，以"面向全体"与"分类施教"为指导，既关注大多数，又重视极少数，需要更新教育理念，创新教育内容，改革教学方法，提升思创融合教育的实效性。教育部在《教育部关于大力推进高等学校创新创业教育和大学生自主创业工作的意见》中指出，要切实将学生的创新创业精神价值融入创业教育与文化素养的教学方案和学分体系中，建立多层次、立体化的创新创业教育教学体系。作为具有自我个性和自我意识的个体，大学生在不同阶段会有不同的特点和需求。在思创融合教育的过程中，要根据大学生个体特点，做到分类指导，从教育目标、教育内容、教育方法等方面进行分层次的思想政治教育与创新创业教育融合的课程体系，以体现鲜明的因材施教特点，提高教学效果。在教育教学过程中，教师要研究不同年级大学生的心理特点和知识结构，根据实际情况，确定施教内容和采取适当的教学方式，做到教育教学的针对性。

建立层次性的创新创业教育目标体系。认识目标是指在创新创业初期，学生对创业的认识内容和认识能力应该达到什么样的目标；行为目标就是学生在某一个阶段应该在创业上做好哪些准备，并对其形成相应的正确认识。建立层次性的创新创业教育体系，要以认知目标为先导，以情感目标为基础，以行为目标为重点，实现大学生思创融合教育各阶段目标的分层推进。

建立层次性的创新创业教育内容体系。高校创新创业教育的层次性关键在于建设具有层次性的教学体系。创新创业教育内容是其目标的体现和具体化，在思创融合教育的实施过程中，关键是要根据不同年级学生的心理特征和品德形成规律，有层次性、有秩序地安排思创融合教育内容，做到由浅入深、循序渐进，同时，不同层次的创新创业教育内容不能割裂，要注意互相衔接和有机结合，面向全体学生实施基本层次的思创融合教育内容，并向较高层次思创融合教育内容的方向引导，对高年级和素质较高的学生，要主动实施较高层次的教育内容。一是"面向全体学生"的"广谱式"创新创业教育。在全体大学生层面，以培养大学生创新创业意识为基础，以提升大学生创业能力为核心，以塑造创业精神为重点，结合课程教学和实践实训对大学生进行创业启蒙教育，鼓励大学生结合第一课堂和第二课堂，积极投身创业实践，在课程中插入体验式教学、案例分析教学等形式，与大学生群体形成良性互动，激发大学生创新创业热情，引导大学生参加各级别的创业大赛、入驻学校创业园、真实体验创业等实践活动，构建理论与实践相结合的"广谱式"创业教育课程体系。二是"面向不同年级学生"的"分类式"创业教育。例如，针对大一新生应注重创新创业理论基础知识的传授，通过"创新创业基础"课程让学生对创新创业具备基本的认知；大二阶段的学生对自身未来发展有了初步规划，自我表现意识比较明显，要利用创业典型案例、第二课堂实践活动来开展思创融合教育，引导其树立正确的创新创业价值观；大三、大四阶段的学生，其思想、实践动手能力都已经得到大幅度提高，这一阶段的教育形式应该侧重于实践课程，积极鼓励其参加创新创业实训、创新创业孵化基地、创客咖啡等实践活动，激发大学生创业意识，提升其创业能力和创业素养。三是"面向有创业意愿学生"的"个性化"创业教育。开设"创业精英班""创业先锋班"，将拥有强烈创业意愿的大学生纳入其中，对他们进行个性化教育，并配备专业的指导老师，开设以创业技能提升为主的相关课程，搭建创新创业实训平台，带领他们开展实地考察和创业模拟，并结合高校创业社团，聚焦有创业意愿的学生群体加入，采取创业研讨和交流活动等方式，通过个性化的课程教育和实践实训提升这一大学生群体的创业成功率。通过分层递进的教育方式，对不同年级和专业的学生开展差异化、有重点、有针对性的思创融合教育，更好地满足不同大学生群体的创新创业需求，提供更加精准的教育培养措施，促进高校人才培养体系建设。

六、思创融合教育生态的立体性

开展思创融合教育离不开环境，环境是思创融合教育体系的组成要件，而环境的实际作用又是在思创融合教育活动中生成和变化的。从根本上来看，无论是环境的存在和实际生成，还是环境为人所用，都是在人的实践中发生的。以实践为基本分析单位建构起来的思创融合教育环境互动结构，实际上是一种以学生为中心，或者说以实践者为中心的结构，在这一结构中，起控制作用的是教育者。环境的作用在于为大学生思创融合教育的实践活动提供某种可能，大学生思创融合教育在一定的在客观环境中开展，受环境影响，同时也要积极利用环境，甚至改变环境，与环境中的规范性要素、资源性要素之间的互动关系从根本上塑造着思创融合教育实践活动的样态。通过人的实践活动进行思创融合教育环境建构的目标，就是要使这种以学生为中心的互动关系成为主体的自觉实践。实现大学生思创融合教育环境的自觉实践，需要做到以下三方面：认识环境、认识环境的合目的性、通过认识环境来认识教育客体。

首先，是认识环境。认识既是实践的基础，也是实践的重要组成部分，认识环境是利用环境、改造环境的前提。高校教师要充分认识到校园环境的重要性，认识到校园环境存在的客观现实性。思创融合教育是具有复杂性的现实存在，环境既有宏观因素，又包括微观因素；既包括历史传统，又包括当下现实；既包括物质性条件，又包括非物质性条件。而环境的各个部分之间又是相互联系、相互影响的。因此在高校开展大学生思创融合教育，应做好充分调查研究，尽可能全面、准确地认识环境。其次，是认识环境的合目的性。教育者和教育对象要带有开展特定教育活动的目的来认识环境，分析环境中各种要素之间的关系，分析环境中规范性要素和资源性要素，为实践活动的开展选择最为有利的场域，使思创融合教育活动环境中尽可能包含丰富的资源性要素。最后，是要通过认识环境来认识教育客体。"在思想政治教育活动中，无论从主观目的看，还是从客观结果看，主体要认识和改造的具体对象既不是受教育者的自然属性，也不是其社会属性，而是受教育者的精神属性，即思想政治道德状况。"① 同样地，在思创融合教育中，教育主体是教育者和教育对象，教育客体是教育对象的思想政治道德状况，教育目的是使教育客体符合社会和个体的发展对人的思想、政治、道德观念的要求。因而认识教育客体是非常重要的，对教育主体来说也是如此。教育对象所具有的观念是对其身处的世界的反映，所以在思创融合教育的过程中，不仅要了解教育对象的思想观念，还必须认识教育对象所处的思创融合教育的基础环境，了解教育对象思想观念的先在结构，在认识教育客体的基础上制订教育实践活动的具体目标和实施方案。新时代大学生思创融合教育不仅与学校环境有关，还和政府、社会、家庭紧密相关。马克思指出："环境的改变和人的活动或自我改变的一致，只能被看作是并合理地理解为革命的实践。"② 因此，高校在开展新时代大学生思创融合教育过程中需要有效整合各方力量，

---

① 杨现勇. 认识思想政治教育主客体结构的新视野 [J]. 理论与改革，2010（6）：118-120.

② 中共中央马克思恩格斯列宁斯大林著作编译局. 马克思恩格斯选集：第1卷 [M]. 北京：人民出版社，2012：134.

构建政府、社会、家庭与高校协同联动的思创融合教育的生态系统。一是政府要根据社会发展实际出台高校开展创新创业教育的相关政策和法律法规，营造良好的市场环境，切实保护创业者的合法权益；加强创新创业实践平台建设，激发大学生的创业热情，吸引更多大学生选择创业发展，缓解就业压力，为经济发展注入新鲜血液和活力。二是社会创业氛围的营造也对大学生思创融合教育产生一定的影响，尤其是要发挥社会舆论的宣传作用。要发挥成功创业者的典型示范作用，引导社会公众转变传统的就业观和创业观，提升其就业、创业的自信。三是家庭教育方面，家长帮助大学生正确分析自身的条件、兴趣爱好和能力，结合当前经济社会发展的新趋势，充分尊重子女对自己前程的规划，鼓励子女通过努力奋斗实现创业理想，营造支持创业、宽容失败的家庭氛围。在经济条件、政策支持、家庭观念和社会舆论等方面日趋完善的基础上，让大学生保持高度的创新创业热情，不断培养其科学的创新创业价值观，引导其实现人生价值。

第三节　新时代大学生思创融合教育的内生机理

近年来，创新创业与经济社会发展深度融合，更需要思想政治教育进行价值引领，为经济保质保量前提下的高速发展提供有力支撑。大学生思创融合教育要通过"知、情、意、信、行"五方面发挥作用，形成完备的内生机理。

一、理性认知驱动

认知是个体通过知识获取认识客观世界的信息加工活动，是对直观感觉经验的再认识和提升，认知的丰富与调整能够对人的认识活动产生重要的调节作用。具体到大学生创新创业精神认知就是指其相关的知识（如概念、内涵和特征）以及大学生对创新创业的认识理解过程，是大学生这个认知主体对认知客体的创新创业所形成的心理印象，体现着大学生对创新创业的整体态度。大学生对创新创业的认知过程，需要遵循认识论的逻辑思维，并通过认识论的途径来实现，即实践是认识的基础，认识是对客观事物的积极能动的反映，是一个不断循环和发展的过程。"认知"是促使大学生对创新创业从感性认识上升到理性认识的过程。感性认识是个体对其最初、最直观的感受，也是大学生对创新创业认知的最初阶段。理性认识是个体在感性认识的基础上，通过对创新创业的内涵、特征等核心内容进行概括和判断，形成抽象思维、掌握其核心要义，这是大学生对创新创业认知的高级阶段。在创新创业过程中，创业者只有储备相关的创新创业知识，才能达成对思创融合教育的合理认知，才能预见创新创业的巨大优势，并认识到创新创业的目标预期与现实条件存在的差距，从实际条件出发进行创新创业实践。根据认识论的逻辑，通过对创新创业实践的体验感知，验证创新创业的科学性和可行性，在认识、感悟、体验中逐渐形成创新创业的正确认知。因此，思创融合教育首先就应当通过理论知识的传授来发挥驱动，将创新创业相关的理论知识和思想政治教育的理论融入教学体系中，提升大学生对创新创业认知的合理性、精准性和系统性，通过对创新创业认知的训练，培养其创新思维和创业精神。大学生在创新创业过程中，既要积极学习创新创业的理论知识，更新创新创业理念，激发自己创新创业的灵感，还要不断提高自身创新创业能力，突破固有思维模式，积极创造新的资源组合方式，从而实现在思维和能力上的超越，成为一名真正的符合社会需要的创新型人才。

二、情感体验涌动

大学生创新创业精神的生成不止于纯粹的认知，经过理性认识并成熟的思考后，其逐渐对创新创业精神产生不同程度的心理认同，交织着"情""意"等因素。这里的"情"是指情绪、情感，是一种躯体和精神上的复杂变化模式，是个体察觉到的反应，如生理唤醒、行为反应等；"意"则是指支撑个体坚持创新思维、创业精神的思维模式和意志力，形成了大学生创新创业精神生成的精神动力。在大学生思创融合教育过程中，情感体验反映了主体与客体之间的价值关系，既有积极情感，也有消极情感，同时还受意志品质影响，发挥着重要的作用。情感是一种强大的精神力量，能够推动认识转化为行动，并发展为内在信念。创业者对创业的认知和实践活动是认知和情感共同作用的结果。创业情感包括创业心智、创业灵感和创业激情，其中创业激情尤为重要，是企业家在创业过程中所感受到的积极向上的稳定情绪，这些创新创业情感体验对思创融合教育起着重要的推动作用。创业不是一件轻松的事情，需要强大的精神动力和意志力作为支撑。如果大学生在创新创业活动中体验到积极的情感，就会促使大学生对创新创业形成一种正确的态度，那么他们就会通过各种方式尽可能地缩小现实与理想之间的差距，并将他们融入自己的思想认知中，从而强化创新创业信念的形成，驱使大学生对创新创业实践做出正确选择。反之，当他们体验到消极情感，就会产生对创新创业信念的不确定性，造成思想上的迷茫，最终迷失方向。"激情、热情是人强烈追求自己对象的本质力量。"① 要满足大学生创新创业需求所产生的积极情感体验，如高兴、满意、喜爱、光荣等，发挥这些积极情感因素在大学生思创融合教育中的催化作用。此外，创业情感能够让企业家专注于他们所从事的事情，并持之以恒地进行下去，让他们对创新创业实践活动更有认同感，使创业目标的达成更有驱动力，能够加快大学生创业者的学习进程，精准识别机会，全方位提升自身的综合实力，推动创业走向成功。

三、个体意志律动

意志是指通过发动或抑制某些欲望、愿望、动机、情感等在内的一种价值心理，支配和调整行动以实现自身目的，具有目的性的根本属性。坚定的意志是创业者实现创业成功的必备品质，大学生创新创业意志以实践为基础，遵循客观规律，主要体现在以下四方面：一是具有自觉性。自觉性是大学生创新创业意志培养的主要特征，将其转化为自觉行动，并融入学习和生活的各方面。创新创业者拥有坚强的意志，具有崇高的理想，并不断加强意志锻炼，方能在创新创业中不断提高自我，最终实现创新创业的成功。大学生作为朝气蓬勃的青年，要用自觉行动去奋斗、拼搏，激起对创新创业的热爱，对生活的追求。二是具有果断性。果断性是指大学生在创新创业中能够当机立断，在紧急状态下做出决策的意志品质。果断性是创业者在他们创新创业过程中拥有的共同意志，创业者才会不懈地朝着目标前进，实现创新创业的目标。三是具有自制性。自制性是指在创新创业过程中大学生能够不受外界因素的干扰和诱惑，支配和控制自己行动的良好意志品质，最终达到创业成功的目的。在创新创业的过程中，既会有诱惑也会有困难挑战，要抵制诱惑、战胜困难挑战，大学生就必须坚定自身的创新创业意志，树立科学的创业价

---

① 中共中央马克思恩格斯列宁斯大林著作编译局. 马克思恩格斯文集：第 1 卷 [M]. 北京：人民出版社，2009：211.

值观，坚持自己的底线和原则，才能取得更加长远的发展。四是具有坚持性。相当一部分人有着创业的想法，但能够坚持下来的创业者少之又少。因此，大学生在创业过程中要坚定创业的意志，始终相信只要持之以恒地努力，总有一天会迎来成功的掌声和鲜花。创业过程充满艰辛、风险、挑战，只有具备良好的心理素质和顽强拼搏的斗争精神，才能在创业道路上披荆斩棘、砥砺前行，实现创业梦想。而创业意志是指个体在创新创业实践活动中，根据自己的目标来支配和调节创业行动，直面创业路上的各种挫折与困难，坚定不移地完成创业目标的一种优秀品质，主要表现在创业的决心、信心、恒心等方面。在创业过程中，大学生也必然会遇到资金短缺、管理能力不足、政策限制等方面的障碍和压力，在这种强度的压力之下，只有意志坚定的人才能顶住压力、化危机为机会、变压力为动力，最终获得成功。对创业者来说，只有在创业过程中坚定创业意志，将强大的意志转化为实际行动，克服内外干扰，消除负面情绪带来的影响，在创业过程中表现出迎难而上的坚强意志，展现出独立性、坚定性和自制力，才能在纷繁复杂的社会环境中找到自己的"坐标系"，成功实现创新创业理想。

四、人生信念推动

信念是主体对某种现实或观念抱有深刻信任的精神状态，是人类特有的精神现象，为创新创业目标的实现提供了强大的内在动力。人生信念始终指引着人们"应该怎么做，不应该怎么做"，首要的是解决人们的价值判断的问题。在创新创业教育过程中，大学生在对自身需求的基础上，通过对创新创业本质和规律的理性认知，将会体验到"为什么创业""怎样创业才有意义"和"这样创业是否符合自己的需要"等，经过理性认知一旦形成坚持创新创业的信念，就会表现出对创新创业的坚定态度，指引着大学生"我应该进行创新创业""我要这样进行创新创业"，激发大学生创新创业行为的巨大动力，成为支配大学生创新创业行为选择的重要推动力。个体的创业成功与人生信念紧密相关。人生信念能够激励创业者为实现创业目标而不断努力奋斗，表现出精神上高度集中、态度上充满热情、行为上坚定不移。在创新创业实践活动中，人们也要确立自己的价值目标。一方面，创新创业价值目标贯穿于创新创业活动的始终，规定着创新创业实践活动的基本方向，决定着创新创业道路的选择。因而，高校大学生思创融合教育必须建立在对大学生创业心理的客观认识的基础之上，引导大学生树立正确的创业信念，培养其创业意志，勇于直面创业困难和挫折，以提升思创融合教育的效果。人生信念能够为大学生创新创业实践形成强大的精神动力，为创业成功奠定重要的基础。在人生信念体系理论之中，信仰是最高层次的信念，相对金钱、名利而言，信仰无疑是具有无限内生动力的最高层次的精神力量，更能彰显创业的人生价值和社会意义。另一方面，正确的创新创业价值目标能够激发大学生的创业热情、创业欲望、创业信念等非理性因素，充分调动他们的积极性和主动性，使他们在创新创业实践中充满激情，富有毅力和顽强的拼搏精神。经过这一过程，大学生对创新创业实践的内容、原则、价值才能真正接受，实现创新创业信息向大学生创新创业价值评价标准的转化，最终形成正确的创新创业价值目标导向，促进其形成创新创业行为实践的投射意义。

五、行为外化

知识要转化为能力，都必须躬身实践。要坚持知行合一，注重在实践中学真知、悟真谛，加强磨炼、增长本领。思创融合教育，仅仅依靠理论知识教育很难达成培养目标，只有将理论知识、情感认同与创新创业实践相结合，才能达到"知行合一"。外化践行是指大学生经过认知、认同并内化于心之后，在学习和生活中积极进行创新创业实践，是"知、情、意、信、行"循序渐进、共同作用的结果。思创融合教育只有外化为行动，打通主观世界与客观世界的"转换器"，才能起到真正的教育效果，实现"知"和"行"的统一。从马克思实践观的角度来审视"知"与"行"的关系，本质上说就是处理好理论与实践的关系问题。大学生思创融合教育的过程也是一个知行合一的过程，经过对创新创业的理性认知、情感体验、磨炼意志和坚定信念，将创新创业的价值追求转化为行动。思创融合教育关注大学生创业实践，将创业认知、价值判断与创业行为相结合，又关注价值养成和日常规范，引导大学生形成正确的创业价值观，促进大学生创业意识和创业精神的塑造。如果大学生思创融合教育只存在于头脑之中，没有任何行动上的体现，那么只能是创新创业观念上的生成状态，没有任何行为表现，从而造成大学生在创新创业上的知行分离。观念上的思创融合教育只有通过实践转化为实际的创新创业行动，才能发挥真正的作用。通过创新创业的反复认识和反复实践，大学生才能将创新创业价值观内化为稳定持久的理想信念和价值追求，外化为自觉、主动的创新创业行为。例如，将创新创业大赛作为实践养成的重要抓手。高校组织开展创新创业竞赛时，要注重面向全体学生，发挥竞赛育人的功能，避免重获奖轻建设的倾向，通过全员参与，让学生在竞赛中重视创新思维、创业能力和创造精神的培养；将创新创业的实习实训基地作为实践养成的重要载体。践行知行合一，必须注重学生主体的体验，转变教育方法，通过典型示范、案例呈现等形式直观地让大学生感受"知行合一"的精神力量，将这种理念融入大学生创新创业教育中，形成理论与实践、知与行的辩证统一，将良好的道德品质"内化于心，外化于行"。高校通过建设众创空间、虚拟创业工作室、创业孵化园等各类实习基地，以"真刀真枪"的实战演练，让学生在参与体验中获得创业的感性认识与经验积累，实现对创新创业价值的认同和内化，在这一过程中，"理论与实践"实现了高度统一，强化大学生创新创业价值观中正确的部分、不断修正错误的部分，促进创新创业新的认知、逻辑、观念的生成。行为外化的实现方式是实践，而这种实践是持久性、习惯性的行为。通过在社会文化的熏陶、学习教育、榜样示范、动机需要和价值认同等主客观条件相互作用、相互转化的过程中逐步完善。大学生经过创新创业实践训练后，创新创业实践积累到一定程度，培养的创新创业能力才具有广泛的迁移性。行为外化有助于我们认识思创融合教育的双向互动规律。通过发挥学校的主导作用，采取积极的行动对大学生进行创新创业教育，加深其对创新创业的认识，激发其创新创业情感，增强其创新创业信念，训练其创新创业行为，磨炼其创新创业意志，促进大学生形成与国家、民族、社会发展相适应的创新创业价值观。激发大学生的主体作用，建立自觉追求更高层次创新创业的意识和信念，形成良好的创新创业的心理品质和行为规范。

第七章

新时代大学生思创融合教育的创新路径

思创融合教育作为我国创新型人才培养的举措之一，不仅是一种创新创业技能教育，更是一种生存发展的素质教育，尤其在大学生求职生涯和创业之路中有着非常重要的作用。因此，思创融合教育需要将理论与实践相结合，以达到综合全面培养创新型人才的作用。既要培养大学生创新意识、创业精神、创造能力和奋斗精神，还要使其坚定理想信念，让其树立正确的创新创业价值观。基于前文新时代大学生思创融合教育的实证调研，分析当前高校开展大学生思创融合教育存在的问题，深挖高校大学生思创融合教育存在问题的原因，提出大学生思创融合教育的创新路径，使大学生创新精神和创造意识的培育更具有针对性和实效性。

第一节 树立思创融合教育理念，实现教育理念的融合

马克思指出："如果在全部意识形态中，人们和他们的关系就像在照相机中一样是倒立成像的，那么这种现象也是从人们生活的历史过程中产生的，正如物体在视网膜上的倒影是直接从人们生活的生理过程中产生的一样。"[①]良好的教育理念是激发大学生创新意识和创造能力的先导。因此，要想让思创融合教育进教材、进课堂、入头脑，必须让高校教师不断更新观念，如创新驱动发展战略思维、全方面育人、以学生为本以及网络信息化与法治意识等理念，这些理念可以对高校育人能力的提升带来积极的意义。所以，本节

① 中共中央马克思恩格斯列宁斯大林著作编译局. 马克思恩格斯文集：第 1 卷 [M]. 北京：人民出版社，2009：525.

对高校进行大学生思创融合教育提出了相关的理念创新。

一、增强创新驱动发展战略的教育理念

2016 年 5 月，国务院公布了《国家创新驱动发展战略纲要》（以下简称《纲要》），指出当前传统发展动力不断减弱，必须依靠创新驱动打造新的发展潜力。《纲要》对国家实施创新驱动型发展战略具有重要的指导性，顺应了当今时代要求，为我国高校创新驱动发展指明了方向，为校企协同创新发展开辟了新道路，也为思想政治教育工作者的能力和水平提出了新要求。党的二十大报告指出："深入实施科教兴国战略、人才强国战略、创新驱动发展战略。"① 开展大学生思创融合教育时，需要增强创新驱动发展战略的教育理念，紧跟国家发展的方向，根据国家创新创业政策和国家战略的变化而改革教育内容。创新创业理念是国家顶层设计层面制定的发展规划，应深入学习和解读创新创业的相关文件，将其内化为自身的知识储备。

党的十八大以来，在党和国家的支持下，思创融合教育得到了迅速发展，这就要求我们只有理念上与时俱进，在课程教学和日常管理工作之中，在教育理念上要紧跟国家创新驱动发展战略的步伐，深入理解思创融合的最新政策以及总体要求。创新创业教育作为新时代人才培养的重要方式，与时代精神相吻合，与国家创新驱动发展战略相统一，深刻践行着社会主义核心价值观。高校教育工作者应根据顶层设计的发展规划来更新教育理念，改变传统的、故步自封的教育理念，才能给大学生渗透创新创业价值观，最终取得积极的育人效果。

二、树立全方位育人的教育理念

习近平总书记在全国高校思想政治工作会议上指出："要坚持把立德树人作为中心环节，把思想政治工作贯穿教育教学全过程，实现全程育人、全方位育人，努力开创我国高等教育事业发展新局面。"② 全方位育人就是发挥教

---

① 习近平. 高举中国特色社会主义伟大旗帜　为全面建设社会主义现代化国家而团结奋斗：在中国共产党第二十次全国代表大会上的报告 [EB/OL]. 中华人民共和国中央人民政府，2022-10-16.
② 习近平在全国高校思想政治工作会议上强调：把思想政治工作贯穿教育教学全过程　开创我国高等教育事业发展新局面 [N]. 人民日报，2016-12-09（1）.

育载体的作用，充分利用课程教学、班会、年级大会、党团工作、社团指导活动、创新创业大赛、就业招聘等载体，对大学生创新创业进行精细化管理，在这一过程中，渗透创新创业品质，为大学生创业就业打下良好的基础，通过开展一系列创新创业活动，培养学生创新创业价值观，不断彰显全方位育人的特色。目标指向上，转变全校师生对思创融合教育的认同理念，在办学模式、育人理念、学科设计等方面加强创业品质的培养，致力于提升大学生的道德品质和政治觉悟；实践模式上，致力于挖掘校内外各种育人元素，将创业品质嵌入大学生日常生活中，培育大学生对创业情感的认同；实施对策上，提倡以学校教育为主导、社会教育为依托、家庭教育为基础的整体性发挥，构建协同育人体系，逐步深化大学生对思创融合理念的认同。思政教育还应正确把握人与社会发展的新趋势，把社会利益与个人利益紧密结合，进一步拓展新思维，增强思创融合教育的针对性与实效性。如开展大学生职业生涯规划和就业形势教育，将创新的元素融入学生血液，培养其创新思维和创造能力，让创新成为新时代大学生的人格特征之一，使创新意识培养成为大学生学习与生活的重要组成部分，帮助大学生形成正确的创新创业价值观。

三、秉承以人为本的教育理念

以人为本是当代中国教育的核心理念，注重面向全体学生和全体教师，激发学生创造意识，结合大学生成长发展的需求和教师自身发展的实际，从而推动高校思创融合教育师资队伍建设。将以人为本与人的全面发展相结合，把思想政治教育的目标化虚为实，端正大学生创业动机，减少创业的盲目性和随意性，进而强化大学生的创新创业意识。高校应把握思想政治教育思想统领的"掌托人"地位，深刻认识到创新创业教育是适应经济社会发展而产生的一种教育理念，也是党和国家赋予高校的重任与时代要求。同时，高校思创融合教育应着力解决大学生思想与行为问题，使思政核心素养和大学生创新创业能力实现双向构建，实现大学生由感性认识到理性认识的飞跃；在思想政治教育价值引领中激发大学生创新创业潜力，在创新创业实践中强化其责任担当，打造思创融合的组合拳，促进学生对思创融合教育理念的高度认同，为大学生自由全面发展奠定坚实的基础。一方面，高校开展思创融合教育要以学生为本。大学生思创融合教育的过程当中，受教育的主体是学生，必须以学生为核心，运用马克思主义关于人的全面发展理论，结合新时代背景，围绕学生的需求开展活动。应从学生角度出发，发挥学生的主体意识，有针对性地开展大学生思创融合教育，激发学生的创新意识。此外，由于大学生家庭背景有所差异，性格特征不同，在进行思创融合教育时，要善于倾听每一位学生的心声，秉持以学生为本的教育理念，以学生的需求为目标对象，对大学生的选择给予足够的尊重，循序渐进地引导学生，充分挖掘大学生的创新精神和创造能力，从而体现以学生为主体的育人理念。另一方面，要关注教师个体的发展需求，对他们给予充分的人文关怀，既要将其作为实现思创融合教育目标的工具，又要把他们看成具有个人价值追求的个体，考虑他们在思创融合教育中个体情感体验及价值实现，帮助他们不断地挖掘和升华自身的价值，使他们体验到自我价值实现的满足感与幸福感。

值得指出的是，要充分发挥高校辅导员在日常管理中渗透思创融合教育理念。同时，思创融合教育的根本是学生，其本质在于育人。要达到以上目标，首先，辅导员在日常管理工作中秉持师生平等的原则，在交流中相互尊重，最大限度发挥学生主体地位，激发学生的创造能力，使其在态度上从"要我学"向"我要学"方向转变，端正学生的学习态度，在方法上从"学会"向"会学"转变，提高学生的学习效率。其次，辅导员要做好教育与服务学生的角色，一是及时解决学生的实际问题和困难，将教育学生与服务学生结合起来；二是做好创业就业信息的收集，把握学生就业与创业的心理动态，全面落实政府关于大学生就业和创业政策。最后，辅导员在指导大学生参与"挑战杯""互联网+"等竞赛时，融入团队精神教育，注重学生自身内在价值发展需要，使合作共赢的理念在学生内心落地生根，培养学生责任感与使命感，促进大学生自由全面发展。

第二节　提升思创融合教育的师资队伍水平，
实现教师队伍的融合

广西高校立足于少数民族自治区、临近东盟国家的区位优势，以更好地服务国家"一带一路"建设，切实提升思创融合教育的育人实效。调查结果显示，广西多所高校成立了独立的创新创业学院。例如，2017年年初，广西师范大学以培养"有激情、有目标、有能力"的创新创业人才为目标，成立了"广西师范大学创新创业学院/中国—东盟创新创业学院",坚持"面向全体学生,结合专业教育,将创新创业教育融入人才培养全过程"。为此,高校在开展创新创业教育过程中,应加强高校思创融合教育的师资队伍建设,提高课程教学的教师和日常管理的辅导员开展思创融合教育的能力和水平,促进他们共同进步、协同育人,实现师资队伍的充分融合。

一、借助思创融合教育平台,强化课程教师和辅导员两支队伍交流互鉴

在课程教学和日常管理两方面,要充分发挥课程教师和辅导员各自的优势。

在思创融合的课程教学层面。首先,充分利用思创融合教育的课程教学集体备课的机会。一是部分高校已经建立了学院之间的师资培养协作机制,为高校思创融合教育提供了师资保障。例如,马克思主义学院与创新创业学院联合培养时,建立定期培训制度,加强课程教师和辅导员的思想政治理论水平。二是高校成立了独立的创新创业学院,为思创融合教育提供了更为坚实的硬件条件。如广西师范大学"创新创业基础"课程成功入选教育部课程思政示范项目,作为全日制本科生的公共必修课程,始终围绕"家国情怀、创新精神、社会责任、诚信守法和国际视野"的课程思政五大核心要素。在创新创业教育课堂上,精准融入思想政治教育的内容,并积极开拓第二课堂,秉持理论教学与实践教学相结合,实现知行合一。三是积极开展思创融合的课程教师队伍集体备课。两个学院教师可以共同探讨"融入什么""怎么融入"等难点问题,引导学生正确对待创新创业教育课程学习,鼓励学生参加创新创业实践活动。在这一过程中,潜移默化地渗透思想政治教育理念,培养学生创新创业的理论知识和实践能力,激发学生的创业意识,端正学生的创业目的与动机,全面提升学生的创新创业素质,增强学生的社会责任感和民族自豪感,培养一批能担当民族复兴大任的时代新人。其次,高校创新创业教育师资队伍的思想政治理论水平影响着大学生创新创业价值取向。因此,要着力提升教师的思想政治理论水平,以此推动大学生思创融合教育的健康发展。基于前面的调查数据,大学生思创融合教育的师资队伍发展不平衡。当前,大多数高校的创业导师是由辅导员兼任,持证上岗的创业导师非常少,其创业的理论与实践水平参差不齐。这类导师一般很少参加正规、系统的创业培训,无法保证对思想政治教育内容的理解以及教师自身的思想政治理论水平。所以说，不仅要注重创业技能传授，也要规范其创业动机，注重培养学生创业精神品质，特别是吃苦耐劳、迎难而上、百折不挠的抗压抗挫能力。这就需要具备较高水准的思想政治理论素养的教师，以及拥有创业实践经验的创新创业课程教师进行交流互鉴。一是思创融合教育的师资队伍需要加强马克思主义理论水平。在全校范围内广泛开展大学生思创融合教育，培养教师自觉学习的精神，要坚持以马克思主义理论为指导思想，用其武装大学生头脑，激发大学生的创新意识，不断优化大学生的人格品质。高校思创融合教育的教师队伍要善于借助"思创融合"工作室平台，深入交流，共同协助开展一系列活动，探讨在创新创业教育中如何融入思想政治教育中"爱国、敬业、奋斗"等元素，不断优化知识结构，成为一名具有交叉学科素养的教师。二是思创融合教育的教师队伍要将立德树人作为其出发点和落脚点。高校思政课承担着落实立德树人的根本任务，办好思政课具有十分重要的意义。在创新创业过程中，要及时培养大学生意志品质，促进大学生劳动素质的发展。三是高校思创教育的教师队伍要提升运用思想政治教育的方法，加大思创融合力度，既要注重创业技能训练，也要重视思想政治教育理论的指导。要发挥思想政治教育的个体性功能和社会性功能，引导学生以正确的价值观为指引，规范自身创业实践行为，培育健全人格，坚定正确的政治方向，激发其在创业过程中遇到困难和挫折的精神动力，并全面塑造和提升个体人格。要帮助大学生树立正确的创业观、就业观，立足于自身的实际情况，引导学生制定职业生涯规划，在自主创业、就业过程中实现自身价值。最后，提升师资队伍的师德修养。作为思创融合教育的教师同样要努力塑造自我，以师德的实践要求完善自我，树立良好的教师形象。坚持以先进的榜样为思想领路人，规范自己的言行，才能使自己坚持正确的方向，助力自己成为一名既有专业素质又有师德修养的人民教师。师德修养的状况将直接影响到所培养大学生的创业品质。思创融合教育的教师也要树立终身发展的理念，不断完善自我，"德"与"才"缺一不可，教师作为学生的表率，在创新创业过程中，良好的道德修养会深刻影响着学生的思想和行为。因此，思想政治理论课教师和创新创业教育的课程教师要积极开展学科之间的合作，定期进行学科交流，既能够弥补彼此基础理论知识的不足，又可以丰富工作经验，使两门学科的教师由"片面型"向"全面型"转变，实现两门学科在思创融合教育中的协同作用。

在日常管理学生工作的辅导员层面。其一，传播好大学生创新创业理论知识。高校辅导员不仅要引导学生树立正确的创新创业意识，还要丰富学生创新创业知识，这两者对大学生创新创业都是同等重要的。创新创业知识不仅包括专业知识，还包括生产管理、产品市场销售模式、产品策略分析等知识。因此，辅导员进行大学生创新创业教育，要善于将创新创业理论知识结合实际的创业案例，引导学生从"被动学习"向"主动探索"转变，加强对创新创业知识的传播。大学生在创新创业的过程中，掌握创业理论知识与创业实践的经验，从而提升高校辅导员育人能力，为大学生创新创业提供扎实的基础条件。其二，做好大学生创新创业思想的引导工作。新时代大学生思想活跃、精力充沛，是发挥创造能力的主力军。面对激烈的社会竞争，加上个人家庭传统就业观念的影响，在这些因素的推动下，使得原来有创业想法的大学生，为了规避创业风险，往往转向传统的行业。所以，高校辅导员要扮演大学生创新创业思想的引导者，引导大学生正确认识创新创业。在日常思想政治教育管理过程中，辅导员与学生接触的频率较多，在指导创新创业大赛中，通过组织学生参与各种创新创业活动，宣讲国家和政府颁布的创新创业政策，促进学生传统就业观念的转变，激发大学生的创业兴趣，激发学生参与创新创业的热情，提升自我创造能力。其三，组织好创新创业实践活动。在日常管理工作中，高校辅导员与学生交流相对密切。辅导员组织大学生进行创新创业活动的过程中，要向学生分析国内国际创业就业形势，并以此为契机，根据学生的兴趣点，帮助学生组建创业团队，引导学生发散思维，鼓励学生勇于提出创业设想，在指导老师的带领下，积极参加创业孵化活动。此外，辅导员要针对学生创业项目进行一对一指导，分析创业计划中存在的不足，从而帮助大学生完善创业计划。因此，辅导员组织创新创业活动，可以有序地开展创新创业活动，为大学生创新创业实践提供有力保障。其四，为大学生创新创业实践提供服务。高校辅导员作为一名教师，既是大学生创新创业施教的主体，也是大学生创新创业行动的服务者，为参与创新创业的学生提供相关服务。一方面，辅导员能够提供创业理论指导和心理疏导的服务。创新创业过程中学生会面临不同的问题，仅仅依靠意识和想法是很难成功的。如项目融资、项目执行、产品推广等，任何一个环节的不完善都可能导致创业失败。然而，在创新创业过程中，当学生遇到创业中技术性较强的问题时，辅导员能够给予学生创业指导，为学生进行相应的心理疏导，以帮助学生减轻创业压力，迎难而上，鼓足创业干劲。另一方面，辅导员要与学生保持密切联系，为创业服务提供保障。通过传达大学生创业的相关政策，使学生掌握创新创业的最新动态，为大学生创新创业行动提供支持和帮助。在创新创业过程中，辅导员还能够基于自身的所见所闻、所带学生的创业案例，引导学生明白创业的艰难之处，鼓励学生善于从问题和失败中总结经验，使学生在面对困难和艰辛时依旧能够保持创业初心、坚定创业意志。

二、明确辅导员角色定位，发挥日常管理育人价值

辅导员作为高校行政教师队伍的基层工作者，是学生最为亲近的教师群体，对学生的实际情况也相对了解。因此，辅导员要积极发挥自身优势，鼓励学生踊跃参与创新创业活动，提升大学生思创融合教育的能力。

首先，辅导员是大学生创新创业知识的教育者。一是辅导员要努力成为创新创业文化氛围的创建者。马克思指出："环境的改变和人的活动的一致，只能被看作是并合理地理解为变革的实践。"[1] 人的思想与行为和周围的环境密切相关，每个人的思想往往受到一定文化的影响，而辅导员开展思创融合教育必定是在一定的文化氛围中进行。辅导员身处相对单纯的校园环境，面对众多的学生群体，可以充分发挥自身的工作优势，将学生的个性特点结合起来，成为创新创业文化环境的创建者。如在新生入学教育阶段，学生主要是适应大学环境，以创新思维启发学生，不断拓展学生思维模式，使其适应大学的学习和生活；在校园内通过社团、联合校团委学生会等部门组织创新创业竞赛活动，营造良好的创新创业氛围，使更多学生参与到创新创业中。二是辅导员要努力成为创新创业的引领者。高校辅导员作为大学生思创融合教育的一支队伍，传达创新创业政策文件属于日常工作的一部分，在指导学生创新创业活动中，可以充分利用创新创业社团，引导学生积极参与创新创业大赛，鼓励学生利用寒暑假参与创新创业实践，使学生在潜移默化中接受创新创业知识。第一，在创新创业职业技能的培训上，辅导员要做好思想政治教育的有力引导者。大学生在创新创业的征程中，由于其过程的复杂性与艰巨性，他们往往会遇到众多困难、面临不同的抉择。辅导员要注重培养学

---

① 中共中央马克思恩格斯列宁斯大林著作编译局. 马克思恩格斯选集：第 1 卷 ［M］. 北京：人民出版社，1995：59.

生创业的心理素质，增强学生的抗压能力。如通过与学生谈心谈话、校园文化活动，主题团日、党日等形式，渗透创新创业价值观，不断增强学生应对困难的抗压能力。第二，针对不同层次的学生，要依据不同个体进行具体分析，培训的周期和内容要有所区别，根据大学生的专业学习情况和个人兴趣，为大学生提供个性化创业指导，引导大学生选择合适的项目进行创业尝试；精准掌握学生的成长情况，根据学生的成长情况建立学生档案，有针对性开展思创融合教育。对创新意识不强的学生，侧重培训学生的创新思维，善于启发学生，激发学生内在兴趣；对创业规划明确的学生，要制订周详的学习计划，提升学生实际动手能力，引导大学生制定职业生涯规划，引导其制订科学的创新创业计划；对创新创业意识较强的学生，要引导其树立风险危机的意识，增强危机应对能力。第三，辅导员要积极响应国家创新创业政策，通过班会、年级大会、社团主题活动等途径，向他们宣传创新创业最新政策与法律法规，使其认识到国家对创新创业的重视，认清就业形势，合理规划创业，激发大学生创新创业的积极性。

其次，辅导员是大学生创新创业过程的陪伴者。一是在创业初期和中期，辅导员在大学生创新创业中扮演着重要的角色。高校辅导员作为学生创新创业教育的一支队伍，大学生从进入大学校园的入学教育，再到中期的职业生涯教育，辅导员进行全过程的就业指导，引导学生树立崇尚创新的价值观，争做创造社会就业岗位的人。辅导员对学生进行创新创业项目指导的过程中，第一，学生需要进行项目选择；第二，根据学生特长优势，组建创业团队；第三，进行创业计划项目书撰写。但由于大部分学生缺乏社会经验，再加上学业繁忙，往往有了创业想法，也难以开展创业实践。因此，辅导员要发挥陪伴者的帮扶作用，"做大学生成长成才的人生导师和健康成长的知心朋友"①。在思想上，辅导员要教育学生综合考虑自身的实际情况，不能好高骛远，引导学生确定合理的创业目标。在创业队伍的组建方面，辅导员可以跨专业、跨学院、跨学校选拔具备创业项目优势的学生，帮助学生组建一个具有强大竞争力的团队。在项目报告书撰写上，辅导员可以根据历届获奖的团队、收集整理获奖的创业项目书，参考各方面资料，帮助大学生撰写具有创

---

① 普通高等学校辅导员队伍建设规定：教办〔2017〕43 号［EB/OL］. 中华人民共和国教育部，2017-09-29.

新点的项目计划书，指导其完善计划方案。二是辅导员是大学生创新创业后期的陪伴者。当大学生的创业项目转化为科研成果时，辅导员要积极协商各方资源，为大学生寻求合作企业，帮助大学生将创业成果转换为产品，实现创业经济价值。辅导员要给大学生普及产品的知识产权，鼓励他们申报科研成果专利，保护自己的科研成果。在心理方面，大学生在创业后期会面临各方面的压力，容易产生焦虑情绪。当学生面临这种情况时，辅导员要及时关注大学生的心理动向，解决大学生创业的问题，加强对大学生的心理辅导，鼓励大学生坚定信心，顺利完成创业项目的结项工作。

最后，辅导员是大学生创新创业精神的培育者。在创新创业过程中，大学生会遇到许多困难与挑战。对一个缺乏社会经验的大学生来说，这是一个巨大的考验。因此，辅导员要培养大学生创业品质，帮助大学生实现创业理想。一是培养大学生艰苦奋斗、自强不息的精神。在日常管理中，辅导员对大学生进行艰苦奋斗教育，使学生内化于心，将艰苦奋斗落实在创业行动中。辅导员要将马克思主义基本原理运用于创业实践：在创新创业过程中，辅导员要引导学生认识到事物是不断向前发展的，呈现螺旋式上升的特点。因此，在进行创新创业教育时，辅导员对大学生进行思想政治教育，引导学生正确看待创业过程中的困难，使其鼓足勇气，勇敢向前。二是培养大学生社会责任感和乐于奉献的精神。对大学生而言，社会责任感直接影响着他们的创业行为。在日常管理学生工作中，辅导员要加强大学生社会责任感教育，引导学生在创业过程中，充分了解学生对社会责任态度的基础上，紧密结合社会利益，引导学生将社会责任感作为创业的基本准则。社会责任在创业过程主要表现为服务社会、奉献社会。辅导员要增强学生的服务意识，如辅导员通过社团的服务性活动、党日"红色体验"纪念活动、职业生涯规划体验活动等实践载体，结合学生的专业背景，加深学生创业团队精神的培养，使学生充分认识到在创业过程中，在得到他人和社会组织帮助的同时，激起学生的反哺意识，从而更好地奉献社会。三是培养大学生开拓创新、敢为人先的首创精神。第一，辅导员要加强对大学生的引导，在意识层面上，要让大学生意识到创新的重要性，彰显创新魅力。第二，当学生面临创业困难时，辅导员要及时给予学生信心，使学生鼓起勇气，大胆进行创业尝试。第三，辅导员应重视创业实践活动，鼓励学生勇于挑战自我，敢于冒险，并引导学生做好创业失败的防范措施。最后，创新创业是失败风险高的实践活动，如果大学生创业失败，辅导员要对大学生进行创业的经验总结，并给予包容和鼓励，使大学生保持创业信心，顺利进行下一次的创业尝试。

三、强化思创融合教育的教师培训，改善师资的课程观与教学观

根据前面调查结果可知，当前高校思想政治教育与创新创业教育内容存在相互分离，呈现"两张皮"现象。因此，要加强思创融合教育的教师队伍培训，引导其树立崭新的课程观和教学观。

第一，马克思主义学院要强化课程教学实效性，树立思创融合教育的课程观与教学观。思想政治理论课教师要以创新创业教育中爱国主义、艰苦奋斗、爱岗敬业等元素为基础，以这类元素为本位，确保学生获取思创融合教育内容的准确性和系统性。注重在思想政治教育过程中培养大学生的创业意识，将思想政治教育与创新创业教育有机结合起来。我国思想政治教育是以辩证唯物主义和历史唯物主义为基础，如马克思群众观点、世界普遍联系理论、辩证的否定观很好地诠释了创新创业教育的合理性：高校大学生创业者就是人民群众，众多大学生创业者创造了人类物质生产资料的历史；资源整合意识体现了马克思主义联系观点，认为世界是普遍联系的，整个世界是一个相互联系的统一整体。创新创业资源整合意识就是要求创业者将创业过程中的各种资源有机整合，为大学生创新创业实践做好充足的准备；在创新创业过程中注重培养创新意识，要求大学生创业者综合考察各方面因素，对当前存在的创业实体进行辩证否定，消除创业实体中的负面因素，发展一切有利于创业实体发展的积极因素，创建新的公司，从而实现企业发展的新境界。可见，思想政治教育对人的全面发展所起的作用是全方位的，要充分利用马克思主义理论教育体系，引导学生运用联系和发展的观点开展创新创业实践，让学生认识到任何事物都是对立统一的，要在创新创业实践中不断探索、不断创新，深刻理解大学生创新创业对社会的推动作用。此外，思想政治教育的教师除了要掌握扎实、丰富的思创融合理论功底之外，还要具备较强的扩展能力来调动理论课堂的内容，进一步增强思创融合教育课程教学的趣味性。

第二，创新创业学院要注重创造性地整合资源，着力培养思创融合教育的教师队伍，引导教师树立思创融合教育的课程观与教学观。创新创业教育要求教师充分调动各种资源，激发学生的创业意识、创造能力和创业精神，让学生掌握创新创业的理论与实践知识，使学生坚定创业成功的自信，引导

学生形成正确的"三观"。培养思创融合教育的师资队伍，可以从校内培养和校外引进两方面进行。校内培养可以从三方面入手：一是高校可以在原有的思想政治教育师资队伍中，采取校企联合培养、外派学习、挂职锻炼等方式，深入企事业单位交流学习，参与社会创业市场调研，了解各单位从最初创业运行的"第一手资料"，亲身体验创业过程中遇到的困难，深刻感悟创业者的人生经历和他们的感染力，培养一批具有创新创业指导能力的教师。学校定期开展思创融合教育的专业培训，选派部分教师参加国家及创新创业相关部门组织的活动，及时掌握创新创业的最新前沿问题；要组织思想政治理论课教师参加创新创业技能的培训，如市场研究能力、创意构想、商业计划书写训练等，以增强教师对学生创新创业实践指导的教学技能，从而达到教师能够在思想政治教育过程中穿插创新创业教育的内容。二是在原有创新创业指导教师队伍中，通过组织学习提升其思想政治理论水平。通过组织创新创业教育的课程教师参加国家级会议、各研究学会组办的论坛等，扎实掌握最新创新创业教育动态。通过提供到党校参加周期性的学习班，培养教师在创新创业教育的指导中的思想政治教育的素养；或是组织开展一系列思创融合教育的学术讲座，多方面、全方位提升创新创业教师的思想政治教育水平。在参加会议后，要及时共享学习心得体会，总结所吸收到的教学经验，从而更为科学、合理地规划思创融合教育的内容，提高大学生思创融合教育的质量。三是提升教师思创融合教育的学术研究水平，鼓励双方共同申报思创融合教育的项目课题，并组织双方教师进行组织交流研讨，促进两类教师交流互鉴、共同进步。校外引进可以从三方面入手：一是柔性引进校外专家。通过聘请社会企业家、知名校友、政府创新创业相关部门工作人员等作为大学生创新创业实践导师，与校内创业导师或辅导员相结合，确保创新创业实践教育的效果。二是组织教师进行语言沟通技巧、创业心理健康培训等课程学习，增强教师教学综合能力和个人授课魅力。要善于运用创新性教学思维，将思想政治教育内容渗透到创新创业教育中，提升教学的实效性。三是吸纳思创融合教育的课程教学和科研成果比较突出的专家，提升思创融合教育的教学水平。

四、优化思创融合教育的教师选拔制度，构建专兼职相结合的师资队伍

高校选拔一批综合素质过硬的思创融合教育教师队伍，必须完善师资队伍选拔制度，构建专职与兼职相统一的师资队伍。专职队伍重点负责思创融合教育的基础教学和实践管理工作，对创新创业教育活动进行统一规划与管理；兼职教师旨在解决创新创业实践教学的难题，帮助学生联系实践学习基地。

第一，秉持公开、公平、公正的原则，不仅能够选拔出最优秀的人才，又能够充分调动相关教育工作者的主动性。经过个人自主申请、学院推荐、学校会议认定等程序，挑选出有意愿、有能力担任大学生思创融合教育的工作者，其主要成员应当包括思想政治理论课教师、创新创业教育课程教师和辅导员。

第二，针对我国高校思创融合教育的不足，尤其是缺乏创业及企业科学管理的经验，高校可以通过以下方式进行：一是举办创新创业教育讲坛，邀请创业成功者或从事创新创业教育研究的资深专家与校内教师进行面对面交流，在深入广泛交流的过程中，汲取他们的创业实战经验。同时，鼓励教师将"走出去"与"引进来"相结合，以弥补教学和实践上的缺憾。要带着高校思创融合教育中存在的问题，深入企业、社会，有条件的高校可以拨付经费组织教师到国外欧美发达国家与高校学习先进经验，为我国思创融合教育提供经验借鉴。二是高校要立足于顶层设计，组建专业教师团队入校。放眼五湖四海，择天下英才而用之。高校在人才选拔上，要遵循"八方迎客"原则，将具备丰富的创新创业实践经验的人才招揽入校，如聘请一部分具有代表性、创业实践经验丰富的兼职教师与校内专职教师共同组成思创融合教育的师资队伍。通过开展一系列创业的实战经验宣讲，充实大学生的创业知识，激发其创新创业热情，坚定其创业信心，使大学生意识到自身还存在哪些不足，进一步完善和提升自身创新创业综合素质和能力。

第三，思创融合教育的师资队伍应当具有层次性和多元化的特点。一方面，教师队伍培养应当体现层次性。既要重视专兼职教师队伍的发展，也要加大"双师型"教师的培养，突出教师综合素质的培养。在思创融合教育过程中，教师要坚持理论教学与实践教学相结合，避免造成两极分化的不良后果。另一方面，要坚持教师擅长领域和来源的多元化，要看到教师自身水平的多元化，形成教师梯队。青年教师能够为学校发展注入新鲜血液，要发挥师徒"帮传帮带"作用，实行"以老带新、以老促进"的方式，为青年教师成长搭建平台，引导青年教师彰显育人风采，使其得到快速成长。

五、构建具备创业道德与创业法治的复合型师资队伍

讲道德、守法律，是我们为人处世所必备的良好品质。构建具备创业道德与创业法治的复合型师资队伍，开展创业道德教育是塑造大学生良好道德品质的重要途径。同时，加强创业法治教育有助于提高大学生的创业法律意识，用法律维护自身的合法权益。

第一，要加强大学生道德教育。开展大学生道德教育，有利于培养学生良好的道德品质，磨炼学生意志，引导其树立正确的道德信念，使其能够抵制外界的诱惑，克服就业创业中出现的困难，积极应对风险和挑战，不断增强其抗压能力和抗挫能力。要拓展道德教育的手段，通过学校官网、校园广播、黑板报宣传栏等多种渠道，大力宣传就业创业的道德法规，培养学生事业心和责任心；通过加深学生对求职过程、创业过程的深刻体会，感悟就业和创业的艰苦过程，促进其产生良好的道德行为；通过发挥学生社团的作用，举办"诚信教育"一系列主题活动，深化大学生的就业创业道德行为。

第二，应掌握就业创业的法律法规知识，实施大学生就业创业的法治宣传教育，让学生树立就业创业法律意识和法治观念。一是对大学生进行普法宣传，有利于大学生树立法律意识和法治观念，使其在就业创业过程中依法办事。在就业创业过程中，当大学生合法权益受到侵害时，大学生要勇于拿起法律武器与违法犯罪的行为作斗争。二是紧密联系社会主义核心价值观，秉持以人为本，崇尚民主法治，将社会主义核心价值观融入就业创业，加强大学生就业创业法治观教育。三是在寒暑假期间，要引导学生参与法治宣传活动，向社会宣讲法律知识，用法治思维去对待和处理各种问题。在这一过程中，提高思创融合教育工作者的法治思维能力，增强处理就业创业问题的法律本领。

第三节　丰富思创融合教育的教学内容，
实现教育内容的融合

思想政治教育具有丰富的理论和指导方法，高校要充分利用这一优势，在创新创业教育的过程中，既要注重培养实践能力和处理事情的能力，同时

也要重点培养创新意识、奋斗精神和创造能力，达到思创融合课程教学内容的无缝衔接，将思想政治教育贯穿于大学生创新创业教育全过程。

一、以社会主义核心价值观为核心，引导大学生树立正确的创业价值观

以社会主义核心价值观引导大学生树立正确的创业价值观，不仅能够"以知促创、以行促创、以文促创"，还能在创新创业实践中学会积淀知识、历练本领与应对考验，充分体现了现代社会培养创新型人才的时代诉求。

首先，坚持"因事而化""以知促创"求索创新创业真理学问。社会主义核心价值观要从思创融合的具体"事"上发挥引领作用。以社会主义核心价值观引领思创融合。思想政治教育能够确保创新创业教育"立德树人"的价值方向，创新创业教育是思想政治教育践行理想信念的新载体，但二者不是简单的"1+1"，而是以社会主义核心价值观为引领实现两者的深度融合。思创融合教育是对大学生"为什么创新创业""怎样创新创业"的有力回答，为大学生提供情感态度和价值观的教育。一是开设通识课程，教师要以社会主义核心价值观阐释当代青年人为之奋斗的共同理想，培养学生家国情怀。二是增设科普课程，以社会主义核心价值观讲述清楚创新驱动发展战略的作用和地位，培养学生面向产业、面向世界、面向未来的创业精神，以及时代担当意识。三是灵活运用各种鲜活"接地气"的创业案例，以社会主义核心价值观阐释清楚创新创业实践中如何处理好"社会利益"与"个人利益"的关系，引导学生将个人理想追求融入党和国家建设事业中，妥善处理"小我"与"大我"之间的关系，并学会运用科技创新创业成果服务他人与社会。

其次，要"因时而进"，以行促创练就创新创业过硬本领。以社会主义核心价值观引领第二课堂。一是在创新创业的第二课堂中，引导学生将"修德"视为自觉追求，在追求物质利益中不忘理想追求，树立正确的道德认知，写好人生的"大我"。二是引导学生把"笃实"作为人生信条，在日常学习与生活中注重知识积累、本领历练，培养"实干""韧劲"的精神，逐渐养成恒心、增强毅力，使学生在不懈奋斗中施展才华，实现创业、就业梦想。三是引导学生把"明辨"作为人生智慧，紧跟发展大势、紧扣振兴大局和民生大计，在思想价值观念多元化中明确方向，拥护国家"一带一路"倡议，主动到祖国最需要的地方去建功立业。四是要引导学生将"勤学"作为生活习惯，使其坚定"读万卷书、行万里路"的信念，让学生充实头脑，不断丰富心灵，将艰苦奋斗、顽强拼搏的创业精神与实践有机结合，培养学生可堪大用、能担重任的能力。

最后，要"因势而新"，以文促创铸就创新创业坚定信念。第一，以社会主义核心价值观筑牢网络阵地。当前，网络媒体已经成为创新创业教育教学活动的重要载体，也是社会舆论的"放大器"和意识形态培育的主阵地。在创新创业教育和思想政治教育的课程教学当中，教师要注重网络创业达人的宣传效果，发挥网络创业榜样力量，弘扬创新创业正能量；要注重互动传播，围绕热点问题和尖锐话题引导学生明辨是非，面对"金钱至上"的拜金主义绝不纵容，从而树立正确的义利观。第二，以社会主义核心价值观引领文化建设。将社会主义核心价值观中关于国家、社会和个人三个层面与创新创业教育的性质与方向有机融合，通过挖掘、扶持和宣传优秀创新创业团队，引导学生形成正确的价值追求。同时，以社会主义核心价值观涵养学生敢为人先、锐意进取的创新精神和自强不息、艰苦奋斗的创业精神，鼓励学生将想法变为现实，将创新创业这一时代主旋律转变为个人主动的价值抉择。

习近平总书记强调，企业家"要增强爱国情怀，把企业发展同国家繁荣、民族兴盛、人民幸福紧密结合在一起，主动为国担当，为国分忧"①。当今世界，正经历百年未有之大变局，我国发展的内部条件和外部环境正在发生深刻复杂变化，广大企业家要增强爱国情怀，将企业命运与国家命运紧密联系起来，以实业报国为己任，为国家富强、民族复兴贡献力量。因此，思创融合教育要以社会主义核心价值观为引领，彰显其吸引力与感召力，引导学生在创新创业实践中树立以为人民服务为宗旨、以集体主义为基础的创新创业价值观，成为当代大学生成就创业梦想的"灯塔火炬"。

二、以理想信念教育为核心，培育大学生自强不息的奋斗精神

理想信念是人们的精神之钙，是人类社会特有的精神现象，是一个国家发展强大和民族复兴的精神支柱。党和国家多次强调创新是一个民族的灵魂，是一个国家兴旺发达的不竭动力。大学生是国家富强的动力源泉，无论是选择稳定的就业还是具有风险的创业，都离不开理想信念的支撑，通过在自己

---

① 习近平. 激发市场主体活力弘扬企业家精神 推动企业发挥更大作用实现更大发展 [EB/OL]. 求是网, 2020-07-21.

的工作领域上不断奋斗，自觉承担家庭与社会责任。值得指出的是，大学生在创新创业教育过程中，坚定正确的理想信念是大学生创新创业的必备条件之一。通过开展创业理想信念教育，帮助大学生客观对待创业过程中遇到的挫折，保持积极乐观的心态，坚信前途是光明的，保持创业成功的自信，坚持不懈，勇于克服困难。

第一，理想信念教育和创新创业教育两者在本质上是一致的，目标在于促进人的全面发展。能够激励大学生创业不断取得成功，帮助他们打破现有格局，推陈出新，使其不断创新。因此，将创新创业教育与中国特色社会主义共同理想相结合，坚定共产主义信念，提升学生精神境界，注重学生自由全面发展。要加强学生的世界观、人生观与价值观教育，培养其健康全面的人格，使其成为德、智、体、美、劳全面发展的人。

第二，高校开展理想信念教育可以帮助大学生改变传统的、落后的就业观念和思想。高校是培养学生理想信念的主阵地，当代大学生应当在高校思创融合教育中坚定理想信念，从而更好地实现个人理想。高校毕业生在选择职业时，除了关注工作的稳定性，也要清晰地看到新时代每一位青年人承担的社会责任。大学生积极投身创新创业，不仅能够实现自身价值，更能为社会创造价值，甚至通过创业能够承担一定的社会责任。尤其是在科学研究领域，只有不畏困难、迎难而上，才能在科学的大道上到达光辉的终点。因此，拥有坚持不懈、坚韧不拔的精神是大学生创业成功的重要基础。通过理想信念教育，帮助大学生做好创业规划，制定合理的创业目标，明晰创业的目的和意义，才能在创新创业过程中不惧困难、不畏失败，始终保持越挫越勇的心态。要引导大学生将所学的创新创业理论知识转化为现实生产力，主动参与创新创业实践活动，通过创业为国家发展注入强大动力，增强国家综合实力，以提升国际地位，从而保持在世界民族之林中立于不败之地。

第三，通过理想信念教育培养学生的创业意志品质。在创新创业过程中，具备正确的理想信念能够为学生提供精神支柱，让大学生明确"为何创业""怎样创业""为谁创业"的问题。尤其在遭受多次创业失败时，大学生能够对自己的理想信念选择充分肯定，让学生不断总结创业失败的经验，催生前进动力，为自己的选择不断奋斗，并在创新创业过程中更加坚定自己的理想信念。创业初期，针对有创业意愿的学生，通过理想信念教育为他们的创业前景做出一个科学的分析和认识，制定符合自身实际的可行性目标，并引导学生朝着目标不断前进。在创新创业教育的过程中，要及时跟踪大学生的思想变化，给予相应的关注和指导，使学生能够拥有坚定的理想信念来坚持创新创业实践。因此，通过理想信念教育培育大学生自强不息的奋斗精神，让其形成正确的创新创业价值观，提升创新创业过程中的意志品质。

任正非先生以深厚的爱国情怀创办了华为企业，在公司大力推行自我批判精神、以品质诚信打造"匠人精神""以奋斗者为本"回馈大众、善于创新、注重诚信守法的契约精神，从而激发全体华为员工为企业做大、做强的奋斗精神。因此，拥有强烈的爱国主义精神、树立崇高的理想信念是大学生回馈社会、实现人生价值的必备品质。应加大优秀的榜样宣传学习，弘扬校友企业家的爱国主义精神和拼搏奋斗精神，帮助学生树立崇高的理想信念，使其坚定为中华民族伟大复兴而奋斗，以增强自身的责任感与使命感。因此，通过理想信念教育，培养以爱国主义为核心的家国情怀，将个人理想与国家前途命运相联系、个人全面发展与祖国繁荣昌盛相结合。

三、以劳动观和幸福观为核心，激发大学生的创新思维和创造能力

马克思主义劳动观认为人作为一种自然存在物，人的本质的生成和发展是在劳动中完成的，人类在劳动过程中改变自然界，改变自身，是人们对劳动价值和劳动目的等方面的认识，是一种对劳动的根本看法和态度。马克思指出："劳动是积极的、创造性的活动。"[①] 在马克思看来，人的价值的显著特征是人在对象化劳动中的创造性。无论从事什么样的工作，都离不开劳动创造价值。大学生创新创业的过程，也就是通过劳动创造价值的过程。换言之，创业就是劳动，是一种创造性的劳动。通过创业创造价值，不仅是实现个人价值的最佳途径，也可以为社会提供再生产活动。在大学生创新创业过程中，融入劳动观教育，不仅能使大学生对"劳动"有一个清晰的认识，还可以引导其客观看待劳动与创业之间的关系，激发其创业意识，自觉承担相应的社会责任，并将这种想法付诸创业行动。因此，思想政治教育与创新创业教育不是相互对立、相互割裂的，而是相辅相成、相互联系的。思想政治教育不仅确保大学生创新创业教育的性质和方向，还能为大学生创新创业实

---

① 中共中央马克思恩格斯列宁斯大林著作编译局．马克思恩格斯全集：第 46 卷（下册）[M]．北京：人民出版社，1980：115.

践活动提供一个健康、向上的教育环境。

马克思主义幸福感强调人生幸福在于奉献、在于为人类谋福利。真正的幸福是个人幸福与社会幸福相统一，既要注重物质上的幸福，更要追求精神上的幸福。人在劳动中创造价值，而不是仅仅单纯地享受生活。在大学生创新创业过程中，通过幸福感教育激发大学生创业意识，引导其通过自身创业推动、促进他人创业，使其深刻体会到幸福是奋斗出来的，帮助大学生妥善处理个人利益与国家利益之间的关系，实现个人幸福与社会幸福的统一。高校毕业生通过创业解决自身就业，同时为他人提供工作岗位，在一定程度上能够缓解就业压力；能够深刻认识到创业与幸福之间的关系，帮助他们在创新创业实践中深化对幸福的理解，引导其追求更高层次的幸福，在提高个人价值的基础上实现社会价值，从而获得物质上和精神上的幸福感。因此，在思创融合教育的过程中开展幸福观教育，能够引导大学生树立科学的幸福观，激发大学生创业意识，使大学生勇于付诸实践，在创新创业实践中理解创业与幸福的关系。

格力电器董事长董明珠，鼓励格力青年员工——幸福是奋斗出来的，愿每个人成为创造者。董明珠用实实在在的奋斗历程告诉大家：挑战生活的每一天，不虚度，不浪费，就是她生命的最大幸福！保住员工的饭碗就是她最大的幸福！为员工提供就业机会就是最大的幸福！在国家有难，能发挥企业家精神，为国出力就是最大的幸福！因此，我们要在劳动中创造幸福，获取幸福感，把劳动幸福观内化于心、外化于行，让大学生从劳动中体会真正的幸福感至关重要。应引导大学生树立劳动幸福观，把马克思对幸福的深层解读与新时代习近平奋斗幸福观结合起来，使其历史地、立体地去理解劳动与幸福的关系。一方面，在创新创业过程中，要注重对大学生进行劳动教育，以尊重劳动为前提，尊重社会中各种形式的劳动，尊重每个个体的劳动。另一方面，要引导大学生享受自由自觉劳动带来的幸福，让劳动不单是一种谋生手段，更是实现人生幸福的必由之路。要将促进人自身的发展作为目标，才会使劳动价值得到充分发挥，使劳动得以成为幸福的源泉。

四、以道德法治教育为核心，规范大学生的创业实践活动

"讲道德，守法律"是我们从事任何工作所必需的品质。加强大学生创业道德教育有助于提高大学生的道德水平，而加强法治教育可以为大学生普及

创业法律法规，规避创业风险，用法律维护自身的合法权益。因此，在大学生创新创业教育中进行道德法治教育能够有效规范其创业实践活动，使大学生形成良好的创业道德行为。

大学是道德法治观形成和发展的重要时期。其一，法治是现代社会文明发展的基石。我国实行依法治国，在推进法治中国建设的进程中，高校也承担着相应的重任。要磨炼大学生的道德意志，让其坚定道德信念，使其充分认识到道德在创业过程中的作用，不断规范自身的创业行为。道德意志坚定的大学生可以抵制外界的各种诱惑、克服创业中的困难。其二，有些创业者为了追逐利益，通过不法手段积累财富，生产对消费者有害的产品。面对利益诱惑，仅仅依靠自身内在的道德约束不能使创业者改过自新。例如，部分创业者创业初期表现良好，但企业发展到一定阶段，需要长时间的理论灌输与实践训练，才能形成正确的创新创业价值观，产生合法合规的创业行为。要引导学生深入学习马克思主义法学理论，不断提升其法治素养。通过开展道德法治教育，提升大学生创业道德水平，规范大学生创业者在创业过程中的行为。通过学习创业法律法规，帮助学生掌握创业法律基本知识，有助于大学生在创业过程中规避风险，当自身合法权益受到侵犯时，自觉运用法律手段维护自身的合法权益。同时，道德教育有助于提升大学生在创业过程中处理市场上各种复杂问题的能力，促进市场秩序的正常运转。由此可见，道德法治教育在大学生创新创业过程中极其重要。

第一，加强大学生创业道德教育，有助于培养其崇高的道德情操。在思创融合教育中开展创业职业道德的基本理论教学，帮助大学生树立马克思主义道德观，不断提升其道德境界。无论是在中国古代社会还是现代社会，都十分注重个人道德品质的培养，一个成功的创业者除了具备良好的办事能力，还需要具备良好的道德品质，因而职业道德是每一位创业者必备的职业素质。职业道德的基本要求有爱岗敬业、诚实守信、办事公道、服务群众、奉献社会和素质修养六方面，要以此为标准规范大学生的创业职业道德行为，发挥创业道德模范的先锋作用，深入大学生群体中宣传成功人士的英雄事迹，号召大学生向先进分子、道德模范学习。同时，作为现实中从事物质生产资料的人，既是经济人，也是社会人，因而我们不能只顾及个人利益和眼前利益，更要清楚地看到自身承担的社会责任，常怀感恩之心，时刻牢记社会、母校和家人对自身的培养。将创业道德教育融入课堂教学，帮助大学生将创业道德转化为实际行动。

第二，普及社会主义市场经济法律规范，增强大学生法治观念。当代大学生法律观念淡薄，法律知识储备不足，对创业的法律规范知之甚少。其中与创业相关的法律法规有《中华人民共和国公司法》《中华人民共和国劳动法》《中华人民共和国安全生产法》等，这一系列法律法规是人们进入创业行业的必修课。一方面，通过了解和掌握职业法律法规知识，避免在创业实践中触犯相关的法律法规，要让学生清楚如何在合法范围内进行创新创业，为社会创造更多的价值。另一方面，要发挥思想政治教育优势，培养大学生法律意识，保证创业活动合法有序地开展，减少不必要的权益纠纷，当大学生创业者的合法权益受到侵犯时，善于运用法律武器进行维权。因此，在思创融合教育的过程中，要注重培养大学生良好的法治意识，树立科学的法治观念。

五、拓宽思创融合教育的日常管理实践平台，实现教育载体的融合

马克思指出："全部社会生活在本质上是实践的。"[1] 思创融合具有很强的实践性，针对日常思想政治教育管理而言，高校辅导员应通过多种实践平台引导学生，提高思创融合教育的实效性。

（一）组织校内创新创业实践活动

辅导员要善于发挥实践载体的作用，注重培养学生创新思维。在日常管理学生工作中，辅导员组织学生参与创新创业计划大赛和创业精英训练等活动中，最大限度提升学生的创造能力，进一步提升学生的创业素养。

第一，加强创业社团建设，提高学生创业素质。创业社团是当前高校普遍存在的创业课堂以外的实践形式，有助于提升学生思想道德素质。辅导员可以担任这些社团的指导老师，在创业协会、学生职业发展协会、未来企业家协会等学生社团，定期举办创业讲座、创业咨询辅导与企业实践等活动，使思想政治教育融入创新创业实践活动中。然而，校园社团由于组织内部事务众多，往往忽视客户的需求，不了解市场状况，缺乏一定的竞争意识。一般而言，创业是以市场为主导的实践活动。因此，辅导员可以引入先进管理

---

① 中共中央马克思恩格斯列宁斯大林著作编译局. 马克思恩格斯选集：第 1 卷 [M]. 北京：人民出版社，2012：139-140.

理念,加强校企合作,为社团建设注入新的模式。校园社团作为高校的公益性组织,承担着一定的公共职能,可以借助企业的管理模式,创新思创融合教育的方法,充分发挥社团的公共服务职能。因此,辅导员要做好以下两点:一是能力与素质的提升。辅导员作为社团的指导老师,可以通过开展讲座培训等形式,提升社团学生干部的创新创业能力和素质。辅导员加强社团间交流,通过集体研讨,发挥学生头脑风暴的优势,提升创业社团成员的创造能力。二是加强校企合作,寻求资金方面的支持。社团可以发挥大学生专业知识优势,为企业提供志愿服务,为企业提供产品市场调研,实现学校社团与企业互惠共赢。而这些都需要以思想政治教育为先导,通过思创融合教育保障创业社团建设,全面提升学生创业素质。

第二,指导创业计划项目,提升学生创业意识。辅导员通过指导学生创新创业项目,注重创新思维的培养,提升学生团队合作能力。辅导员要明确创业计划大赛的意义所在,在指导创业大赛过程中,大力开展思创融合教育:首先,赛前培训做好充分准备,着重思想认知教育,使学生明白参赛的真正意义,通过比赛达到以赛促教、以赛促学的目的。其次,项目比赛前,在培训对象上要注重全面性,面向全体学生开展培训;在培训内容上,辅导员要注重培养学生的主体意识,引导其深入市场调研,认真撰写创业计划书。最后,在比赛成果转化上,引导学生树立成果转化意识,做好创业项目的后续工作,推动创业计划向实践成果转化,使项目产生良好的社会效应。由此可见,辅导员在创业竞赛中进行创新创业教育,有利于提升思创融合教育的实效性。

(二)搭建社会创新创业实践平台

高校辅导员在组织学生参与挑战杯、创新创业大赛等竞赛中,作为项目的指导老师,要积极拓展校外资源,为创业项目入园孵化提供条件,更好地开展大学生思创融合教育。

第一,成长发展阶段,针对创业意向较强的大学生,搭建校企联动平台。辅导员可以组织大学生参观创业科技园,与各大企业合作,为大学生提供实习实训机会。一是发挥创业科技园的服务功能,借鉴国外孵化器模式,不断完善各项服务功能,要创造充分交流与研讨的机会,增强主动服务意识,面对创业者的实际需求,开展面对面咨询服务,解决创业者的实际困难。二是组织高校或者社会相关领域的创业知名专家到企业讲学,传播创业价值观,向企业员工和高校实习生提供更加专业、可行、有效的服务，使高校实习生能够深刻感受到企业的文化。三是营造拼搏进取的创业氛围。一般来说，创业环境的好坏与企业的整体竞争力密切相关。通过建立高校、政府和企业三方联动机制，推进创新创业实践基地建设，为学生提供业务咨询、产业服务和创业资金等方面支持，帮助学生的创业项目落实落地，真正转化为创业科研成果。企业要创造一个政策宽松、服务到位、充满活力的创业环境。同时，创业科技园要以创业价值观教育为最终落脚点，营造勇于冒险、大胆创新的创业文化氛围，增强大学生对创新创业的认知。例如，在科技园区、创业孵化中心、实习实训基地和对口扶贫地区进行的公益性创业，能够引导学生运用思想政治教育与创新创业教育中学到的理论知识，解决创新创业实践活动中遇到的实际问题，让学生学以致用，在实践活动中深化对理论知识的理解，并更加主动地参与到社会主义事业建设中。学生通过深入企业当中，感受到企业创业的艰辛，树立艰苦奋斗、自强不息的精神，提升学生社会责任感和职业道德水平。

第二，毕业生就业指导阶段，对准备创业的学生，要把创新创业的精神融入创业工作室。工作室可以由辅导员担任总负责人，指导创业实践，对工作室的运行制订整体的方案。同时，学生在工作室中要承担一定的角色，对于能力特别突出的学生，具备了一定的实践经验，能够合理规划创业之路，可以选择继续留在工作室创业。在创业工作室的建设当中，首先，强化辅导员创新创业教育的师资队伍建设，建立一支"专兼结合"的辅导员师资队伍，运用以老带新的方式，加强辅导员开展创新创业教育的水平。其次，注重宣传成功创业典型，通过各种渠道宣传工作室的创业案例，邀请优秀校友回校举办讲座，分享自身创业经历和经验，激发学生创业意识。最后，注重学生道德品质的提升。工作室为辅导员开展思创融合教育提供了全新的平台，为此，高校辅导员要善于利用工作室的资源，引导学生树立正确的创业价值观，为社会培养品质过硬的双创人才。

（三）加强新媒体技术平台建设

大学生作为辅导员开展思创融合教育的主要对象，可以充分利用各种各样的新媒体技术，如微信、QQ、抖音、小红书和新浪微博等媒介深受大学生喜爱，辅导员要利用好网络传播的便捷性和时效性，充分发挥新媒体技术的优势，让新媒体技术为大学生思创融合教育保驾护航。

新时代，新媒体日益成为教育学生的重要辅助工具，辅导员要针对开展创新创业教育中的漏洞，培养学生良好的创新创业精神，对大学生"三观"产生深刻的影响。首先，辅导员在日常管理学生工作当中，通过年级 QQ 群、班级微信群等日常交流新媒体，要把最新的创业理念传递给学生，使其更容易接受。新媒体具有灵活性，将创业知识与新媒体进行有效融合，帮助大学生认识到国家创新驱动发展战略的重要性，使大学生认识到自身作为社会建设的主力军，要主动承担起服务社会的重任。其次，辅导员要有阵地意识，宣传中国共产党的百年创业史，增强大学生创业的激情。如通过校园广播设立党的百年创业史专栏，利用每日校园广播播放新中国成立以来，全国各族人民在中国共产党的领导下取得的历史性成就，达到入脑入耳入心的教育效果；在校刊班刊等宣传物上，加大宣传"互联网+"、大学生创新创业训练计划、"挑战杯"等学术科技竞赛活动，使创新创业教育得到广泛宣传。最后，加强新媒体创新创业师资队伍建设，采取师生互动的形式，进行创业和就业问题的讨论，增强大学生的创业素质。由此可见，新媒体拓宽了大学生思创融合教育的途径。高校要积极抢占新媒体阵地，利用网络即时性和易接受性的特点，引导大学生通过新媒体了解创业信息，使学生全面掌握创业的最新资讯。

充分利用新媒体，传播创新创业政策。辅导员开展思创融合教育除利用广播、报纸和期刊等传统媒体外，还可以充分利用新媒体，营造浓郁的创新创业氛围。首先，辅导员可以深挖中国共产党各个时期、各个领域中艰苦创业的事迹，通过高校官方微信公众号、官方新浪微博、官方抖音等途径进行宣扬，教育和激励大学生吃苦耐劳、自强不息。其次，辅导员可以通过拍摄创业精英微电影等方式，使大学生意识到作为创业者，无论从事哪个行业，他们都要把社会利益放在第一位，以开拓创新、自强不息的精神状态，在平凡的岗位上创造伟大业绩。最后，辅导员可以通过采取一些生动形象的方式，培养学生创新创业意识。例如，辅导员可以通过新媒体宣传国家的创业政策，加深学生对创业政策的理解；通过新媒体改变大学生对创业的认识，使他们认识到创业，不仅仅是创立一个企业，而是一个创造新视野的过程。总而言之，新媒体技术为大学生架起了理论联系实际的桥梁，辅导员可以利用 QQ、微博、微信等途径掌握大学生的思想动态，并进行创新创业教育宣传科普，通过校园现代化信息技术，在学校新媒体平台营造崇尚创新创业的舆论氛围，加强创新创业的信息普及。要不断优化思创融合教育的网络大环境，为大学生就业和创业提供清晰的指导，为大学生就业和创业奠定良好的思想政治基础。

第四节　完善思创融合的教育机制，实现教育机制的融合

在思创融合的教育机制方面，思想政治教育与创新创业教育有着不同的学科体系和教育机制，要达到思创融合教育的效果提升，必须构建整体联动机制。高校应通过学校团委、学工部、二级学院三个层面来完善思创融合的教育机制，实现教育机制的融合。

一、创新思创融合教育的保障机制

高校思创融合教育的保障机制，主要包括思创融合的课程教学和日常管理两个层面。

首先，充分发挥高校教师在思创融合课程教学中的价值导向作用。为了保障课程教学的良好效果，需要创新创业学院与马克思主义学院共同建立科学的教学体系和教育机制。其一，在校内组织具有创新创业或教学经验的教师与思想政治理论课教师进行培训，并开展集体备课活动，保障思创融合的课程教学内容不脱节，使其同步协调发展。师资队伍建设事关创新创业教育的全局，高校要在现有师资基础上，通过引进人才、注重理论学习、实践等环节不断优化，建设一支专兼职相结合的高水平高水准创新创业师资队伍。不仅要培养和引进创新创业教育的专职教师和专家学者，也要聘请校友、社会成功人士和其他高校教授来校开展相关讲座或承担部分课程。同时，也要将思想政治教育工作队伍中部分在职人员组成兼职教师队伍，鼓励他们外出学习培训，从而培养创新创业教育的工作骨干。其二，积极组织学生参加各种创业科技竞赛，指导老师要在比赛或竞赛中融入品德教育，结合学生在创新创业过程中的实际情况进行思想品德考核，加强思创融合的课程教学制度建设，形成完善的激励机制，提高思创融合的教育效果。其三，保证教师在思想政治理论课和创新创业的课程教学中的物质保障。充足的资金投入是做好思创融合教育的根本物质保障。例如，在思想政治理论课中的"第二课堂"，

为组织学生外出进行企业参观提供相应的经费支持；设立思创融合教育课程教学工作专项基金，用来支持教师精品理论课建设。

其次，在日常管理学生工作上，主要是发挥高校辅导员在日常思想政治教育管理中的作用。新时代对辅导员综合素质的要求越来越高，必须善于运用各种激励措施提升辅导员开展思创融合教育的能力。一是完善辅导员日常管理学生工作中的发展性激励措施。考核和激励要体现在薪酬、晋升等方面，如对指导学生"互联网+""创新创业大赛"等比赛获奖的老师，可以给予一定的奖励；自主参与创新创业培训提供一定额度的学费报销；为辅导员发放思创融合教育的相关书籍；为创新创业团队提供活动经费等。这些看得见、摸得着的报酬奖励，能够激励辅导员积极参与思创融合教育活动。二是善于利用榜样激励。高校各部门要利用榜样的力量激励辅导员学习思创融合教育知识，在辅导员中树立"学习标兵"，大力宣传创新创业型辅导员，让辅导员发现自身与优秀辅导员之间的差距，激励自己迎头赶上。三是善于利用荣誉激励。要及时对学有所成的辅导员给予荣誉奖励，针对指导学生创新创业竞赛中获奖的辅导员，在评选优秀工作者时要给予适当倾斜，并在全校范围内进行通报表扬，在辅导员中形成"我学习我光荣"的良好氛围。四是善于运用关怀激励。倡导关怀原则，在辅导员队伍中构建上下级情感激励模式。在日常管理工作中，针对辅导员开展大学生思创融合教育，及时给予人文关怀，尤其在开展活动过程中遇到困难时，学校应当及时给予帮助，让辅导员感受到在组织中的归属感，以此激发辅导员开展思创融合教育的积极性和创造性。

二、健全思创融合教育的考核评价机制

高校要严格实行"以评促建"和"以评促改"的考核模式，保证考核目标的意义所在。考核评价对高校而言，能够让教师对大学生思创融合教育的情况进行反思，不断改进创新意识的培养教育。

首先，重视高校的考核评价工作。在思想上，高度重视高校开展思创融合教育育人的考核评价工作。高校对思创融合的正确认识，能够产生巨大的推动作用。高校各部门要高度重视科学合理的考核评价，制定规范的考核指标、合理的考核程序以及考核工作运行机制，有利于形成科学的考核评价体系。高校思创融合教师队伍建设是一个新的模式，但是发展也离不开考核评价，需要各级部门逐步地设计完善。对课程教学的教师而言，高校教师在开

展创新创业教育时自觉融入思想政治教育的理论与方法，推动高校创新创业教育发展更全面，教学效果更加具有实效性。高校各部门应高度重视大学生思创融合的课程教学工作，规范思创融合课程教学的考核程序、考核运行机制和考核具体指标等内容，并设置合理的考核方案；在实施中完善大学生思创融合课程教学的考核评价指标，建立相应的创新创业教育激励约束机制。对辅导员而言，考核评价要符合高校辅导员职业需求的个性发展，注重调动高校辅导员主动参与的能动性；要重视考核评价后，及时总结开展思创融合过程中的反馈，并不断运用到思创融合的实践中；要将考核作为自己发展目标去重视，绝不能看作形式主义的工作任务，高校辅导员需要通过外部考核和自我考核找出自身存在的问题，从而实现考核评价机制在辅导员开展思创融合中的积极作用。

其次，创新高校思创融合教育的考核指标体系。新时代大学生思创融合教育的考核指标体系，重点应该放在考核的核心内容上，从大学生个性特点为出发点，要求立即建立一套完整的新时代大学生思创融合教育的考核评价体系，这是存在一定的困难的。因此，可以通过在显性考核指标体系上下功夫，在显性考核体系上加入高校教师学习思创融合的理论学习与实践情况。例如，高校教师对思创融合的学习态度、高校教师对思创融合的学习意志、高校教师对思创融合的实践行为、高校教师对思创融合的学习时间、高校教师对思创融合的培训参与、高校教师对思创融合的学习成果、高校教师对思创融合的团队学习、高校教师对思创融合的课题参与、高校教师对思创融合的论文发表、高校教师开展职业生涯规划课程、高校教师开展思创融合的党课团课等内容，将这些纳入考核评价指标体系中。另外，还要建立科学的考核评价标准，这是判断思创融合教师队伍建设的重要标准。这一标准必须具备可操作性与科学性。考核标准要充分考虑教师自身的实际情况，做到实事求是。过高或过低的考核标准，都有可能挫伤教师的积极性，损害考核的权威性，不利于高校思创融合教育师资队伍的发展。

再次，创新高校思创融合教育的考核方法。考核评价对高校思创融合教育起到促进作用，考核评价方法体现科学性，主要表现为"两个结合"：第一，充分结合定性评价和定量评价，以数据衡量的指标对高校教师进行评定，但不能唯数据论，有些指标很难用数据量化，因此，采取一些定性的方法是必要的。比如，因为指导学生创新创业项目没有获奖，就否认教师开展思创融合的事实。在这种情况下，定性评价和定量评价要实现互补。第二，将他人评价和自我评价相结合。他人评估主要是通过领导、同事、学生对教师开展思创融合的情况进行评估，帮助其从评价结果上了解自身存在的不足。但是他人评估也存在不足：这种评估往往是教师被动接受，容易受时间的整体安排的限制。对主动学习的教师而言，通过自觉自愿的评价活动，由"要我考核"向"我要考核"转变，不断改进高校教师开展思创融合的实效性。

最后，要加大考核评价结果的使用。高校思创融合教师队伍建设管理者要充分利用评价考核结果，只有将评价结果与教师的晋升、奖惩、淘汰挂钩，才能真正起到考核的约束和激励作用，从而促进高校思创融合教育能力的提升。

三、创新思创融合教育的长效机制

在马克思看来，人是发展的人，需要根据时代发展不断学习和接受新事物，不断发展和丰富自身，掌握发展的新技能，才能实现个人的自由全面发展。因此，高校思创融合教育要考虑到可持续性发展的问题，确保大学生思创融合教育的长效发展。

第一，在思创融合教育的课程教学上，要形成政府、高校、个人三位一体的长效机制。在培养目标上，要面向全体学生，以思想政治教育的渗透理论为指导，在课堂教学和校园文化的双重影响下，形成理论学习与实践训练的双向互动教学模式，着力提升大学生创新创业综合素质，构建思创融合教育人才培养体系的长效机制。从政府角度出发，要提供创新创业的政策支持校企合作，为构建校企联动牵线搭桥，为高校思创融合课程教学中的实践环节提供活动场地，提升思创融合教育课程教学的良好效果。从学校层面来看，要完善思创融合课程教学的监督体系，确保其得到长效发展。在课堂教学当中，要做到与现实生活相贴切，与学生兴趣爱好相匹配，使思创融合的课程教育更具有针对性，从而培养学生终身学习的能力，持续地激发学生创新创业教育的潜能。要将创新创业教育渗透到教学、科研和就业等方面，如重点考核大学生创业者的思想品德、学生对劳动精神的培育、学生对奋斗精神的认知等。从学生个体来看，大学生要始终保持终身学习的态度和热情，勇于接受创业中的挑战，不惧失败，才能在激烈的社会竞争中立于不败之地。

第二，辅导员开展思创融合教育是一项长期的工程，必须考虑到可持续性发展的问题，保证辅导员在日常管理工作中开展大学生思创融合教育的长效发展。充分发挥思想政治理论课对大学生创新创业教育的导向作用，从而确保创新创业教育的落实落地。就国家政策层面而言，政策支持校企合作，为大学生创新创业提供实践基地，提升大学生思创融合教育的实效性。就高校层面而言，需要进一步完善辅导员开展大学生思创融合教育长效发展的监督体系，组织学生参与创业科技竞赛的过程中，重点考察大学生的道德品质、更加注重考核创新精神的培育，尤其是大学生对奋斗精神的认知。就辅导员而言，在日常管理学生工作中，辅导员要树立起思创融合教育第一责任人的观念，以担任学生创新创业竞赛的指导老师为引线，使学生在潜移默化中树立正确的创业价值观。辅导员要积极与课程教师交流。从工作内容来看，辅导员与课程教师有很多交集，辅导员可以利用课程教师组织的学术交流活动、创业竞赛指导，深入学习创新创业理论知识，不断提升自身素养。从家庭方面来说，家庭要积极配合学校开展思创融合教育工作，力争使创新创业教育在家庭教育中得到不断强化，通过学校官网、创新创业网站、微博等平台建立学校与家庭之间的广泛联系，全面掌握家庭子女在高校创新创业过程中的实时情况，加强家庭和学校的沟通与联系。不仅能够收获更多大学生创新创业教育的实效性，还能防止因家庭反对或传统家庭教育观念而抵制创新创业教育的正面效果，形成学校教育与家庭教育相结合的新局面。就学生个体而言，大学生要树立多学科知识学习的观念，不断接受新事物，融会贯通，培养创新思维。总而言之，"思创融合"不仅是一个学理性的概念，而且要求我们运用到实际工作中。

第五节　创造思创融合教育的良好育人环境，营造浓厚的融合氛围

　　大学生正确的创新创业价值观的形成是在社会、学校和家庭等外部因素的共同影响下，以及个体内在认知逻辑的推动下，逐步树立科学的创新创业价值观的动态变化过程。因此，创造思创融合教育的良好发展环境，必须充分发挥大学生个人、社会和学校三方面的作用。

一、激发大学生接受思创融合教育的主体自觉

高校开展思创融合教育要发挥大学生主体性，激发大学生创新创业的主体意识，促使其主动作为。

其一，自主学习创新创业知识。苏霍姆林斯基指出，真正的教育开始于自我教育，即自己教育自己。这种教育是建立在主体有意识的基础上，是主动性、积极性在学习中的具体表现。大学生思创融合教育也是建立在一定的基础知识之上，开始于对创新创业知识的自主学习。在信息化高度发达的今天，网络为大学生自主学习创新创业知识提供极大便利，如创新创业慕课、创新创业典型等，都可以在网络空间找到。而在丰富的网络资源当中，更需要大学生发挥主动性和积极性去学习，并需要大学生将这些知识经过"感觉、知觉、记忆、想象、语言"等在内的认知过程进行加工处理，形成对创新创业的初步认知。首先是创业基础知识。创业是一项专业性很强的社会活动，要依托专业的企业管理的理论知识。在选择成为一名创业者的时候，就要选择创业机会、组建团队、筹措资金、企业运营等，这些都离不开专业的创业知识。其次是综合知识。当今时代，人文社会科学等综合性知识发挥着越来越重要的作用。美国麻省理工学院高度重视创新创业教育，是创业型大学的"先驱者"，该校坚持用文科和实用学科一起培养学生，使他们成为行业的领导或技术员。在创新创业过程中，大学生具备了一定的专业知识，但只能说有了进行创新创业的基础，而有基础不等同于能创业或创业成功。创业是一种高风险与高收益并存的项目。一方面，大学生拥有全面的综合知识能够帮助大学生在创业过程中站稳脚跟，另一方面，创业应当坚持科学精神和人文精神并重，只有建立在人文关怀基础上的创新创业，才是最有价值可言的。因此，强化大学生对综合知识的学习能够为大学生提供更为全面的知识储备，对大学生个性发展、创新意识和创业精神培养起到积极的促进作用。

其二，要投入创新创业情感。在马克思眼里，"人作为对象性的、感性的存在物，是一个受动的存在物；因为他感到自己是受动的，所以是一个有激情的存在物。激情、热情是人强烈追求自己的对象的本质力量。"①创新创业

---

① 中共中央马克思恩格斯列宁斯大林著作编译局. 马克思恩格斯全集：第3卷 [M]. 北京：人民出版社，2002：326.

的情感体验是创业者在创新创业实践中表现出对事业的兴趣、爱好和憎恶。如果大学生在创新创业活动中体验到积极的情感，感受到快乐、满意、爱好和荣耀等积极情感，那么就能促进和强化大学生创新创业信念的形成。反之，如果他们体验到消极的情感，他们的创业信念就会不坚定，呈现摇摆不定的状态。所以，在创新创业过程中，要尽可能地了解到一些创新创业的失败案例，或者自身经历的创业失败，同时也要在这些失败中吸取经验教训，克服因失败而产生的恐惧感，并将其化为继续前进的动力，凝聚一股创新创业的正能量。

其三，要在学习和生活中广泛践行创新创业价值观。价值观的生成是一个内化和外化相统一的过程，并不断内化为个体的价值追求、外化为个体的自觉行动，方能发挥真正的作用。大学生创新创业价值观的培育亦是如此，也要通过实践来实现，既包括创业实践教育基地、校友企业等社会实践，也涵盖了"挑战杯""创青春""互联网+"等大赛的创业实战。例如，在创新创业类竞赛当中，不仅可以锻炼大学生的创新思维和创造能力，不断锤炼创业技能，更可以促进创新创业价值观由"观念"到"行动"的完美转变；"互联网+"创新创业大赛中的"红色筑梦之旅"项目，既能对接革命老区社会经济发展需求，助力乡村振兴，又能为创业青年提供传承和弘扬以伟大建党精神为源头的中国共产党精神谱系，并涵养着百年大党的创业精神，为师生提供深入了解国情民意的机会；在创业模拟体验中，通过角色模拟体验创新创业过程的还原实战，将自身的创新创业观念与实践中遇到的困难相结合，肯定创新创业观念中的正确部分，不断修正错误的部分。换言之，实践就是把观念的东西转化为感性、现实的存在，从观念转化为现实生活，从想象的存在转化为现实的存在。

其四，要及时进行积极的创新创业自我评价。人的认识活动和实践活动与评价活动紧密相关。评价活动反映了客观属性满足主体需要的状况，带有显著的主体性特征，对高校开展创新创业活动的评价影响着大学生创新创业价值观的形成。一方面，要形成科学的价值评价取向。实践证明，创业是推动一个国家或地区持续发展的原动力。同时，创新创业涉及知识广，对个人能力素质要求高，能够促进大学生自由全面发展。因此，对创新创业实践活动而言，正确的价值评价是积极的自我评价的基础。另一方面，要主动开展创新创业价值观评价，评价自身创新创业行为的对错。创新创业知识只有经过实践的转化，大学生自身明确创新创业评价的标准和尺度之后，才能正确评价自身的创新创业行为是否符合创新创业的价值要求，如哪些需要保留、哪些需要改进，并做出相应评价，以指导下一步创新创业行为。

其五，形成创新创业自觉。大学生将创新创业价值观转化为偶尔几次的行为，这并不能说明成功实现了思创融合教育的目的，还需要持续强化其创新创业行为，形成创新创业行为习惯和行为自觉。创业自觉就是个体在对创业本质及规律深刻反省和科学领悟的基础上，做到自觉认同、自觉反思、自觉选择、自觉创造，强调主体自我认同与反思的"自主能力"和主动选择与主动创造的"自主地位"。大学生在创新创业价值观培育的主体建构中，经过知识学习、价值内化、情感投入、实践外化和积极评价后，还要形成创新创业自觉，通过内在自我认同与反思、外在主动选择与创造，释放出创新创业的内生动力，改变大学生在创新创业教育中出现的"观众"心态，做到知行合一。

二、提升校园创业文化建设，优化高校思创融合的教育环境

校园文化，是大学生思想政治教育宣传的主阵地，是非显性的一股内在教育力量，能够潜移默化地影响到每一个人，具有无声的感染力，对大学生的思维方式、价值取向和行为方式的形成和发展起着深远持久的作用。大学生在学校中几乎每天都会直接或者间接地接触到校园文化。高校思想政治教育和创新创业教育的融合发展，要以校园文化为实施载体，让大学生重视思想政治教育在创业中的指导作用，因此要特别重视校园文化所蕴含的隐形教育作用。一是搞好高校创新创业教育的宣传工作。依托大众传媒和新兴媒介等传播手段，加强对大学生创新创业实践活动的普及和推广工作，让更多的大学生了解并投入创新创业教育实践活动中，并从中受益。二是设立专门的创业服务教育基地。创业组织和服务机构的成立，以及专业导师团队的配备，无疑是在为大学生的创业实践活动以及未来的人生创业之路修路搭桥。此外，学校要把创新创业教育纳入相关课程体系中，锻炼学生的社交、首创等相关创新创业的必备技能。通过开展创业教育和研究工作，为学生增添更多实地参与创业的实践机遇，这对引导大学生体验就业创业的艰辛，增强就业危机意识，积极转变就业择业观念，具有重要的实践意义。三是开展丰富多样的创新创业大赛。通过组织校园文化活动，激发学生的创业热情，增强学生的创新意识和创新能力，真正为学生搭建一个将所学理论知识转化为实践的训练场地。

优化校园文化环境。高校思想政治教育和创新创业教育培育协同发展是在相对开放的环境中进行的，因为环境可以影响人、启发人、教育人，所以，思想政治教育和创新创业教育的协同发展效果与环境有着密切的关系。大学生的成长过程中不可能离开校园文化环境的影响。优化大学生身处其中的校园文化环境是激发大学生创新创业意识的有效途径，更是两者协同发展的必然要求。首先，营造和谐自由的校园文化环境。校园文化环境包括学校的有形"物质"文化环境，如校园的各种建筑、校园的绿化等客观的基础设施。而学校的无形的"精神"文化环境，如体现学校的校风、学风和教风的各种学术、娱乐、教育等校园文化活动，即社团活动、各种竞赛等活动。丰富多样的校园文化活动能营造良好的校园创新环境。其次，要充分利用校园海报、校园广播、校刊校报等宣传渠道，设立思创融合教育专栏，广泛宣传思想政治教育指导大学生成功创业的案例，使大学生重视自身的道德素质、心理素质和精神品质的培养。通过宣传国家有关创业最新政策和法规，使大学生了解当前政府对大学生创业的优惠政策，如为大学生创业提供无息贷款、提供办公场所和减免税款等，以减轻其创业前期的资金压力。要宣传和报道本校学生成功创业事迹，通过介绍大学生身边的人物事迹，从而改变大学生的传统职业价值观，激发大学生创业热情，使其树立正确的创新创业价值观。再次，一位优秀的创业者还要具备顽强的心理抗压能力，这些品质都需要思想政治教育来完成。大学生应当树立思创融合教育的观念，自觉接受思想政治教育理论课和日常思想政治教育，为创业实践奠定坚实的基础。校园文化为大学生营造一个朝气蓬勃、创业氛围浓郁的校园环境，使大学生在无形中接受熏陶，朝着校园文化所倡导的方向发展。最后，要充分发挥学生社团的带头作用。校园社团一般是大学生自发组织兴趣爱好相同的学生集结在一起，共同分享信息，相互借鉴学习，更加容易得到大学生的认同和接受。鼓励学生社团举办以"创业"为主题的实践活动，吸引更多大学生参与其中，将大学生头脑中创业设想付诸实践，转变为现实，体验真实的社会实践，寻找理想与实践之间的不足。在创新创业实践活动中，激发大学生创业灵感、创业意识，使其投身创新创业的实践。要支持和建立一批具有品牌特色的创业社团，指导老师要为他们提供相应的创业帮助，传授创业流程和技能，打造一个大学生创业者信息交流、资源共享、互帮互助的创业平台，并通过整合大学生创业团队，组建一支优势互补的优秀创业团队。此外，学生社团组织还可以加强大学生理想信念教育、道德法制教育、心理健康疏导，让大学生既要关注创业本身，又要关注自身思想、道德和心理的发展，从而提升大学生的创业能力和水平。

三、整合社会力量，构建高校思创融合教育的社会支持体系

当前，大学生创新创业教育与思想政治教育的协同发展顺利进行，还要依赖于和谐、共享的社会环境。通过国家的政策引导和社会的舆论支持与社会交往的进行，才能够使思想政治教育与创新创业教育协同发展达到预期的效果。

首先，国家和政府的政策引导，主要是指国家应出台有利于思想政治教育与创新创业教育协同发展的政策措施，在政策层面给予两者协同发展提供必要的前提和保障。我国政府虽然非常鼓励大学生自主创业，并出台了一系列优惠、支持政策，但缺少鼓励开展高校思创融合教育的规划、目标与具体参考细则，这些政策结合当地高校实际情况下的落实程度并不理想。因此，国家和地方政府都应该采取行动，成立相关政策的促进部门进行监督和指导，确保政策落实到位。要建立以政府为主导，联合高校、社会组织合力创建创业孵化基地，鼓励更多的学生、企业团体入驻基地。对于一些经过合格评估的、可行度高的大学生创业策划项目，要给他们搭建融资平台，吸引企业投资，解决大学生创业者缺乏资金的难题；要在资源信息共享、贷款担保、简化创业审批手续等方面给予大学生优惠政策；还可以通过设立大学生创业咨询、培训机构，邀请成功创业者与大学生面对面交流，用他们的创业经验和专业精神对大学生创新创业进行一对一指导。如高校可以建立各类实践或实训基地，充分利用社会资源，与企业进行深度合作，让学生在实践或实习中，不断激发创造意识、创新精神和创业能力，使其各方面的素质明显提升。①

其次，要提升全社会对创新创业的认可度，强化社会力量的支持度。我国创新创业教育起步较晚，加之受社会封建传统观念的影响，整个社会范围内对创新创业教育，尤其是思想政治教育在创新创业教育中的认识不到位。

---

① 袁小平. 高校思想政治教育与创新创业教育的协同育人模式研究［J］. 教育评论，2014（6）：100-102.

要通过有效的社会舆论手段引导全社会形成正确的人才观，即政治素养高、创新创业能力强的全面发展的人才；要通过社会、政府相关组织构筑良好的创新创业教育宣传平台，将思创融合教育渗透到网络、电视、广播、报纸和社区展板等多种媒介中，让其渗透到群众生活中，使老百姓强化对创业的认知，逐渐提升他们对思创融合教育的认可度，逐步转变他们对创业敬而远之的态度，让高校毕业生保持相对稳定的就业率，从而减少大学生创业的社会压力，在全社会形成支持大学生创业的氛围。要鼓励社会公众的积极参与，为大学生提供创业机会。

最后，家庭是孩子的第一成长环境，在大学生个体价值观养成中，家庭教育具有学校教育、社会教育不可替代的作用，尤其是其父母的创业价值观往往发挥着巨大的引领作用。父母或亲戚有创业成功的经历，为大学生树立了创业的榜样，在这样的创业氛围影响下，大学生会逐渐对创新创业产生认同感，进而促进大学生创新创业价值观的养成。而对没有创业经历或创业失败的家庭而言，受"学而优则仕""创业风险大""国家体制内铁饭碗"等传统思想影响，父母的观念相对传统，普遍希望孩子毕业能考公务员，或者找到一份稳定、体面的工作，在这种保守、求稳的心理推动下，必然会阻碍大学生正确的创新创业价值观的养成。因此，父母要与时俱进，跟上时代的步伐，增强大学生创新创业的认知和理解，对"大学生创新创业不稳定、不体面、不务正业"等错误观点进行转变，在国家实施创新驱动发展战略的背景下，使其充分认识到创新创业对国家、社会和个体的意义。要多倾听孩子的想法，与孩子一起分析创业利弊，寻找社会资源，共同承担风险。要以宽容的态度对待大学生创新创业，营造鼓励奋进的家庭氛围，采取积极支持、关心的态度去面对大学生创业，对创业实践本身怀着坚定的信念，最大限度地激发出学生的创业激情，帮助学生树立符合自身实际的创业目标，促使大学生形成更加健全的创业人格。当学生遭受创业失败时，让其在亲情的支持下走出失败，培养学生敢于担当、敢闯会创的价值观念，不断激发大学生创业主动性。在家庭教育中，父母要以身作则，引导孩子在创新创业过程中承担一定的社会责任，兼顾个人发展和国家、社会需要，既要成为具有开创性的个人，更要成为一个对国家和社会有用的人。

结　语

　　思创融合教育是我国建设创新型国家战略的需要。在中国特色社会主义新时代，面对第四次科技革命和产业革命的持续推进，创新创业已经成为推动我国经济社会发展、推进中国式现代化建设的重要动力。党和国家高度重视创新创业，对大学生创新创业教育做出了一系列重大决策部署，为新时代大学生思创融合教育提供了价值指南和实践平台。大学生是国家创新发展的生力军，具备较高的文化素养和较强的专业知识，创新思维活跃，创业动机强烈。当前，我国社会处于转型期，随着社会主义市场经济的深入发展，市场的自主化自由化趋势显著增加。从当前世界经济发展的总趋势来看，我国正处于一个"知识经济"的时代，高新科技的迅速发展为创新创业提供了广阔的市场机遇。随着我国全面深化改革的推进，社会经济发展方式进一步转型，产业结构的不断调整，为创业者提供了很好的市场机会，党和国家将创新放在发展全局的核心位置，紧扣世界创新发展脉搏，顺应世界创新发展大势，赶上世界创新发展脚步，从而为实现中华民族伟大复兴中国梦提供根本遵循，注入强劲动力。与此同时，国家也在大力扶持、鼓励创新创业，在新时代新征程上，人民群众，尤其是青年大学生的就业观念和创业态度发生了巨大的变化，部分年轻人积极投入创业的行列中。党中央出台一系列政策鼓励创新创业，如 2020 年 10 月 29 日，中国共产党第十九届中央委员会第五次全体会议通过《中共中央关于制定国民经济和社会发展第十四个五年规划和二〇三五年远景目标的建议》中明确指出，要激发人才创新活力，加强创新型、应用型和技能型人才培养，实现创新驱动发展；要提高社会文明程度，深入开展习近平新时代中国特色社会主义思想主题教育，推动理想信念教育常态化，提高国家文化软实力。思想政治教育与创新创业教育（以下简称"思创融合教育"）是提高国家人才培养质量的重要途径。作为人才培养的主阵地，高校培养创新创业人才的作用更加凸显。国家为了促进人才培养高质量发展，采取了一系列措施改革创新创业教育和深化思想政治教育。思创融合教育已成为国家和高校解决大学生就业难题的重要突破口。思想政治教育保证大学生创新创业正确的思想方向，使大学生不走歪路、邪路，引领大学生创新创业正确的价值导向。创新创业教育作为思想政治教育的新载体，为践行社会主义核心价值观提供了新的平台。同时，我国高校思创融合教育深入推进，思创融合教育体系不断完善，有力推动了我国大学生服务于经济发展。

　　思创融合教育是革新人才培养范式的必然选择。创新创业，从根本上来讲，是人才的创新创业。毫无疑问，人才是支撑创新发展和支持创业就业的重要资源。在我国人才培养的历史发展的进程中，无论人才培养的方法、方式和手段发生怎样的变化，但其基本目标始终如一，始终将培养高素质人才作为高等教育的中心任务。在一定时期内，尽管我国培养创新型人才能够按照一定的规律和要求进行，并取得了一系列成效。但面对当前产业结构的迅猛调整的现状，关于人才培养模式亟须融入新的元素，才能培养出与国家跨越式发展相匹配的高素质人才。以往传统的应试教育模式培养出来的大学生往往是那种空有理论知识、缺乏创新意识和实践能力的人。因此，高等教育迫切需要转变人才培养模式，要转向重视学生的创新性和创造性的能力培养，着力培养大学生创新意识、创造能力和社会责任感，使其将创新理念真正内化，成为一种能够支撑整个教育体系发展的重要教育思想，全面构建起与之适应的创新创业人才培养体系，把培养学生的创新创业意识、创新创业精神和创新创业能力贯穿于高等教育人才培养的各个环节。在大学生的培养教育上更加侧重于将教学理论与实践紧密结合，更加侧重于把培养学生的知识能力与综合素质相协调。与此同时，我们应当清醒地看到，当代大学生的心理素质、思想品格、道德品质等方面还存在一些问题。比如，理想信念缺失、单纯追求经济利益、缺乏长远眼光、急功近利，缺乏诚信、缺乏社会责任等。价值取向的偏差导致的是个人主义、享乐主义和拜金主义滋生盛行。因此，教育当代大学生养成正确的择业观和创业态度刻不容缓。立德树人是我国高校的根本任务，目的是解决培养什么人的重大命题。所以必须紧紧依靠思想政治教育，进一步做好包括创新创业教育在内的一切教育活动的引领，确保一切教育活动的政治方向，运用中国特色社会主义理论体系武装学生、用社会主义核心价值观教育学生，让学生进一步坚定中国特色社会主义道路自信、理论自信、制度自信、文化自信，避免教育偏离正确轨道。

思创融合教育是提升思想政治教育效果的内在要求。创新创业教育与大学生思想政治教育的对象相同、内容相互贯通、终极目标指向一致，而且创新创业教育具有鲜明的实践性和主体性特征，这使得创新创业教育在增强大学生思想政治教育实效性方面有着重要地位、能够发挥重要作用。首先，创新创业教育有利于实现大学生思想政治教育不同价值的协同发展。大学生思想政治教育的社会价值内含于经济、政治、文化等具体形态。创新创业教育不仅培养大学生的创新精神和创业实践能力，而且通过创新创业教育的具体实施，在高校和社会营造关注和支持创新创业的良好氛围，为思想政治教育提供精神动力，推动了社会经济的良好发展。创新创业教育激发大学生创业意识和创业精神，引导大学生在创业实践中贯彻社会主义核心价值观，做到诚实守信、艰苦奋斗、团结协作，树立通过开拓个人事业促进社会进步的远大理想，增强大学生的政治社会化，促进思想政治教育政治价值的实现。同时，一大批创业人才的出现将创造更多的就业机会，缓解日益突出的就业矛盾，促进社会政治稳定与和谐发展。创业文化和创业活动已经成为当前高校校园文化的有机组成部分。创业意识和创业精神渗透到大学生学习、生活的各方面，必将推动大学生思想政治教育文化价值的充分发挥。其次，创新创业教育有利于促进思想政治教育内容贴近大学生的现实生活。一方面，大学生的一切行为都是在其相应的需求推动下进行的，都与大学生的现实利益存在着直接或者间接的关系。只有与大学生需求及利益实现有着明确相关性的思想政治教育内容才能具有更大的吸引力和感染力。另一方面，日常生活提供的丰富、生动的实践经验是大学生理性认识的感性依据，对大学生正确理解思想政治教育内容有着佐证、注解的意义。有些内容经过适时、正确的引导，会升华为教育者所期望的大学生思想观念。创新创业教育不仅与大学生的现实需求有着紧密的相关性，而且着眼于大学生的现实生活。大学生在创业实践活动中产生的许多思想上的困惑与疑问，也是大学生思想政治教育所面临并且需要解决的问题。最后，创新创业教育有利于创新大学生思想政治教育方法。创新创业教育的介入，不仅为大学生思想政治教育提供了具有较强可操作性的载体和途径，而且能够创新大学生思想政治教育方法，更有利于践行理论教育与社会实践相结合的基本原则。作为创新创业教育与其他教育类型的区别所在，"创业实践活动是最能体现创新创业教育特点和性质的课程模式，真正落实了'教育与生产劳动相结合'的马克思主义教育思想"。大学生在创业实践活动中通过广泛深入的市场调查、参观访谈、模拟实训等形式，将科学知识的掌握从理论转化为观察、解决实际问题的观点和方法，提高了个人道德的社会化以及适应社会的能力。这些强调理论知识转化和生活实践体验方法的运用，必将有利于大学生思想政治教育方法的创新，从而有助于大学生由对思想政治教育内容的单一的知识型掌握，提升为信念型、实践型掌握。

思创融合教育是助推大学生全面发展的重要动力。创新创业教育是"人的全面发展"理论目标具体化的表现，核心在于激发学生的创新意识、培育学生的创业精神、提高学生的社会责任感和创新创业能力。一方面，开展创新创业教育是实现人的全面发展的重要环节。大学生正处于人生的黄金时期，精力充沛，富有创新精神。这些特征符合创新创业对从业者的要求，给有创业理想的大学生提供了实现人的全面发展的机会。敢为人先、善于协作、勇于创新、付诸实践这些创业者的品质体现了人的全面发展的外延。创新创业教育的实质是实现对"人"的教育。创新创业教育实践中一定要以学生为主体，加强对大学生创业知识、能力、素质及心理品质的培养，创造条件、提供机会，积极引导大学生开展多种形式的创业活动和创业实践。另一方面，实现人的全面发展是开展创新创业教育的终极目标。

高等教育的基本功能之一是使人社会化，社会化强调人对社会的适应。创新创业是时代赋予当代大学生的历史机遇，人的全面发展在不断尝试创业实践的过程中，表现为人的创业能力提高、个性丰富、拓展需要及社会关系日益复杂化。大学生在创新创业实践中展示创新思维，发挥团队协作精神，在全面发展中将个体价值与社会价值统一起来。可以说，人的全面发展要求充分体现创新创业教育的内核。"人的全面发展"不但是教育的出发点，也是最终归宿。

本书对新时代大学生思创融合教育进行了整体研究和阐释，力图为高校创新创业教育提供一定的理论参考和实践支持。值得指出的是，思想政治教育对创新创业教育具有价值引领作用，其对实际创业活动和个人成长发展具有长远意义和价值。然而，由于我们的理论功底和实践能力水平有限，本书仍存在一些不足。其一，在思创融合教育的内生机理上，大学生思创融合教育的内生机理是比较难以概括和把握的层面，只是从认知、情感、意志、信念和行为五方面做了粗浅的分析。其二，针对广西部分高校大学生思创融合教育的现实情况进行了调查统计分析，虽然在一定程度上总结和反映了大学生思创融合教育的现状和趋势，并就高校思创融合教育面临的困境和建设方向进行了深入分析，但由于调研数据的归纳和分析能力有待进一步提高，在思创融合"如何推进"的策略研究上还不够深入。其三，在新时代大学生思创融合教育对策上，多数侧重于实践层面，理论方面的探讨较少。总之，书中的观点还不够成熟，存在诸多瑕疵，本书的研究内容还有待进一步探索，今后课题组会不断提升理论深度和实践能力，围绕本书进一步完善，恳请各位专家学者批评指正。在写作过程中，笔者参阅了学界关于思想政治教育、创新创业教育、创业价值观的论文和著作。这些论著为本书的写作提供了思想上的启迪和有益的经验借鉴，在参考文献中均已一一列出，在此对撰写这些论著的学界前辈和专家学者表示最诚挚的谢意。

实践发展永无止境，认识真理永无止境，理论创新永无止境。在当前高校思创融合教育深入推进的过程中，思想政治教育与创新创业教育融合的重大理论问题和实践问题必将不断拓展，进而取得更加丰硕的研究成果。路漫漫其修远兮，吾将上下而求索！

参考文献

一、著作类

[1] 中共中央马克思恩格斯列宁斯大林著作编译局.马克思恩格斯选集：第1卷［M］.北京：人民出版社，2012.

[2] 中共中央马克思恩格斯列宁斯大林著作编译局.马克思恩格斯文集：第3卷［M］.北京：人民出版社，2009.

[3] 毛泽东.毛泽东选集：第一卷［M］.北京：人民出版社，1991.

[4] 共青团中央，中共中央文献研究室.毛泽东、邓小平、江泽民论青少年和青少年工作：增订本［M］.北京：中央文献出版社，2003.

[5] 邓小平.邓小平文选：第一卷［M］.北京：人民出版社，1994.

[6] 江泽民.江泽民文选：第一卷［M］.北京：人民出版社，2006.

[7] 胡锦涛.胡锦涛文选：第一卷［M］.北京：人民出版社，2016.

[8] 习近平.习近平谈治国理政：第一卷［M］.北京：外文出版社，2018.

[9] 姜立新，刘丽，单春晓.思想政治工作与就业创新创业教育［M］.沈阳：辽宁人民出版社，2010.

[10] 中华人民共和国教育部高等教育司.创业教育在中国：试点与实践［M］.北京：高等教育出版社，2006.

[11] 张耀灿，郑永廷，吴潜涛，等.现代思想政治教育学［M］.北京：人民出版社，2006.

[12] 张耀灿，陈万柏.思想政治教育学原理［M］.上海：华中师范大学出版社，2009.

[13] 高志宏, 刘艳. 创新创业教育的理论与实践 [M]. 南京: 东南大学出版社, 2012.

[14] 杨政. 创新教育与思想政治教育 [M]. 沈阳: 辽海出版社, 2017.

[15] 吴潜涛, 徐柏才, 阎占定. 高校思想政治教育的理论与实践 [M]. 北京: 人民出版社, 2012.

[16] 周文华. 美国核心价值观建设及启示 [M]. 北京: 知识产权出版社, 2014.

[17] 王占仁. "广谱式" 创新创业教育导论 [M]. 北京: 人民出版社, 2012.

[18] 王占仁. 中国创新创业教育史 [M]. 北京: 社会科学文献出版社, 2016.

[19] 骆郁廷. 当代大学生思想政治教育 [M]. 北京: 中国人民大学出版社, 2010.

[20] 孟一, 张德梅, 邵红侠. 大学生德育教育与创新创业研究 [M]. 沈阳: 辽海出版社, 2018.

[21] 熊彼特. 经济发展理论 [M]. 何畏, 易家洋, 等译. 北京: 商务印书馆, 1990.

[22] 樊富珉, 陈启芳, 何镜炜. 香港高校学生辅导 [M]. 北京: 清华大学出版社, 2001.

[23] 刘建钧. 创业投资原理与方略: 对 "风险投资" 范式的反思与超越 [M]. 北京: 中国经济出版社, 2003.

[24] 蒂蒙斯, 斯皮内利. 创业学 [M]. 周伟民, 吕长春, 译. 6 版. 北京: 人民邮电出版社, 2005.

[25] 吴金秋, 王宏宇, 何孟原, 等. 高等学校创新创业教育理论与实践: 黑龙江大学创新创业教育模式探讨 [M]. 哈尔滨: 黑龙江人民出版社, 2005.

[26] 沈壮海. 思想政治教育有效性研究 [M]. 武汉: 武汉大学出版社, 2001.

[27] 陈万柏, 张耀灿. 思想政治教育学原理 [M]. 北京: 高等教育出

版社，2015.

[28] 丁建安. 全方位育人视角下的学生工作探索 [M]. 北京：光明日报出版社，2021.

[29] 刘俊贤，白雪杰. 大学生职业规划、就业指导与创新创业教育 [M]. 北京：清华大学出版社，2015.

[30] 李浩泉. 以学生为主体的立德树人实践 [M]. 北京：光明日报出版社，2018.

[31] 楚龙强，左征军，司文超. 新时代研究生立德树人的理论创新与实践发展 [M]. 武汉：武汉大学出版社，2019.

[32] 吴维均. 新时代高校辅导员的专业发展研究 [M]. 成都：四川大学出版社，2021.

[33] 朱正昌. 高校辅导员队伍建设研究 [M]. 北京：人民出版社，2010.

[34] 马可心. 大学生社团建设理论与实践研究 [M]. 北京：经济管理出版社，2018.

[35] 张佳景，张子睿. 思创融合实践研究：关于思想政治教育与创新创业教育融合的实践探索 [M]. 北京：中国农业科学技术出版社，2020.

[36] 木志荣. 大学生创新创业教育和创业意向关系研究 [M]. 北京：清华大学出版社，2016.

[37] 周明星. 教育创新效益与活力 [M]. 北京：中国人事出版社，1999.

[38] 于连涛，刘伟. 创新与创新创业教育 [M]. 青岛：中国海洋大学出版社，2004.

[39] 王桂云，帅相志. 高等学校创业教育的现状与发展对策 [M]. 济南：山东人民出版社，2010.

[40] 李秀林，王于，李淮春. 辩证唯物主义和历史唯物主义原理 [M]. 5版. 北京：中国人民大学出版社，2004.

[41] 李志永. 日本高校创业教育 [M]. 杭州：浙江教育出版社，2010.

[42] 曹胜利，雷家骕. 中国大学创新创业教育发展报告 [M]. 沈阳：

万卷出版公司，2009.

[43] 徐小洲，叶映华. 中国高校创业教育 [M]. 杭州：浙江教育出版社，2010.

[44] 李莉丽，龙希利，等. 我国大学生创业教育运行机制研究 [M]. 济南：山东大学出版社，2009.

[45] 梅伟惠. 美国高校创业教育 [M]. 杭州：浙江教育出版社，2010.

[46] VALÉRY N. 工业创新 [M]. 战洪起，薛澜，战凤梅，译. 北京：清华大学出版社，1999.

[47] 美国商务部创新创业办公室. 创建创新创业型大学 [M]. 赵中建，卓泽林，译. 上海：上海科技教育出版社，2018.

[48] 门罗. 早期经济思想史 [M]. 蔡受百，译. 北京：商务印书馆，1985.

[49] 奥罗姆. 政治社会学导论 [M]. 张华青，译. 上海：上海人民出版社，1989.

[50] 克拉克. 建立创业型大学：组织上转型的途径 [M]. 王承绪，译. 北京：人民教育出版社，2003.

[51] 埃兹科维茨. 第二次学术革命：MIT 和创业型科学的兴起 [M]. 王孙禹，袁本涛，译. 北京：清华大学出版社，2007.

[52] 弗莱克斯纳. 现代大学论 [M]. 徐辉，陈晓菲，译. 杭州：浙江出版社，2001.

[53] 德鲁克. 创业精神与创新 [M]. 张炜，译. 北京：工人出版社，1989.

二、期刊论文类

[1] 严毛新. 高校创新创业教育功能认知偏差与应对 [J]. 教育发展研究，2014，34（1）.

[2] 夏雪花. 新时代高校创新创业教育与思想政治教育融合的途径探析 [J]. 思想理论教育导刊，2021（8）.

[3] 郭维刚. 辅导员在大学生社会主义核心价值观认同教育中的职业优

势与实践策略 [J]. 黑河学刊, 2022 (1).

[4] 余晚霞. 新时代高校辅导员创新能力培养探究 [J]. 学校党建与思想教育, 2019 (11).

[5] 张旭东, 王宏蕾. 以知识型为导向的大学生创新创业教育 [J]. 黑龙江高教研究, 2013, 31 (11).

[6] 杨杨. 以创新创业教育为载体推动高校思想政治理论课创新发展 [J]. 思想理论教育导刊, 2017 (11).

[7] 王占仁. "广谱式"创新创业教育的体系架构与理论价值 [J]. 教育研究, 2015, 36 (5).

[8] 李兰晶. 对创新创业教育融入高校思想政治教育的思考 [J]. 学校党建与思想教育, 2018 (10).

[9] 邱化民, 葛玉良, 王丹, 等. 高校辅导员在大学生主体式创新创业教育中的角色发挥 [J]. 创新与创业教育, 2019, 10 (2).

[10] 钱艳芬, 潘敏. 创新创业教育在高职思想政治理论课中的渗透研究 [J]. 教育与职业, 2015 (32).

[11] 李辉. 内涵发展视界下的大学生创新创业教育路向 [J]. 高教探索, 2013 (4).

[12] 陈薇, 朱平. 辅导员提升大学生思想政治教育获得感的价值意蕴与逻辑理路 [J]. 高校辅导员, 2019 (2).

[13] 翁灏. 思想政治教育融入大学生创新创业教育的路径 [J]. 思想政治教育研究, 2020, 36 (1).

[14] 金伟琼, 陈永霖, 吴蕾蕾. 高校创新创业教育与思想政治教育的融合 [J]. 中国青年社会科学, 2018, 37 (6).

[15] 黄云明, 王海. 创新创业教育与高校思想政治教育的协同发展探赜 [J]. 保定学院学报, 2018, 31 (5).

[16] 梁齐伟, 王滨. 思想政治教育与创新创业教育协同发展机制及路径 [J]. 广西社会科学, 2019 (2).

[17] 钟之静. 新媒体背景下高校创新创业教育与思想政治教育融合路径构建 [J]. 中国多媒体与网络教学学报 (中旬刊), 2019 (2).

[18] 叶纯亮. 高校辅导员在大学生创新创业教育中的角色与责任研究 [J]. 吉林工程技术师范学院学报, 2019, 35 (2).

[19] 陈浩. 浅析高校辅导员在大学生创新创业教育中的工作定位 [J]. 吉林广播电视大学学报, 2019 (10).

[20] 高炳亮. 辅导员在大学生自主创业过程中的角色与担当: 基于企业生命周期理论的视角 [J]. 学校党建与思想教育, 2015 (17).

[21] 成俊敏. "双创" 背景下高校辅导员新定位 [J]. 晋中学院学报, 2020, 37 (4).

[22] 冯培. 高校辅导员新时代角色定位的再认知 [J]. 思想教育研究, 2019 (5).

[23] 张吉玉. 辅导员在大学生创新创业教育中的角色定位 [J]. 山东农业工程学院学报, 2017, 34 (4).

[24] 程娟珍, 廖小文. 辅导员在创新创业教育中的角色作用探析 [J]. 武汉冶金管理干部学院学报, 2019, 29 (2).

[25] 李祺. 高校辅导员视角下大学生思想政治教育与创新创业教育的融合研究 [J]. 就业与保障, 2020 (21).

[26] 代兴梅, 张艳, 刘彦伯. 创新创业教育融入高校辅导员日常育人过程的途径研究 [J]. 高等农业教育, 2018 (3).

[27] 赵中建. 21 世纪世界高等教育的展望及其行动框架: 1998 世界高等教育大会概述 [J]. 上海高教研究, 1998 (12).

[28] 黄兆信, 张中秋, 赵国靖, 等. 英国高校创新创业教育的现状、特色及启示 [J]. 华东师范大学学报 (教育科学版), 2016, 34 (2).

[29] 李卫东. 高校辅导员文化育人途径探析 [J]. 高校辅导员学刊, 2020, 12 (2).

[30] 王忠宝. 高校辅导员与专业课教师协同育人模式探究: 基于大学生创新创业教育的视角 [J]. 白城师范学院学报, 2018, 32 (7).

[31] 罗公利, 聂广明, 陈刚. 从国际比较中看我国高校辅导员的角色定位 [J]. 中国高等教育, 2007 (7).

[32] 张秀娥, 赵敏慧. 创新与创业理论研究回顾与展望 [J]. 创新与创

业管理，2016（2）.

[33] 潘懋元，朱乐平. 以创新文化养人 以创业实践育才 [J]. 中国高等教育，2017（8）.

[34] 尚大军. 大学生创新创业教育的课程体系构建 [J]. 教育探索，2015（9）.

[35] 张培卫. 高校创新创业教育与思想政治教育双向构建的探究 [J]. 贵州师范学院学报，2021，37（10）.

[36] 尹兆华，刘丽敏，王丽红. 融入党史元素的"思创融合"课程化探索：以北京科技大学为例 [J]. 思想教育研究，2022，35（6）.

[37] 回俊青，谢兆岗. 创新创业视域下高校辅导员角色定位及成长路径探究 [J]. 学校党建与思想教育，2017（18）.

[38] 李芳，王雪，傅海伦. 高校辅导员创新创业教育职业胜任力"1+2+5"模型构建 [J]. 中国成人教育，2018（24）.

[39] 杨建，从文奇. 高校辅导员在创新创业中的角色和职责 [J]. 赤峰学院学报（自然科学版），2016，32（11）.

[40] 冯平. 地方高校思政教育与双创教育融合的实践探索：以包头师范学院为例 [J]. 阴山学刊，2022，35（2）.

[41] 陆伟家，袁小平. 角色理论下高校辅导员在大学生创新创业教育中的作为研究 [J]. 教育评论，2017（2）.

[42] 马捷，赵天缘，田园，等. 思创融合，协同育人：吉林大学图情档学科课程思政建设模式与实践探索 [J]. 图书情报工作，2022，66（1）.

[43] 李琦. 新形势下高校辅导员的角色定位与自我成长 [J]. 教育与职业，2012（24）.

[44] 潘青. 论高校辅导员的角色定位和工作创新 [J]. 思想理论教育导刊，2010（6）.

[45] 郑永廷. 思想政治教育学科研究重点与难点辨析 [J]. 思想教育研究，2007（5）.

[46] 用好讲好思政课新教材 切实推进"三进"工作取得实效 [J]. 中国大学教学，2018（5）.

［47］王晶．高校思想政治理论课"三位一体"教学模式的构建及其实施［J］．学校党建与思想教育，2018（10）．

［48］吴春阳，张宝强．思想政治工作贯穿教育教学全过程的五个维度［J］．思想教育研究，2019（9）．

［49］党评文．把思想政治工作贯穿教育教学全过程［J］．学校党建与思想教育，2017（2）．

［50］杨超，王喆．把思想政治工作贯穿高校教育教学全过程［J］．前线，2017（5）．

［51］常翠鸣．落实立德树人根本任务 努力培养全面发展的高素质应用型人才［J］．党建，2022（4）．

［52］代红凯．善用"大思政课"全面落实立德树人根本任务［J］．思想理论教育导刊，2021（8）．

［53］陈雨萌．论中国共产党精神谱系中的创业传统［J］．思想教育研究，2021（6）．

［54］陈小波，周国桥．新时代大学生创新精神的生成及其培育［J］．学校党建与思想教育，2022（4）．

［55］肖庆玲．坚持创新驱动发展战略的两重逻辑与实践路径［J］．江苏商论，2024（5）．

［56］梁国利，管可可，马坤．美国大学创新创业教育：演变效应、模式特征、经验启示［J］．高等农业教育，2020（6）．

［57］郭英剑，苗青．英国高校创业教育研究［J］．学术探索，2018（3）．

［58］牛长松．英国大学生创业教育政策探析［J］．比较教育研究，2007（4）．

［59］陈晓翠，杨涛．以色列创新创业教育的理念与经验借鉴［J］．农村经济与科技，2021，32（5）．

［60］何霖俐．以色列理工学院创新创业教育实施路径及启示研究［J］．西南科技大学学报（哲学社会科学版），2023，40（2）．

三、学位论文类

[1] 宋妍.高校创新创业教育与思想政治教育关系研究 [D].长春：东北师范大学，2017.

[2] 李上献.以创新创业教育为载体创新高校思想政治教育 [D].温州：温州大学，2010.

[3] 罗文.高校优秀辅导员基本素质及培养对策研究 [D].南充：西华师范大学，2019.

[4] 杜娟.高校辅导员职业行为能力现状分析及对策研究：以遵义医学院为例 [D].重庆：西南大学，2008.

[5] 罗兰.高校创新创业教育评价体系构建策略研究 [D].长春：东北师范大学，2018.

[6] 孔如水.高校思想政治教育与创新创业教育融合问题研究 [D].郑州：华北水利水电大学，2017.

[7] 吴修娟.思想政治教育融入大学生创新创业教育研究：上海部分高校为例 [D].上海：华东师范大学，2017.

[8] 陈世君.创新创业教育视角下的思想政治教育创新研究 [D].南昌：南昌大学，2010.

[9] 蔡强.基于 CiteSpace 的高校创新创业教育研究进展的可视化分析 [D].长沙：湖南师范大学，2021.

[10] 王春香.辅导员在培养创新创业人才中的定位和作用研究 [D].成都：西华大学，2020.

[11] 唐彤彤.思想政治教育融入大学生创新创业教育研究 [D].沈阳：辽宁大学，2020.

[12] 王茜.创新创业教育融入高校思政理论课教学研究 [D].温州：温州大学，2019.

[13] 刘顿雅.高校德育与创新创业教育的融合研究 [D].武汉：湖北工业大学，2020.

[14] 王光.大学生日常思想政治教育以人为本取向研究 [D].长春：东

北师范大学，2021.

　　[15] 赵志伟. 社会主义核心价值观融入大学生创新创业教育研究 [D].郑州：郑州大学，2021.

　　[16] 崔晓丹. 大学生思想政治教育主渠道与主阵地协同研究 [D].北京：北京科技大学，2021.

　　[17] 何美婷. 大学生思创融合的课程教学路径研究 [D].广西师范大学，2022.

　　[18] 何旷怡. 高校辅导员开展大学生思想政治教育工作创新研究 [D].沈阳：沈阳建筑大学，2017.

　　[19] 王怡航. 高校辅导员运用微信开展大学生日常思想政治教育研究 [D].重庆：西南政法大学，2017.

　　[20] 向伟. 新时代高校辅导员素质及提升策略研究 [D].长沙：湖南师范大学，2020.

　　[21] 王茜. 创新创业教育融入高校思政理论课教学研究 [D].温州：温州大学，2019.

　　[22] 何登溢. 高校辅导员职业发展研究 [D].南京：南京师范大学，2016.

　　[23] 赵洁. 习近平"立德树人"教育观研究 [D].乌鲁木齐：新疆师范大学，2021.

　　[24] 谭林. 新时代大学生思想政治教育方法创新研究 [D].成都：西南交通大学，2020.

　　[25] 蔡健. 马克思日常生活思想对高校思想政治教育的启示 [D].南京：南京师范大学，2021.

　　[26] 张蓝月. 高校辅导员工作育人体系构建研究 [D].重庆：西南大学，2020.

　　[27] 赵亮. 高校创新创业教育与思想政治教育融合研究 [D].南京：东南大学，2022.

　　[28] 朱春楠. 大学生创业价值观教育研究 [D].长春：东北师范大学，2017.

［29］游振声．美国高等学校创业教育研究［D］．重庆：西南大学，2011．

［31］李如．英国高校创业教育研究［D］．桂林：广西师范大学，2019．

［32］周芸芸．以色列理工学院创新创业教育研究［D］．广州：华南理工大学，2019．

［33］曹敏．新时代大学生创业精神培育研究［D］．杭州：杭州电子科技大学，2022．

［34］盛红梅．新时代大学生创新创业价值观研究［D］．长春：东北师范大学，2020．

［35］王东明．当代大学生创业教育研究［D］．哈尔滨：哈尔滨师范大学，2020．

［36］陈乙华．新时代大学生创业价值观培育研究［D］．南京：东南大学，2022．

附　录

附录 1

关于新时代大学生思创融合教育现状的调查问卷

（学生版）

亲爱的同学：

您好！我们是广西师范大学"思想政治教育与创新创业教育融合"（以下简称"思创融合教育"）调研组，为了更好地了解新时代大学生思创融合教育的现状，锻造大学生踏实苦干、开拓创新的精神品质，培养一批符合社会需求的开创型人才，故拟定此问卷。本调查以匿名方式进行，您的回答将严格保密，您所填写的信息均用于科研数据分析，谢谢您的配合，祝您学习进步、生活愉快！

一、个人信息

1. 您的性别是？

A. 男　　　　　B. 女

2. 您的学历层次是？

A. 高职高专　　B. 本科生　　　C. 硕士研究生及以上

3. 您的政治面貌是？

A. 中共党员（含预备党员）　　　B. 共青团员

C. 群众　　　　　　　　　　　　D. 其他

4. 您的专业是？

A. 文史类　　　B. 理工类　　　C. 体艺类　　　D. 其他

二、问卷正文

1. 您所在的学校是否有积极响应国家"大众创业、万众创新"政策的号召，开展创新创业教育的相关活动？（如果选"没有"，则跳到第3题）

A. 有　　　　　　B. 没有

2. 您希望学校开设创新创业教育课程的内容更注重哪一方面？

A. 技能培训　　　B. 思维训练　　　C. 创新创业意识的培育

D. 相关素质教育　　　　E. 其他（请注明）

3. 您所在学校开展的创新创业活动有哪些？（多选题）

A. 大学生公益创业实践大赛　　　　B. 挑战杯和"互联网+"大赛

C. 大学生职业生涯规划体验活动　D. "创青春"社会创业专项

E. 大学生创新创业孵化基地实习　F. 大学生创新创业社团

G. 其他（请注明）

4. 您所在的学校对创新创业教育重视程度是？

A. 非常重视　　　B. 重视　　　　C. 一般　　　　D. 不重视

5. 您认为创新创业的目的是？（多选题）

A. 响应国家号召　　　　　　B. 解决就业

C. 拥有一定的社会地位　　　　D. 挣钱享受

E. 跟随潮流，身边同学、朋友和亲戚也在创业

F. 其他（请注明）

6. 如果您进行创业，当个人利益和集体利益发生冲突时，您会？

A. 舍弃个人利益，坚决维护集体利益

B. 个人利益和集体利益同等重要，但还是坚决维护个人利益

C. 个人利益最重要，集体利益与我无关

D. 说不清

7. 您通常是以何种形式参加各项创新创业活动或者比赛？

A. 自行参加　　　　　　　　B. 辅导员组织参加

C. 随社团、学生会等组织参加　D. 课程教师组织参加

8. 在平时学校组织的创新创业活动中，您认为参加活动的目的是？（多选题）

A. 获得荣誉

B. 为了加综合测评分

C. 训练创新思维，获得更多创业谋生技巧

D. 培养自身创业基本素质和能力

E. 个人兴趣爱好

F. 其他（请注明）

9. 您所在高校是否开展过关于思创融合教育的活动？（如果没有跳到第11 题）

　　A. 有　　　　　　　　　　　B. 没有

10. 您认为高校开展思创融合教育的效果如何？

A. 效果显著　　　B. 效果一般　　　C. 没有效果

11. 您所在学校开展思创融合教育对提升学生实践能力的评价是：

A. 不满意，无论是理论还是实践都很薄弱

B. 不太满意，只注重理论，实践方面较薄弱

C. 比较满意，能够理论结合实践，注重提升学生实践能力

12. 您认为学校开展思创融合教育的途径有哪些？（多选题）

A. 强化思创融合教育理念，内化于心，外化于行

B. 加强思创融合教育的师资队伍建设

C. 加强创新创业实践平台建设

D. 完善思创融合教育的考核评价机制

E. 其他（请注明）

13. 近年来，您了解到关于国家颁布的创新创业政策和文件有哪些？国家对大学生创新创业的支持力度如何？

_____

_____

14. 您对高校开展大学生思创融合教育有何建议？

_____

_____

附录 2

关于新时代大学生思创融合教育现状的调查问卷

（教师版）

尊敬的老师：

您好！我们是广西师范大学"思想政治教育与创新创业教育融合"，（以下简称"思创融合教育"）课题组，为了更好地了解高校开展大学生思创融合教育现状，故拟定此问卷。本调查以匿名方式进行，您的回答将严格保密，您所填写的信息均用于科研数据分析，谢谢您的配合，祝您工作顺利，生活愉快！

一、个人信息

1. 您的性别是？

A. 男　　　　　　　　　　　B. 女

2. 您的学历层次是？

A. 本科　　　B. 硕士　　　C. 博士

3. 您的专业是？

A. 文史类　　　B. 理工类　　　C. 体艺类　　　D. 其他

4. 您的身份属于？

A. 专职教师　　　　　　　　B. 兼职教师

C. 校外导师　　　　　　　　D. 企业导师

E. 其他

5. 您的创业年限是？

A. 3 年以下　　　　　　　　B. 3~5 年

C. 5 年以上　　　　　　　　D. 没有企业从业经历

二、问卷正文

1. 您了解到国家对创新创业教育的重视程度如何？

A. 非常重视　　　B. 重视　　　C. 一般　　　D. 不重视

2. 您目前获取创新创业相关知识的途径有哪些？（多选题）

A. 各大创新创业网站

B. 书籍、报刊等

C. 学校组织的创新创业教育的专项培训和研讨会

D. 自身创业经历

E. 其他

3. 您所在的高校主要通过哪些途径开展大学生思创融合教育？（多选题）

A. 指导学生参与创新创业大赛

B. 党日和团日活动

C. 班会和年级大会

D.《安全教育》《大学生职业规划与创新创业就业指导》《形势与政策》等公共必修课程

E. 社团活动　　　　　　　　F. 思政课堂授课

G. 创新创业课堂授课　　　　H. 其他

4. 您所在学校举办的创新创业活动，学生一般以何种形式参加活动或比赛？

A. 学生自行参加　　　　　　B. 辅导员组织参加

C. 随社团、学生会等组织参加　　D 课程教师组织参加

5. 在创新创业过程中学生遇到困难时，您给过学生哪些帮助呢？

A. 自身创新创业理论知识不足，适当给一些建议，倾听学生的创业困难

B. 关心创新创业过程中的进展，并运用创新创业的理论知识，给予学生一些实际性的建议

C. 任课教师工作繁忙，很难兼顾，只是让学生和创新创业学院的老师提供指导

D. 没有提供任何指导和帮助

6. 您对思创融合教育的了解程度如何？

A. 非常了解　　　B. 比较了解　　　C. 一般　　　　　D. 不了解

7. 您所在高校是否成立有思创融合教育的相关项目？（如果选"没有"，则跳到第9题）

A. 有　　　　　　B. 没有　　　　　C. 不清楚

8. 您所在高校成立有哪些思创融合教育项目？（多选题）

A. 思创融合教育工作室

B. 辅导员工作室培育项目"燎原工作室"

C. 思创研学创客空间

D. 思创动漫工作室

E. 其他（请注明）

9. 您认为思创融合教育的内容包括哪些？（多选题）

A. 以爱国主义为核心的家国情怀

B. 敢为人先、勇于创新的首创精神

C. 艰苦创业、自强不息的奋斗精神

D. 爱岗敬业、精益求精的劳动精神

E. 遵纪守法的法治意识

F. 其他（请注明）

10. 您认为思创融合教育的作用有哪些？（多选题）

A. 帮助大学生树立正确的创业价值观

B. 引导大学生培养良好的创业品质

C. 弘扬创业精神，培养大学生吃苦耐劳与开拓创新的精神

D. 意义不大

11. 您所在的学校开展思创融合教育主要由哪些老师承担？（多选题）

A. 创业素质教育老师 　　　　 B. 辅导员

C. 创业培训课程老师 　　　　 D. 思想政治理论课老师

E. 外聘企业家

12. 在您参与的创新创业教育中，结合思想政治教育相关内容的联系程度如何？

A. 涉及了，且联系较紧密

B. 涉及一部分，但是不全面

C. 涉及极少一部分思想政治教育方面的内容

13. 您所在高校开展思创融合教育的效果如何？

A. 效果显著 　　 B. 效果一般 　　 C. 没有效果

14. 您认为高校开展思创融合教育效果不理想的原因有哪些？（多选题）

A. 身兼数职，工作繁忙

B. 创新创业理论知识与实践能力不足

C. 思创融合教育的师资队伍不强

D. 学生对创新创业活动参与度不高

E. 创新创业教育实践基地建设的力度不足

F. 思创融合教育的经费投入不足

G. 其他（请注明）

15. 您认为高校开展思创融合教育缺乏哪些方面的知识？（多选题）

A. 创新创业理论与实践　　B. 思想政治教育学　　　C. 教育学

D. 心理学　　　　　　　　E. 管理学　　　　　　　　F. 其他

16. 您认为贵校思创融合教育师资队伍建设存在的主要问题有？（多选题）

A. 对思创融合教育意识不强，开展活动的积极性不高

B. 思创融合教育的师资队伍不够合理

C. 思创融合教育的师资队伍不够稳定性

D. 思创融合教育的师资队伍内部交流配合不够，团队能力不强

E. 思创融合教育的实践平台不足

F. 其他

17. 您认为需要从哪些方面加强思创融合教育的师资队伍建设？（多选题）

A. 提供教师创新创业教育的机会

B. 完善创新创业型教师职位晋升制度

C. 优化创新创业型教师的选聘条件

D. 确立合理公正的考评机制

E. 加强创新创业教育工作激励机制

F 其他

18. 您认为高校思创融合教育的途径有哪些？（多选题）

A. 强化思创融合教育的育人理念，内化于心，外化于行

B. 加强思创融合教育的师资队伍建设

C. 加强创新创业实践平台建设

D. 完善思创融合教育的考核评价机制

E. 其他（请注明）

19. 您所了解到党和国家实施高校思创融合教育的举措有哪些？请简要
列举。

_____

_____

20. 您对课程教学中进行大学生思创融合教育有什么建议呢？

_____

_____

附录3

"新时代大学生思创融合教育" 访谈提纲

（辅导员版）

1. 近年来，您了解到关于国家颁布的创新创业政策和文件有哪些？国家对大学生创新创业的支持力度如何？

2. 您认为辅导员有必要提升大学生思创融合教育素养吗？请谈谈您对思创融合教育的理解？

3. 您认为您所在的学校是否重视辅导员开展大学生思创融合教育？如重视，采取了哪些措施？

4. 您所开展的大学生思创融合教育的校外实践活动有哪些？并谈谈您的收获与不足？

5. 您所在的高校，辅导员开展思创融合教育师资队伍建设如何？

6. 您对当前开展大学生思创融合教育的工作状态满意吗？如果不满意，原因是什么？

7. 针对高校辅导员工作性质的特殊性，在日常管理学生工作中，您认为开展大学生思创融合教育最大的困难是什么？

8. 您认为高校开展大学生思创融合教育的考核评价机制完善吗，如不完善，应该从哪些方面完善呢？

9. 在日常管理学生工作中，您认为大学生思创融合教育可以通过哪些途径开展？

10. 您对高校辅导员开展大学生思创融合教育有何建议？

后　记

　　思创融合教育是当前高校教育的热门讨论话题之一。本书从开始选题到最终完成，可以看作研究思创融合教育问题的一个初步总结，也是对"新时代大学生思创融合教育"研究的阶段性成果。

　　随着国家对创新创业教育深入推进，思创融合教育这一历久弥新的热门话题，至今仍处于学界探索的前沿。在开展研究的过程中，我们对高校大学生思创融合教育有了进一步的了解，围绕"思创融合"选题撰写并成功发表了《高校思想政治教育与创新创业融合的三维审视》《高校思创融合的实然困境与应然路径》等相关论文，同时，本书充分考虑了我们所就读的广西师范大学马克思主义学院成立"思创融合教育工作室"、辅导员工作室培育项目"燎原工作室"和聘请教授担任马克思主义学院"思创研学创客空间"创新创业指导老师。广西师范大学形成了打造精品课程、师资队伍建设、打造中国—东盟双创教育新特色的思创融合新格局。一是打造精品课程。面向全校开设《创新创业基础》必修课程，将该门课程学分纳入本科毕业生条件；出版校本教材《大学生创新创业基础》，开发第二课堂，开发一系列双创教育在线课程。二是注重师资队伍建设。聘请部分校外导师指导大学生创业项目，开设专创融合工作坊，开展讲课竞赛、公开课等活动，提高青年教师的教学能力。聘请一部分校外企业导师参与大学生创业项目的指导工作。三是打造中国—东盟双创教育特色学校。该校积极与东盟国家合作，在东南亚建立一系列孔子学院。这一学术环境和成长环境为本书的撰写提供了理论基础与实践基础。因此，本书就是近些年来我们对这一问题研究的阶段性成果，并对其进行反复修改，又汲取和整合了课题组成员发表的一些相关研究成果。

　　本书作为"新时代大学生思创融合教育"的研究成果之一，由课题组负责人李开庆拟定选题的初步构想和整体框架，由李开庆和李振华负责确定研究目标、完善框架、协助调研访谈、拟定写作提纲，并由两人共同进行全书的修改、统稿和定稿工作。全书各章节写作分工如下：导言、第一章、第五章、第七章、结语由李开庆（广西师范大学马克思主义学院博士研究生，15万字）完成；第二章、第三章、第四章、第六章由李振华（广西师范大学马克思主义学院博士研究生，10万字）完成。

　　本书从开始到最终出版，得到了诸多老师的关心和指导，凝聚着他们的心血，此处不再单独列出，在此一并表示诚挚的感谢。

　　感谢光明日报出版社以及出版社相关编辑为本书出版付出的辛勤劳动，他们对书稿的打磨和修改提出了许多宝贵的意见。最后，还要感谢为思创融合的学术研究做出重大贡献的学界前辈和专家，你们的潜心探索，为学界继续推进思创融合研究提供了有益资源。在本书写作过程中，课题组参阅了众多已经出版的相关论著，如马俊平老师的《高校思想政治教育和创新创业教育协同育人研究》、黄洁老师的《新时代高校学习型辅导员队伍建设研究》、宋妍老师的《高校创新创业教育与思想政治教育关系研究》、盛红梅老师的《新时代大学生创新创业价值观研究》等，使课题组受益颇多，为本书进一步开展思创融合教育相关问题研究提供了诸多灵感。

　　所有的感谢汇聚成前进的动力。在未来的新征程上，课题组将继续关注思创融合教育问题，书写不负时代、不负韶华的人生乐章。由于我们水平和能力有限，书中难免有谬误之处，敬请各位学界专家批评指正。

李开庆　李振华
2024 年 8 月于桂林